U0590062

新媒体创新人才培养 系列丛书

新媒体新闻写作、编辑与传播

| 第2版 |

王晓翠 张卫东◎主编

鲁娜 邢建英 孙志龙◎副主编

New Media

人民邮电出版社

北 京

图书在版编目（CIP）数据

新媒体新闻写作、编辑与传播 / 王晓翠，张卫东主
编. -- 2 版. -- 北京 : 人民邮电出版社，2025.
（新媒体创新人才培养系列丛书）. -- ISBN 978-7-115
-65164-8

Ⅰ. G212.2；G213

中国国家版本馆 CIP 数据核字第 2024VT4559 号

内 容 提 要

随着现代生活朝着数字化迈进，新媒体已经融入我们的日常生活，成为不可分割的一部分。本书立足新闻的发展趋势，对当前新媒体环境下的新闻写作、编辑及其传播特点与方法进行介绍。全书分为7章，从新媒体新闻概述入手，讲述了新媒体新闻内容编辑、不同文种新媒体新闻的写作、网络新闻编辑与传播、网络新闻直播、新媒体平台新闻编辑与传播，以及新媒体音视频新闻制作与传播等内容，以帮助新闻从业者更好地顺应当前新媒体环境下新闻创作的趋势，成为一名优秀、专业的新闻工作者。

本书可以作为高等院校网络与新媒体课程的教材，以及相关教职人员的参考书，还可作为各行各业人士学习新媒体新闻写作的工具书。

◆ 主　　编　王晓翠　张卫东

副 主 编　鲁　娜　邢建英　孙志龙

责任编辑　连震月

责任印制　王　郁　彭志环

◆ 人民邮电出版社出版发行　　北京市丰台区成寿寺路 11 号

邮编　100164　电子邮件　315@ptpress.com.cn

网址　https://www.ptpress.com.cn

三河市兴达印务有限公司印刷

◆ 开本：787×1092　1/16

印张：13.75　　　　　　　　　　　2025 年 1 月第 2 版

字数：284 千字　　　　　　　　　2025 年 5 月河北第 2 次印刷

定价：54.00 元

读者服务热线：(010)81055256　印装质量热线：(010)81055316

反盗版热线：(010)81055315

前　言

近年来，媒体融合成为我国传统媒体发展的一大趋势，新闻内容、形式和生产等发生了很大的变化。党的二十大报告指出："加强全媒体传播体系建设，塑造主流舆论新格局。"如何创新新闻生产形式，建立全媒体舆论矩阵，利用众多新媒体平台生产与制作公众喜闻乐见、具有较高价值的新闻作品，成为众多新闻从业者关注的问题。为了帮助读者更好地认识当前的新媒体新闻创作环境，完善其知识结构，培养适应新媒体环境的新闻创作与传播能力，编者专门编写了《新媒体新闻写作、编辑与传播》一书。

本书第1版推出以来，获得了众多读者的好评。为了使教材内容与时俱进，我们对第1版进行了及时修订，编写了第2版。相较于第1版，本版进行了知识与案例的更新与修订，具体的修订策略包括如下几个方面。

● 基于新闻传播在新媒体环境下的发展变化和新闻编辑人员的岗位要求，重新调整教材的整体框架，去掉陈旧的案例，增加新的知识点，更贴合从业者实际工作的需要。

● 新增网络新闻直播的内容，以便读者熟悉和掌握网络新闻直播的发展情况，适应时代的发展。

● 新增"素养小课堂"栏目，该栏目融入了新闻行业的发展状况，新闻从业者的基本素养与职业道德、法律法规等内容，有助于提升读者的职业素养。

【本版内容】

本版共7章，每章的具体内容介绍如下。

第1章： 主要介绍新媒体新闻的基本知识，包括新媒体新闻基础知识、传统新闻媒体的转型之路、新媒体新闻从业者的素质要求、舆论的监控与处理等内容。

第2章： 主要介绍新媒体新闻的内容编辑，包括新闻的结构、新闻的语言要求、新媒体新闻的报道角度、新媒体新闻的材料概述，以及新媒体新闻的写作方法等内容。

第3章： 主要介绍不同文种新媒体新闻的写作技法，包括消息、通讯、新闻专访、新闻特写、深度报道、民生新闻、会议新闻和现场短新闻等的写作技法。

第4章： 主要介绍网络新闻的编辑与传播，包括网络新闻标题制作、网络新闻内容制作、网络新闻专题和网络新闻评论等内容。

第5章： 主要介绍网络新闻直播，包括网络新闻直播概述、网络新闻直播的形式、网络新闻直播的类型和网络新闻直播创新策略等内容。

第6章： 主要介绍新媒体平台新闻的编辑与传播，包括手机报、手机新闻客户端和社交媒体平台的新闻编辑等内容。

第7章： 主要介绍新媒体音视频新闻的制作与传播，包括新媒体音频新闻制作与传播、新媒体视频新闻制作与传播等内容。

【本书特色】

本书具有如下几个特色。

- **语言通俗易懂。** 本书以通俗易懂的语言讲解新媒体新闻写作、编辑与传播的理论知识，深入浅出，方便读者阅读和理解。

- **案例新颖、丰富。** 本书在知识讲解过程中穿插大量案例，这些案例具有一定的代表性，且比较新颖，具有较强的可读性和参考性，可以帮助读者快速理解与掌握新媒体新闻写作的方法。

- **专业素养提升。** 本书新增"素养小课堂"栏目，利于促进读者素质的培养，帮助读者成为时代需要的优秀新闻人才。

- **配套资源丰富。** 本书提供了教学大纲与教案、PPT课件、题库软件等资源，选书老师可以访问人邮教育社区（www.ryjiaoyu.com）获取。

本书由山东传媒职业学院的王晓翠、张卫东担任主编，由山东传媒职业学院的鲁娜、邢建英和山东外贸职业学院的孙志龙担任副主编，山东广播电视台的胡小帆和济南广播电视台的汪鑫也参与了本书的编写。由于编者水平有限，书中难免存在不足之处，欢迎广大读者、专家批评指正。

编　者

2024年12月

目　录

第3章
不同文种新媒体新闻的写作

第4章
网络新闻编辑与传播

第5章
网络新闻直播

第1章
新媒体新闻概述

　　随着社会经济的多元化发展与现代通信技术和网络技术的进步，大量新型媒体出现并崛起，为媒体融合创造了有利条件，并颠覆了传统信息的传播方式，成为当前信息传播的主要途径。在这样的时代背景下，传统新闻媒体开始进入新媒体领域，利用先进的通信技术，开展多样化的信息传播，以适应新媒体时代下广大受众的阅读习惯。与此同时，新闻的写作方式相较传统媒体时代的写作方式也发生了重大的变化。

1.1　新媒体新闻基础知识

新媒体新闻多元化的传播形式可以实现互相补充，告别单一的传统传播模式，新媒体新闻逐渐成为新闻的一种主要产出形态。这种新闻形态不仅拓宽了传播的渠道和范围，同时也增强了新闻报道的时效性，给我国新闻业增添了新的活力。

1.1.1　新媒体新闻的含义

新媒体新闻其实并没有一个确切、明晰的定义，但结合"新媒体"一词来看，我们可以对其有一个清楚的认识。清华大学熊澄宇教授提出：新媒体是一个相对的概念，"新"相对于"旧"而言。他还指出：相对于广播，电视是新媒体；相对于电视，网络又是新媒体。综合来看，新媒体新闻是指在当代技术环境下的一种新闻新形态，主要依托当代互联网技术进行呈现与传播，可以为人们带来视、听方面的全新体验，是更适合和更贴近当前人们生活方式和阅读形态的一种新闻形式。

1.1.2　新媒体新闻的写作要素

虽然新闻在新媒体环境下的传播形式与写作风格都发生了变化，但其依然以叙事为主，主要用于报道事实、评述事实，因此仍保留了新闻的六要素，以确保提供有效、全面的新闻内容。

新闻六要素一般用"5W1H"概括，即When、Where、Who、What、Why和How，分别代表时间、地点、人物、事件、起因和结果，将其概括起来就是某时某地某人因为某种原因做了什么事情，最终导致了什么结果。新闻六要素的具体含义如表1-1所示。

表1-1　新闻六要素的具体含义

要素	具体含义
时间（When）	新闻报道要求时效性，所以在新闻开头会给出明确的时间，一般为事件发生的时间。对时间的说明有详有略，可以精确到几分几秒，但要视内容而定
地点（Where）	地点是指新闻报道事件所发生的地点，如果事件比较严重或引人注目，就需要把地点写得详细一些，而一些娱乐事件或话题事件的地点则可以模糊化，用网络指代，如"网上流传出××即将涨价的消息"
人物（Who）	人物是指事件涉及的主要人物，可以是个人、群体，也可以是国家、组织、社会团体、机构等
事件（What）	事件是新闻的核心内容。新闻就是因报道事件、传达消息而存在的，因此必须将事件叙述到位，可以在报道事件时详述其具体经过

要素	具体含义
起因（Why）	起因是事件不容忽视的缘由，即便暂时不清楚，也需在报道中注明"目前事件原因正在进一步调查中"等字样
结果（How）	结果是指该事件产生的影响及目前的进展等

范例

2023年全国优秀舞剧邀请展演在四川成都举办

新华社成都11月19日电（记者李力可）由中宣部文艺局、中国舞蹈家协会、四川省委宣传部主办的2023年全国优秀舞剧邀请展演19日晚在成都开幕。

展演作品汇集了近年来获得精神文明建设"五个一工程"奖、文华大奖及中国舞蹈"荷花奖"舞剧奖及近两年新创作的10部优秀舞剧作品，将进行24场演出，持续打造高水平舞剧展演平台，推动演艺市场繁荣发展，勇攀文艺新高峰。参演作品既有《旗帜》《红色娘子军》《绝对考验》等一批红色革命题材作品，也有《大熊猫》《东方大港》《龙舟》等一批现实题材佳作。相关剧目将在四川大剧院、成都城市音乐厅、成都高新中演大剧院陆续上演。

展演活动期间，还将组织全国舞剧创作研讨会、名家讲座、创作采风、优秀演员路演、院团（校）创作交流等配套活动。展演活动将持续至2024年4月。

点评： 这则新闻中，时间为2023年11月19日；地点为成都；人物为"中宣部文艺局、中国舞蹈家协会、四川省委宣传部"；事件为2023年全国优秀舞剧邀请展演正式开始；起因是推动演艺市场繁荣发展；结果为展演在成都开幕，将在多个剧院陆续上演，2024年4月截止。该新闻报道内容要素齐全，语言简短，信息量丰富。

1.1.3 新媒体新闻的生产特点

时代的进步赋予了新媒体新闻较传统新闻不同的特点，尤其是新闻在生产上的变革，使新媒体新闻变得更加多元化、个性化。了解新媒体新闻的生产特点，有助于加深对新媒体新闻的认识。

1. 主体多元化

自媒体的发展使得"全民皆媒"，推动了多元主体参与到新闻生产的行列中，如现场目击者、当事人、自媒体等。尤其是各种自媒体，它们扎根于社会的各行各业，能够实现多种信息的有效收集和实时监控，在一定程度上冲击了专业媒体，但也在一定程度上弥补了专业媒体在信息实时监控上的一些劣势，让受众能够通过网络及时看到新闻资讯。例如，重庆山火事件发生之后，网上迅速出现了不同主体发布的现场视频和相关新闻报道，专业媒体持续跟进。而网络上报道者提供的多样化素材也丰富了专业媒体的报道内容，有助于受众了解更多有关新闻事件的讯息。图1-1所示为不同新闻发布主体针对同一事件的报道。

图1-1 | 丰富的新闻报道内容

素养小课堂

随着新媒体的快速发展，越来越多的非专业人员开始参与到新闻生产中来，这也给新闻生产带来了一些问题。例如，普通用户缺乏专业的新闻报道知识和经验，缺乏严格的事实核实和专业的新闻判断能力，导致新闻内容不完整、片面，或缺乏可靠性和准确性，甚至不乏用户为了牟利而故意散布虚假信息。因此，作为一名新闻编辑人员，需要提高信息识别能力，多关注权威媒体机构发布的新闻内容，尊重事实并做好自我监督，加强对自身素养的培养。

2. 内容个性化

现代传播技术的进步推动了新闻业态的发展和变革，随着今日头条、一点资讯等聚合类新闻客户端的兴起，技术驱动的个性化推荐成为吸引数字时代受众注意力的有效方式，对新闻业务链的创新发展产生了革命性的影响，由此催生出个性化新闻。

所谓个性化新闻，是指通过算法把关、个性化推荐、协同过滤等方式推送到受众面前的新闻，这是基于"用户观察"的个性化信息智能匹配的结果。相较于传统新闻的规模化生产模式，个性化新闻以"新闻内容+数据化精确制导"的生产方式，对标特定的受众，使内容更加贴近受众的需求。传统媒体的编辑工作由编辑人员承担，而个性化新闻推荐中的审核工作由审核编辑和算法共同承担，其中算法是主力，且审核过程中不涉及文章内容的修改，而是直接决定文章是否进入平台渠道并得到推荐。

个性化的推荐机制也倒逼了新闻内容的个性化，强化了以用户为中心的内容生产模式。新媒体新闻并不是传统意义上的严肃新闻，而是多样化的新闻，涉及不同领域，使得"事事都可以成为新闻"成为常态，新闻的趣味性特征得到进一步强调，多样化内容也让新闻被更多受众所喜爱、关注。图1-2所示为两个不同的新闻客户端的界面展示，可见其具有个性化的推荐机制，且报道内容多样化，严肃与轻松并存。

图1-2 | 个性化的新闻内容

3. 发布效率高

传统媒体发布新闻，需要多方综合选题、控制字数等，以利用好版面。例如，一份报纸在成稿之后，还要确定刊登时间，再经过印刷、出版、分发到销售点等一系列流程才能送达受众。这也造成当晚或者凌晨发生的事，很难立即见报。但现在，各大新闻媒体几乎是全天候待命，时刻准备发布新的信息，其发布的信息数量比传统媒体更多。例如，人民日报的微博账号，在2023年10月11日发布了26条消息。

即便是刚发生的重要事件，也能被迅速发布到新媒体平台上，让广大人民群众知晓。例如，旅美大熊猫"丫丫"的消息一出，立马就有许多相关图文、短视频出现在网络媒体上，如图1-3所示。由此可见，新闻媒体时代新闻信息发布之快。

图1-3 | 大熊猫"丫丫"回国报道

1.1.4 新媒体新闻的传播特点

随着新闻行业形态不断发生变化，新闻的传播形式在新的时代背景下也呈现出新的内容，变得更加复杂、新颖与多元化。相较于传统媒体，新媒体新闻在传播上表现出新的特点。

1. 去中心化

在传统媒体时代，新闻媒体作为传播者，处于传播过程的中心位置，拥有绝对的话语权，控制信息的数量与质量。但在新媒体时代，人人都有"话筒"，都能随时随地发表看法，成为信息的生产者与传播源，有些拥有数百万粉丝的个人账号发出的声音甚至有可能超过一些新闻媒体的报道，其影响力不容小觑。同时，在新闻媒体发布信息源后，广大受众还可以转化为传播者进行二次传播，信息在网络上的多次传播，使得信息的话语权不再被一个中心控制。同时，信息的价值也由广大受众决定，一个看似不费笔墨的新闻，也可能引起受众的广泛关注与热议，成为巨大的舆论热点，信息的价值也在该过程中产生变化，这也反映了新媒体时代大众话语权的扩大，新闻传播由此呈现出"大众赋权"的趋势。

2. 融合化

新闻传播的融合化是非常显著的一个特点。一方面，新媒体新闻可以综合运用文字、图片、声音、视频、超链接等手段来呈现新闻内容，实现新闻信息形式的融合化传播，如图1-4所示，该新闻报道包含文字、视频与图片等不同形式。另一方面，现今的新闻报道可以同时发布在传统媒体和新媒体上，即一个新闻事件，可以通过报纸、门户网站、新闻客户端、社交媒体平台（如抖音、今日头条）等不同媒体渠道发布，呈现出体现该渠道特点的内容形式，从而帮助新闻媒体实现对市场的占有与细分。同时，这种融合化也体现在信息的内容上，即有的新闻编辑在编辑新闻时，会整合多家新闻媒体发布的相关新闻，这也使得新闻更具层次、更有深度。

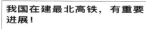

图1-4 | 新媒体新闻示例

3. 信息碎片化

由于人人都能成为新闻事件的发现者、发布者，人人都想要快速发现、获取最新消息，这就导致信息的碎片化特征开始凸显，信息的发布没有经过议程设置，传统媒体原有的严谨而系统的传播格局被打破，不少新媒体新闻的传播显得分散和无序。有些新闻媒体常采取动态写作的方式进行实时报道，其新闻消息几乎只有十几秒，描述的只是一瞬间的新闻事件，无法提供关于事件背景的深度报道，无法为受众提供全面的信息。

小提示

> 新闻的碎片化是因网络时代追求信息的时效性、信息量和报道形式的多样性而造成的，碎片化的新闻也被称为"蜂巢型新闻"，即报道者众多、信息黑洞众多和碎片化新闻众多，就像一个蜂巢。新闻报道与事件发展同步的"抢报"状态使新闻只能是碎片化报道，即一个要素、一个要素地进行报道，这也为主流媒体带来辟谣压力。碎片化的新闻现如今难以避免，新闻媒体需要做的是整合碎片化信息，打造移动传播矩阵，尽量多地触达受众，做到重要事件联动报道与传播，形成全媒体发声的报道矩阵；同时要时刻关注信息的舆论导向，做好正面的价值引导，以避免碎片化信息在网络上形成负面影响。

4. 传播迅速

新媒体新闻的时效性非常强，新闻媒体的发布时间不再以天为单位，而是以分、秒为单位，争分夺秒推出最新信息。而这些信息基本呈网状散播，媒体和受众都在"一张网"上，信息不仅传播速度快，还可以经过二次或多次传播，一传十、十传百，甚至快速传到国外，这是互联网和通信技术支持下新媒体新闻发展的一个显著特点。

5. 互动性强

传统新闻传播方式下，受众大多是被动地接收信息，很难实现双方信息的对接，而现在，受众通过新媒体平台接收信息，可以实时评论，发表自己的看法，表达意见。相比传统新闻，新媒体新闻互动性更强。

6. 舆论发酵

新媒体环境下，由于受众互动性变高，愿意对信息进行多次传播，因此能快速形成话题发酵。此时若有新闻媒体就此表达看法，且有大量受众附和，就能形成舆论引导，引起广泛传播和讨论，甚至能起到良好的监督作用。新闻媒体还可以借舆论热度输出正向价值观，形成良好的宣传引导形势。例如，当云南野生亚洲象群北迁，引发全球网友关注和热议、相关话题持续升温时，央视频迅速响应，聚合各地优质媒体资源，整合云南森林消防提供的象群航拍画面，以"话题设置+直播+二创短视频+原创图文"等多种新媒体形式多维度展现各地在象群迁徙过程中为保障人象安全所做的积极努力，打造话题，宣传人象和谐共生价值观、展现人与自然和谐共生的美丽中国。

1.1.5 新媒体新闻受众的特征

新媒体不仅对新闻的传播产生了很大的影响，也对受众产生了影响。新媒体新闻受众的特征主要有以下5点。

1. 变被动为主动

新媒体环境下的受众逐渐摆脱了以前被动接收信息的状态，开始主动创造与分享信息，这使以前的媒体—受众—媒体的传达与反馈的不对等关系渐渐发生了改变，在信息的传播中受众的主动性开始发挥重要的作用。这样的变化使得由信息资源不对称造成的有限的沟通与反馈转型成回应、分享、提问、探讨等多种形态，受众开始掌握主动权。

此外，新媒体新闻的第一信息源或线索很多是由网络用户提供的，新闻媒体再由此展开调查，并将其制作成一篇新闻。可以看出，新媒体时代，受众的主动性特征是非常明显的。

2. 全民参与

相对于传统媒体而言，新媒体时代受众的话语权更大。一方面，网络用户在不违反相关法律法规的条件下可以自由发言，参与讨论与传播。另一方面，在新媒体时代，新媒体新闻的受众基数在不断增加，受众参与度广，几乎达到了全民参与的程度。

3. 新闻质量要求高

现在很多年轻受众喜欢在网上浏览新鲜资讯，他们是新媒体新闻的重要受众群体之一。不只是这类群体，其他新媒体新闻受众也长时间在网上浏览各种信息，这使得整个受众群体对新闻质量的要求变高，简单文本内容的新闻对受众的吸引力不大，而准确性与时效性兼具的视频新闻、音频新闻或结合其他新技术或多媒体技术的新闻等，会让受众更有新鲜感。另外，美观的排版设计也会为新闻加分。

除了新闻内容外，新媒体新闻的网站栏目设计、客户端设计、界面设计等也会影响受众对新闻的整体观感。

4. 新闻阅读需求大

很多受众习惯了新媒体时代信息接收的便利性，甚至养成了每天接收新信息的习惯，比传统媒体时代看得更勤。这些受众流连于不同的新闻媒体之间，甚至会查看某条信息在多个媒体渠道中的报道角度、相关评论等，体现出非常明显的阅读需求大的特点。这种新闻阅读需求大的特点是现在频繁使用移动设备的受众常见的特点，新媒体新闻从业者应思考并充分利用这一特点促进新闻内容的创造和传播。

5. 阅读设备移动化

根据中国互联网络信息中心发布的第53次《中国互联网络发展状况统计报告》的数据，截至2023年12月，我国网民达10.92亿人，互联网普及率达77.5%；而我国手机网民达10.91亿人，网民使用手机上网的比例为99.9%。可以看出，新媒体时代，阅读设备移动化已成为突出的特点。

1.2 传统新闻媒体的转型之路

随着新的媒介形式对人们生活方式的改变，传统新闻媒体也逐步走上转型之路，开始融入新媒体平台。其或创新新闻内容生产方式，或拓宽传播渠道，以更好地融入人们的工作和生活，适应时代的发展。

1.2.1 传统新闻媒体的转型

新媒体的发展使整个新闻领域都发生不同程度的转变，传统新闻媒体（以下称"新闻媒体"）纷纷开始在不同领域探索实践，总体而言，涉及门户网站、新闻客户端和自媒体平台等不同方面。

1. 发展门户网站

在早期互联网刚刚兴起的时候，一些具有前瞻性的新闻媒体就开始尝试在网上建立自己的新闻网站，如人民网、新华网、央视网等，这些网站以发布新闻为主，由此形成我国新闻网站的雏形。进入21世纪后，不仅传统媒体纷纷兴建自己的新闻网站，一些商业网站也开始涉足新闻领域，如新浪、搜狐等。这些综合性门户网站通过与具有发布新闻权利的报纸、杂志、电视台等媒体建立合作关系，取得转载权；在新闻内容上，商业网站及时转载主流媒体文章，选择贴近读者的新闻内容；在更新速度上，商业网站新闻更新快，从周一到周日24小时追踪，进一步提高了新闻时效性。商业网站的兴盛，加速了新闻网站之间的竞争，新闻网站多层次、全方位的网络传播格局初现雏形。

随着用户使用设备向移动端转移，新闻网站的用户也逐渐流失，新闻网站开始向移动端转型，其中，一些实力较弱的新闻网站逐渐被淘汰。而留下来的新闻网站在大数据、互联网技术的加持下，开始努力创新，网站发展呈现出多元化、专业化与个性化的特点。

例如，在大数据时代来临前，很多新闻网站的新闻基本以文字表现形式为主，尤其是财经类新闻，大多以文字分析与数据表格相结合的形式呈现。这种形式在目前的新媒体环境下会给受众带来枯燥无聊的阅读感受与极为刻板的阅读体验。而随着媒体形态的变化，新闻的呈现方式变得更加多元化，可使用包括文字、数字、视频、图表、音频等多种形态的"语言"进行呈现，使得呈现方式多样化、传播效果立体多维。

新闻网站还提供深度报道，加强与国际新闻网站的交流与合作，努力根据用户需求提供定制化的新闻服务等，新闻内容建设进一步加强。同时延伸出"新闻+政务""新闻+服务"的形式，积极打造主流媒体的政务功能，促进治理型媒体的发展，并进一步形成资讯服务、便民服务、健康服务等多维度服务体系。很多新闻网站还设立了自己的新闻客户端，以实现与微信、QQ、微博等多渠道的信息互通，获取移动端的市场份额。图1-5所示为人民网首页。

图1-5 | 人民网首页

可以看出，人民网作为典型的以新闻为主的大型网上信息交互平台，内容板块非常丰富，不仅将新闻与政务、服务相结合，联结众多合作网站打造了具有极高国际声望的综合性网络媒体平台，而且提供了引流至客户端的渠道。人民网以新闻网站和新闻客户端为发展重点，建立起强大的新闻信息平台。

在知识、信息爆炸的时代，用户越来越重视内容的准确度和深度，内容化、公信力和精品化也成为众多新闻网站的发展重心，新闻网站力图通过算法实现优质内容、用户价值与商业效益的三位一体。内容价值密度，也正在成为新闻网站的一大衡量标准，而伴随技术的革新，相信未来新闻网站还会不断创新进步。

2. 进入新闻客户端

智能手机的普及和新媒体的发展，使基于移动互联网的微信、微博、微视频等的微传播方式大行其道，使人们的阅读方式发生改变。为了适应这一改变，传统媒体纷纷推出新媒体战略，以拓展传播空间，其中非常重要的一个表现就是建立新闻客户端。移动端产品功能的加强和体验优化，使新闻的覆盖领域不断扩大，以移动设备为主的传播方式比传统方式更能满足手机网民多样化的阅读需求，这使手机客户端成为受众获取新闻资讯的重要渠道，获得了受众的认可。

艾媒咨询表示，随着央视等传统媒体加大移动端技术投入，未来受众能从移动端获取更多、内容专业性更强的新闻资讯。若是有技术的投入和质量的保证，那么养成每天使用手机新闻客户端看新闻的习惯的受众将继续增加。

（1）新闻客户端1.0

国内传统媒体最先上线新闻客户端的时间可以追溯到2009年，该年，南方周末新闻客户端上线。2010年，传统报业进入新闻客户端1.0时代，新浪、腾讯等门户网站开始推出自己的客户端产品。2012年，互联网创业公司北京字节跳动科技有限公司（现为"北京抖音信息服务有限公司"）推出新闻客户端——今日头条，它基于用户的社交网络数据，通过算法实现信息的精准推送。相比之下，传统媒体则显得有些"反应缓慢"。虽然也有传媒机构推出了新闻客户端，但功能和内容比较简单，内容往往只是对原有内容的迁移，并没有将新闻客户端利用起来。由于缺乏专业的新媒体运营团队和创新思维，传统媒体发展举步维艰。

（2）新闻客户端2.0

创新变革是大势所趋，要想融入新媒体，必须利用好移动设备，以央视、新华社、上海报业集团等为代表的传统媒体纷纷开始建立新闻客户端。其中，澎湃新闻就是一个典型代表。

澎湃新闻于2014年由上海报业集团建立，最早脱胎于《东方早报》，其主打时政新闻与思想分析，生产并聚合中文互联网世界中优质的时政思想类内容，定位为拥有手机客户端、网站、手机网页版、微信、微博和其他社交媒体内容的新媒体平台，目标是成为中国的全媒体内容生产平台、全媒体产品创新平台和全媒体服务运营平台。可以看出，澎湃新闻是上海报业集团着力打造的产品，其用户可以就每条新闻发问，并对问题进行解答；同时还设置了热门问答追问功能，这一功能使其颠覆了传统的新闻生产方式和新闻形态，吸引用户分享、追踪新闻与订阅栏目等。

澎湃新闻强调自己是互联网技术创新与新闻价值传承的结合体，致力于新闻追问功能与新闻跟踪功能的实践，并创办了一系列在新媒体平台中有影响力的栏目，如中国政库、打虎记、人事风向、一号专案等，迅速建立起了自己的品牌。虽然有人认为其部分栏目的划分给人一种传统媒体照搬到移动端的即视感，但也有不少学者给予肯定，认为其及时性、独家性、深度性等是不少财经网站难以达到的。按照澎湃新闻总编辑的说法，这是"平面媒体内容（团队）以完整建制最大规模进入新媒体"。它并不是只由一个新媒体部门专门负责，而是数百名采编人员的全体转型，这颠覆了《东方早报》原有的生产模式。澎湃新闻在当时有不可否认的影响力，可以说是新闻客户端2.0浪潮的起点。

除了聚焦时政的澎湃新闻外，上海报业集团还推出主打财经的界面。之后还有传媒集团、互联网资本和地方政府合作投资的无界新闻，它强调新闻的开放性，可采用H5技术手段撰写新闻，让新闻更立体、多样。

2015年，重庆日报报业集团推出新闻客户端——上游新闻，它以重庆为基点，突出人与人、企业和政府之间的关系，做高品质的新闻和原创内容，其中包括政情、热点、财富等多个栏目。此外还有南方都市报推出的新闻客户端——并读新闻。它将新闻嵌入社交场景，并利用技术更好地做精准推送，其内容多采用互联网语言，并善于利用图表、数据等形式，更贴近当代年轻人的阅读偏好。长江日报报业集团推出的九派新闻不仅做新闻，在地方党委的主导下，它还定位为用大数据技术构建新媒体产业融合的平台，主攻数据新闻、前沿思想，以及舆情分析、互联网金融等延伸产业链。

从当时的数据看，头部客户端下载量高，而其他主流媒体表现平平。2020年，中共中央办公厅、国务院办公厅印发《关于加快推进媒体深度融合发展的意见》，明确要求主流媒体加快挺进互联网主阵地。在政策的持续推动下，新闻客户端建设为媒体打造自主可控的新媒体平台的重要路径之一，主流媒体客户端建设进入深度融合阶段。《人民日报》《光明日报》等头部媒体不断调整自有客户端矩阵和功能：一方面，通过各大互联网平台分发优质内容，触达更多用户；另一方面，通过各类内容平台聚合、提升自有客户端的影响力。

CTR（央视市场研究）监测数据显示，2023年上半年38家省级以上广电机构共有68款累计下载量过百万的自有App。截至2023年6月底，8家主要央媒拥有11款累计下载量过亿的自有App。央视新闻客户端依托5G+4K、AI（Artificial Intelligence，人工智能）等技术带来了AR（Augmented Reality，增强现实）新闻、VR（Virtual Reality，虚拟现实）新闻、人工智能主播等新产品；省级广电主流媒体客户端立足于本地讯息和服务，同时兼顾全国视野——四川台的四川观察、江苏台的荔枝新闻等，这些省级媒体客户端引发广泛的关注。新闻客户端建设也进入直播和短视频时代，各个品类和层级的主流媒体客户端接连上线短视频功能或开发主打短视频功能的新闻客户端。人民网研究院发布的《2022—2023报业融合发展观察报告》显示，截至2022年12月，全国1330家主要报纸中有570家拥有自建客户端，自建客户端相比电子报和网站等形式，覆盖了更加广泛的用户群体，传播效果得到了显著提升。

虽然目前的主流媒体客户端的日活、月活用户依然有限，客户端内容还无法真正做到全然符合移动互联网传播规律，如年轻态、交互、数据驱动，且各媒体的新闻客户端在拉开各自差异的路途上还处于摸索阶段，但也都在不断升级发展中。专业媒体客户端未来将如何做到从内容深化到功能升级、从技术应用到场景拓展的转型改革，还需要拭目以待。

3．入驻自媒体平台

自媒体又称"公民媒体"或"个人媒体"，是指以现代化、电子化的手段，向不特定的大多数或特定的个人传递规范性及非规范性信息的新媒体的总称，是私人化、普泛化、自主化的传播方。自媒体中既有个人用户，又有其他用户，也被称为第三方平台，其包括抖音、微博、微信、今日头条、百家号等。由于现今受众涉猎的平台既多又广，因此有不少主流新闻媒体与网络新闻媒体进入了这些领域，以拓宽自己的传播渠道。例如，在百家号中输出的优质文章，可能会被推荐到百度首页，获得更多的阅读量。

这些平台的用户基数大、信息传播速度快，可以使一条新闻被层层传播转发，被纵向传播到更多不熟悉它的受众视野中。这些平台蕴藏的巨大流量也给新闻媒体带来了大量粉丝，并焕发了更多的生机与活力。而这些新闻媒体账号在被关注后，可以向受众精准推送消息，且很难被过滤。同时得益于平台提供的多样化功能，新闻媒体也能和用户展开多样的互动。

抖音App上线后的首份媒体抖音年度报告显示，2018年，抖音上经过认证的新闻媒体账号超过1340个，累计发布短视频超过15万条，累计播放次数超过775.6亿，累计获赞次数超过26.3亿。根据多家中央重点新闻单位、省级媒体、行业媒体发布的2022年社会责任报告，新华社社交媒体账号总粉丝量超过8.6亿，新华网各终端日均访问人数接近1亿；人民日报抖音账号粉丝量突破1.6亿；《光明日报》微信视频号全年产出658个10万+、191个100万+阅读量作品；四川观察全网粉丝超1亿，其中抖音账号粉丝超4700万，连续3年稳居省级媒体第一，全年短视频播放量、互动量均居省级短视频账号之首……这些平台不仅成为主流媒体传播信息的重要渠道，也为主流媒体的移动化传播变革积累了丰富的实践经验。这也是新闻媒体为转型、创新做出的重要尝试。图1-6所示为入驻微信和抖音的部分新闻媒体示例。

图1-6 │ 入驻微信和抖音的部分新闻媒体

小提示　不管往哪个领域转型，追求可视化已成为新闻媒体转型非常显著的特征及内容发展趋势，在生产内容的技术越来越先进、互联网基础设施越来越完善、高速带宽的铺设范围越来越大的今天，与技术的融合是新闻可视化的必经阶段。可视化技术包括全感官触动、可控性播放及多样化内容等，能将信息生动形象地表现出来，更符合人们对新闻休闲娱乐、生动活泼的要求，加快了信息的传播速度并加强了受众的信任度。新闻可视化在现在的新闻领域中的发展已经比较成熟，如在新闻报道中使用数据漫画、数据地图、文字云、图表等。

1.2.2　新闻媒体取得的进展与突破

现在，新闻的内容形式、传播渠道越来越多样化，新闻媒体之间的竞争也越来越激烈。不管是与技术的融合，还是传播形式的革新，对新闻来说，都是在从媒介融合走向报网互动再到媒介融合的过程。在未来的发展中，新闻不仅要实现新媒体技术与技能的融合，还要实现客观公正与盈利的融合，探索传统媒体基于新媒体技术的新商业模式，并由此继续进行创新发展。尤其是技术的发展变革，对各行各业的影响都是巨大的。在新媒体新闻领域，新闻已经有了巨大进展和突破。

1. 虚拟主播

近年来，随着媒体融合的发展，主流媒体为适应数字化转型，储备更具专业素质和技能的融媒体人才，打造了人格化、交互性的虚拟主播，赋能内容生产和传播升级，提升内容的互动性和体验性。虚拟主播现今日渐成为传统媒体智媒化转型的突破口，越来越多的资讯发布、节目主持等活动都有虚拟主播的身影。

虚拟主播是人工智能技术的应用，第五届世界互联网大会上，中国展示了首批"人工智能新闻主播"，其长相真实，面部表情、动作、声音等都与真实的新闻主持人十分相似，轰动了整个智能界。发展至2023年，虚拟主播已非常成熟。早期虚拟主播主要以现实生活中的主持人或记者为原型，与真人主持人的性格特征、容貌形象较为相似，缺乏特色，人物特征相对扁平。现在许多主流媒体的虚拟主播已经有了属于自己的人格化特征和设定，个人风格强烈，在仿真度、人物美化上趋于完善。

与真人主播相比，虚拟主播借助人工智能技术的优势，不但可以全天候播报、多语种播报、自然语言+手语播报，而且在播报中不会出现失误，其稿件处理能力也远远高于真人主播。虚拟主播拥有庞大的信息处理库，只要在控制系统中输入审定好的新闻稿，5分钟后，虚拟主播就能完整地进行新闻播报，基本上不会发生错读、漏读等情况。虚拟主播的新闻播报由人工智能系统自动生成，不再需要导播对节目进行把控，这在优化节目制作流程的同时，也为后期剪辑工作人员节省了时间，提供了便利。另外，这些虚拟主播不仅担任主持人，诸多主流媒体正先后进行让虚拟主播变身为记者、综艺晚会主持人、形象代言人，甚至是虚拟偶像等多元化角色的探索，以进一步拓宽虚拟主播的工作范围。例如，浙江卫视"谷小雨"担任浙江卫视宋韵文化推广人，先后参加2022年世界互联网大会乌镇峰会、2022—2023年浙江卫视美好跨年夜等活动，其职能相当广泛，应用性很强。

目前，我国对人工智能技术高度重视，发展人工智能技术已从初期的科研项目上升为"十四五"时期的国家重点战略，力争到2030年我国要成为世界主要的人工智能创新中心。虚拟主播作为人工智能中具有代表性和创新性的新技术，已经在媒体行业中广泛使用，甚至逐渐分布至各个细分岗位，如形象代言人、综艺主持人，还进入直播"带货"、企业品牌营销、影视传媒等领域，成为新消费、新文娱背景下的重要一员。

▰▰▰ 📝素养小课堂 ▰▰▰

党的二十大报告提出，加快发展数字经济，促进数字经济和实体经济深度融合，打造具有国际竞争力的数字产业集群。元宇宙（即在虚拟世界再造一个地球，其核心在于建造出相当数量的虚拟数字人和相当丰富的虚拟生活、工作和娱乐场景）作为虚拟世界和现实社会交互的重要平台，是数字经济的表现形态之一，新闻媒体要抢抓元宇宙这一重要赛道，就要积极布局虚拟数字人业务。

2. 新闻写作机器人

新闻写作机器人，又叫智能写作机器人，是人工智能在新闻写作领域的应用，其主要通过一定的计算机程序，对收集和输入的数据信息进行自动化的分析、处理和加工，从而生成一篇较为完整的新闻报道。这也是当前流行的自动化新闻模式。在内容上，新闻写作机器人的写作内容主要集中在财经新闻报道、体育新闻报道、气象地质新闻报道方面。

早在2006年，美国汤姆森公司就已经开始使用智能机器人撰写经济和金融方面的新闻稿件。2014年，美国《洛杉矶时报》也利用机器人Quakebot在震后3分钟抢先发稿，成为第一家报道美国加利福尼亚州某次地震事件的媒体。同样的应用也出现在国内。2015年，新华社推出了新闻写作机器人"快笔小新"，其写作流程由数据采集、数据分析、生成稿件、编发4个环节组成，适用于体育赛事、经济行情、证券信息等快讯类、简讯类稿件的写作。此外还有腾讯财经的智能写作机器人"Dreamwriter"、第一财经的写作机器人"DT稿王"等。2016年8月，里约奥运会期间，今日头条的写作机器人"张小明（xiaomingbot）"最快可以在2秒内生成一篇赛事报道，平均每天发布30多篇稿件。2017年九寨沟地震，中国地震台网使用"地震信息播报机器人"仅花费25秒就完成新闻报道，还将地震位置、震级、震源、震中地形、人口热力、周边村庄、周边县区等元素容纳进去，并配有4张图片。

不过，新闻写作机器人在科技新闻报道、民生新闻报道等方面也有所应用。例如，2017年1月17日，南方都市报推出的机器人"小南"一秒即完成300字左右的关于春运的稿件，把握住了"人"写作的特点，促进国内机器写作向提升新闻内容质量改变。

目前的新闻写作机器人，其报道的生成主要运用了深度学习、模板生成、"人工+算法+规则"混搭互助的模式。例如，今日头条"张小明"报道的关于比赛实时比分的数据是通过句法结构和模板文本生成的。其采用先进的机器学习算法，能够学习图文语义匹配模型，在该模型的基础之上，用今日头条大量的图片和文本做语义匹配，挑选合适的图片，形成图文自动关联的发稿模式。其采用依据句法结构的模板文本生成技术和摘要式生成技术，可以将网络上一些直播文字抓取过来，通过机器学习里的排序学习技术去挑选最重要的内容，融进文章中，既能生成短资讯，也能生成比较长的资讯。

2021年两会期间，人民日报的"智能创作机器人"效果惊艳。该机器人虽然没有实体形象，却为"策采编发"全程提供智能支持，借助"AI+5G"，通过佩戴智能眼镜，采访者一人便可完成访谈、拍摄、记录等工作，还能通过5G信号的传输实现实时直播。通过全媒体智能工具箱，《人民日报》的"智能创作机器人"赋能新媒体内容生产，协助记者编辑完成直播剪辑、智能生成视频、4K在线快编、音视频字幕添加、智能配音、语音识别、横屏转竖屏等，实现一站式智能创作。《人民日报》的"智能创作机器人"推出的新闻热点追踪工具支持用户个性化订阅中央媒体、地方媒体、商业门户等多种信息源，利用它，能够实时追踪全网舆情热度，监控关注的话题，第一时间获取最新、最全面的消息，为新闻选题策划、内容写作等提供信息支持。

作为智能技术应用，新闻写作机器人在多方面具有显著优势，如生成内容速度快，时效性内容追踪速度大大超过人工处理的速度；内容出错率更低；对大量的数据和信息的再加工，能帮助人们发现很多新奇的角度和线索；提升工作的效率；等等。虽然现在新闻机器人的运用还不太广泛，也有许多新闻媒体表示即便投入更多资金来使用人工智能和进行机器学习，也不会减少编辑和记者的数量，但众多新闻媒体将持续关注、探索与人工智能有关的未来发展。

3. 众筹新闻

众筹新闻是社会化互联网条件下的产物，它主要是指一种新闻生产模式：记者或媒体人通过众筹平台发布新闻选题，公开面向社会筹集资金，然后进行实地的调查和采访，产出内容，再通过出售新闻内容版权获得收入，投资人同时获得收益，并且可以获得免费的新闻阅读权限。

众筹新闻是新闻领域的一个创新，传统媒体因为种种原因无法报道或播出的内容，或其他缺乏资金支持的深度报道等，都可以通过众筹新闻的方式得以实现。例如，新闻行业的新人、有能力的撰稿人或自媒体可以通过众筹获得调查的差旅费和给线人的线索费等。曾引起世界关注的《太平洋垃圾漂浮调查》就是由一个自由撰稿人通过众筹方式进行制作的。众筹新闻的项目是发布在公众平台上的，如果该项目筹资成功，代表该项目已经通过了受众的审核，获得了这些受众的重视，那么该项目取得成功的概率就较大。众筹不仅为新闻业开辟了新的资金筹集渠道和生产渠道，也能有效整合大众资金，打造出更符合受众需求的优质新闻和深度新闻。

早在2008年，众筹新闻就进入了国外的新闻行业，大卫·科恩就创建了当时最知名的新闻众筹网站之一——Spot.us，这一新闻模式在世界各地兴起。随后，我国也有了关于众筹新闻的尝试。2013年11月28日，众筹网正式发布国内首家众筹资讯平台，为各类媒体的娱乐、时尚、汽车、体育、房产、互联网等内容题材提供公众预筹资服务，整体筹资额度超过46 000元。2015年，《南方都市报》改版，推出业内首创的"众筹新闻"版面，以小额支付技术和社交媒体为支撑，吸引受众为自己感兴趣的新闻选题筹集资金并许诺分红。为此，不少新闻媒体从业者表示，众筹可以实现媒体人不想做或不方便做的新闻。对筹集到新闻项目资金的人来说，他们也会拥有更大的精神力量去"鏖战极具潜力的长尾新闻市场"。近几年，众筹新闻的形式有了一定的变化，不少新闻媒体选择向受众筹集新闻素材而非资金，以完成自己的新闻报道，不仅增强受众在新闻生产过程中的参与感、体验感，还通过博采众长，缩短了新闻制作流程，提高了生产效率。例如，甬派新闻推出众筹新闻平台，发动社会公众通过手机提供新闻线索，记者加工材料进行报道，由此在服务民生、强化舆论监督、传播正能量等方面完成了多篇重要报道。《湖北日报》在中国共产党第二十次全国代表大会成功闭幕之际，通过众筹，获得了诸多丰富的新闻素材，以各市州、各行各业的基层劳动者为代表，讲述他们下一个五年的计划和安排，展现荆楚人民对未来生活的美好愿景。目前，我国众筹新闻的发展尚未成熟，未来仍需积极探索。

4. 互动新闻

近年来，在媒体融合的背景下，一种新型新闻呈现形式产生，即互动新闻。这种新闻通过代码将文字、图片、视频、音频、动画等不同形式的元素加以合理搭配组合来实现新闻的可视化，并用互动的方式引导受众参与新闻的叙述过程，自由地探索新闻，了解更丰富的新闻细节，获得更加多元的信息。

与传统新闻相比，互动新闻实现了对各种媒体元素的合理配置，通过超链接、动画、交互式地图、虚拟现实等技术，新闻不再是文字、视频等的简单叠加，而是形成了内容和形式更多样的有机整体，扩大了新闻意义的表达空间。受众也可以通过互动，选择自己感兴趣的信息，自己把控浏览新闻的节奏，参与构建个性化的新闻故事，获得良好的信息接收体验。

在呈现形式上，互动新闻通过对技术的运用展现了可视化场景，增强了受众的现场感，强化了受众对新闻表达的感知力，为受众提供了阅读文本之外的乐趣。此外，互动新闻由于搭建了场景，因此在表达空间纬度和时间跨度上都有显著优势。例如，人民日报微信公众号推出的关于复兴大道的新闻作品，如图1-7所示。

图1-7 | 互动新闻作品展示

其以超长画卷与一镜到底的形式，用一条路串起百年党史时间线，将百年征程入画。该作品在手机端长约50屏，其融合文字、画面、声音、AI交互等多项网络技术，创建了丰富多元的场景，作品覆盖了300多个历史事件，包括5000多个人物、400余座建筑。作品中大到场景布局，小到墙体上的标语、字体，以及不同时代人物的着装，都做到了有据可查、精益求精。通过AI交互，受众可以到不同年代场景中去体验、重温历史，与百年征程的各场景同频共振。丰富的场景和良好的互动体验，使该作品得到了很好的传播。

又如，封面新闻制作的作品《雪山下有个熊猫村》，如图1-8所示。该作品以四川硗碛四季景观为H5设计主线，动物穿梭于村落与自然之间为故事主线，藏族人文景观与民族特色（如硗碛婚礼的礼仪、祈丰收活动等）为主要画面内容，展现了大熊猫国家公园内一个与大自然和谐共处的藏族村落。受众点进该H5新闻作品后可以自主选择观看四季中任意一季的风景，跟随画面中可爱的熊猫来观看熊猫村的人文景观，沉浸式体验村庄的生态之美。该作品也荣获"第三十二届中国新闻奖融合创新三等奖"。

图1-8 | 新闻作品《雪山下有个熊猫村》部分展示

1.3 新媒体新闻从业者的素质要求

新媒体时代的到来，对新闻从业者的素质和能力要求变高。要想使新闻作品的质量更有保障，新闻的传播效果更好、影响力更大，新媒体新闻从业者应加强自己的素质提升，以更好地适应时代发展，融入当前的新媒体新闻创作环境。

1.3.1 能力要求

在新时期社会背景下，新闻从业者的工作迎来了不同的挑战。新闻从业者若能具备新媒体时代背景下应掌握的能力，不仅有助于自身及新闻行业的长远发展，更有助于为受众提供优质及时的新闻服务。

- ◆**四力：**全国宣传思想工作会议提出，宣传干部要不断增强脚力、眼力、脑力、笔力，这四力也是新媒体新闻从业者应具备的能力。脚力要求新媒体新闻从业者应奔走新闻现场，接触一线的真实材料；眼力指其要有更宽广的视角、有敏锐的观察力，能从庞大博杂的信息中挖掘、选择出能引起社会公众关注且具有价值的新闻信息；脑力指其应具有互联网思维、创新思维，能进行多维度、多角度的思考，从而创作出满足不同受众需求的新闻精品；笔力指其应具备娴熟的文字写作能力及各种文学艺术表现能力，并能熟练使用各类新闻采编技巧，创作出"有温度、有思想、有品质"的作品。

- ◆**新技术与工具的运用能力：**新媒体时代，信息传播形式和环境发生了很大的变化，新闻展现形式多样。要适应这种变化，新媒体新闻从业者就应与时俱进，掌握各种与新闻传播相关的现代技术、通信手段与语言工具，具备视频录制与剪辑、图片编辑、文字配音、H5制作等方面的能力，这样才能适应新媒体多样化编辑的需要，在工作时更好地完成任务。

- ◆**协调与合作能力：**新闻作品的完成，很多时候会涉及多方人员，如记者、专家、当事人、社会公众人物、技术人员等，这就需要大家的协调配合、相互合作，从而创作出高质量的作品。

- ◆**整合能力：**新闻事件通常呈分散状，因此新媒体新闻从业者要具有强大的整合能力，对众多零散的新闻信息进行综合性的开发、利用、组织，使其最终形成一个好的作品。

素养小课堂

新媒体新闻从业者最好做到一专多能，能够胜任从信息的采集、写作，到制作、播出等环节不同岗位的工作，这样能让自己在职业发展上获得更多机会，在新闻行业游刃有余。

1.3.2 素养要求

随着新闻制作、传播成本与门槛的降低，许多以往被排斥在新闻制作之外的公众介入了新闻生产过程，对主流媒体的专业管辖权构成了挑战，新闻也随之走入去专业化的过程。为了保证新闻内容的准确性，向受众准确、公正、客观地传达信息，新媒体新闻从业者也要加强自身专业素养的培养。

1. 构建完整的知识体系

新媒体新闻从业者的知识体系不仅关系到其采访能力、撰稿能力，对其新闻敏感度也有很大影响。完整的知识体系不但能让新媒体新闻从业者在内容选择、栏目设置和编排中做出更好的选择，有更开放的视野，还能使其在面对不同领域、不同层面的事件和采访对象时做到游刃有余。

2. 具有较强的责任意识和道德意识

责任意识与道德意识是衡量新媒体新闻从业者职业道德的准则，这里尤指在法律范围以外的是非观与善恶观。在新媒体时代，各种消息、事件鱼龙混杂，有些媒体人为博眼球、求关注，捏造事件、张冠李戴，或故意发表偏激、负面的看法，传达虚假的信息，或为了追求时效性而忽略内容的真实性和科学性。因此，新媒体新闻从业者要坚守自己的道德规范和行为准则，保持公正、客观的立场，不制造虚假消息、不散布谣言，遵守国家法律法规，尊重个人隐私与人权，以认真、严谨的态度做事，做到说良心话、办良心事。

 小提示 在当前这个信息爆炸的时代，在网络上发布各类资讯的自媒体增多，受众接收信息的数量增加、速度加快，很多事情在多次传播后已经失实。因此新媒体新闻从业者需要谨慎选择要报道的内容，确保事件准确、真实，否则会受到相应的处罚。

范例

媒体发布未经核实的新闻

某年春节期间，一财经杂志微信公众号发布了以"返乡日记"为主题的微信公众号文章。文章中，作者描述了故乡中几种令人触目惊心的农村现象，并在开头注明，这篇杂记虽然"有些许残酷和悲戚"，看起来"荒诞不经"，但"可惜这并非杜撰，而是真实的写照"。该文章发出后，引来各大新闻媒体的转发，一时引发网友热议。

但在2月25日，新华社就此事件发文，称经过记者实地调查，发现该作者不仅并未返乡，文中记载的时间、地点、人物都是虚构的。次日，该财经杂志微信公众号就此事致歉，承认虚构，并对给文中所提到地区的群众带来的负面影响深表歉意。

随后，国家广播电视总局对此次事件进行公开通报，依法吊销涉事记者的新闻记者证，并将此事件列入新闻采编不良从业行为记录；对未经核实进行转载、进一步扩大恶劣影响的相关新闻媒体做出警告、罚款等行政处罚，并追究相关人员责任；而其他商业网站转发虚假报道的问题，也由相关主管部门核实处理。

点评： 互联网不是法外之地，新媒体新闻从业者在发布新闻事件时，一定要有高度的责任心，不随意发布或转发未经核实的新闻，否则，若为虚假新闻，进一步扩散传播后，社会影响恶劣。

3. 引导社会舆论回归理性

除了约束自身外，新媒体新闻从业者还应注重对社会舆论的监督和引导。在人人都有话筒的时代，很容易形成信息失真、极端化表达泛滥等事件，使众多受众陷入舆论旋涡，甚至以网络上的"主观声音"干扰客观事实的走向。在这样的舆论背景下，新媒体新闻从业者要时刻做好舆情监控，牢固树立正确的政治意识、大局意识，及时探索真相、澄清事实，正确引导舆论，向广大受众提供真实、客观的信息，构建良好的网络舆论环境。

范例

西平班主任辞职事件

某年5月25日上午，驻马店西平县某小学老师把学生在校默写古诗的成绩和该学生的照片发到了家长群里，引发了部分家长的不满，他们觉得此举伤害了学生的自尊心，学生家长称孩子因此有了自残的倾向，要求老师登门道歉，否则就要上告到教体局。

该老师先是在班级群里发表声明，承认此举不妥，但也希望家长不要出了一点问题就要上告到教体局，甚至用到"跪求各位家长"这样的字眼。5月28日下午，该老师在朋友圈发布了辞职信，后又觉得不妥，随即删除。6月1日，有媒体公开了该辞职信并对事情进行说明，此事件迅速登上微博热搜榜，引发了网友的讨论。因为当地教体局和学校并没有发声，涉事家长也没有回应，有网友认为这是老师的一面之词，便认为该老师不够成熟、做事欠妥，也不尊重个人隐私，也有不少网友认为家长做法太过分了，这种教学行为是十分正常的，甚至在班上公开批评犯错误的学生和后进生都是学校教学活动允许的，用不着上纲上线。一时间，支持、反对的声音充斥网络，使舆情越发严重。

事件发生后，中国网、中国青年网、凤凰资讯、北青网、网易新闻、环球网等媒体均就此事件发声，《中国青年报》发表评论文章《"一辞了之"解决不了教师和家长的冲突》、光明网发表评论文章《教师辞职信刷屏：教育需要基本的行为规范》，同时，一篇题为《先辞班主任，后辞教职，这位老师为何在"六一"前夕去意决绝？》的微信文章在网络上的热度也非常高，阅读量超10万，逐渐将网友的目光转移到该事件背后的家庭与学校关系上。6月4日当晚，河南省教育厅官方微信公众号也及时发布了当地教体局和当事教师的回应信息，并通过专家声音引导舆论，将大家的关注焦点引导至家庭和学校的沟通上。而公众对官方的处置结果也表示满意，讨论也渐渐回归理性。

点评： 在此次事件中，新闻媒体的舆论处理及时到位，对网络舆论做出了正确的引导，将网友的目光聚焦到事件背后的问题上，避免了过度讨论和矛盾的进一步激化。而网络舆论得到处理后，西平县教体局等相关单位做好了双方的思想工作，双方也回归正常的生活状态，家长也表示对老师工作的理解和支持，事情很快平息。

4. 做恰当的社会动员

当发生一些突发性社会事件，如灾难事件时，新闻媒体应成为公众与政府之间的桥梁，推动二者形成良性互动，为问题和矛盾的解决提供建设性意见，消除社会中的不和谐因素。新闻媒体还可以通过报道整合社会力量，形成社会动员，促进社会凝聚力和向心力的形成。例如，有较严重地质灾害发生时，新闻媒体的报道可以形成强有力的社会动员，引导全国民众团结一致，帮助灾区人民渡过难关。

5. 自我约束与批评

自我约束与批评是新媒体新闻从业者职业素养中至关重要的一部分。它体现了新媒体新闻从业者对自身行为和报道内容进行审慎反思和自我纠正的能力，有助于提高报道的准确性和公正性，是新媒体新闻从业者维护职业操守和提升职业水准的关键环节。同时，这种批评监督还可以扩大至整个行业，是维护新闻行业诚信和公信力的重要保障。

1.4 舆论的监控与处理

党的二十大报告指出，我国"网络生态持续向好"，强调要"推动形成良好网络生态"。当前，随着网络生态的开放，互联网已经成为社会舆论的"传声筒"和"扩音器"，这既为新闻媒体的舆论引导工作提供了舞台，也带来了挑战。为了在新形势下充分发挥好舆论引导作用，新闻媒体要做好舆论的监控与处理。

1.4.1 日常舆情监控与分析

舆情监控指通过互联网信息采集技术及信息智能处理技术，对互联网海量信息进行自动抓取、自动分类聚类、主题检测、专题聚焦，满足用户对网络舆情的了解和新闻专题追踪等信息需求，形成简报、报告、图表等分析结果，为用户全面掌握公众思想动态提供分析依据。通过及时跟踪和分析舆论热点，新闻媒体可以预测舆论走向，一旦出现负面新闻事件或潜在危机，可以及时制定有效的应对策略，避免舆情的进一步恶化。

舆情监控可以通过专门的舆情监控系统实现，许多政务、新闻领域的机关会购买相关服务。根据监控所得内容，新闻媒体应分析出当前事件、话题发展概况与所处阶段，公众的主要情绪与观点，公众处于认知、表达还是行动阶段，是否到引起社会骚乱的程度，该事件或话题的组织化程度与有无计划性，有何利益诉求，是否受到什么势力指使，有没有对现存社会体制构成巨大冲击，等等。

新闻媒体还要时刻关注如微博、抖音等新媒体平台上的话题热榜等，了解当前引起网友较大关注的社会事件及话题的具体情况与发展趋势，必要时进行正向引导。

1.4.2　新媒体舆论应对方法

一般只有较为负面、容易造成不良后果的事件和话题才需要媒体的舆论引导，针对这些内容，新闻媒体需要及时采取必要的措施。

1. 风险沟通

在当代语境下，风险沟通是一种风险管理策略，其目的是面对某公共事件，让公众、政府与其他机构能进行冷静的对话。美国国家科学院将其定义为"个体、群体及机构之间交换信息和看法的相互作用过程"。风险沟通在一定程度上能让危机事件尽快得到化解。因此在面对重大舆情时，新闻媒体要做好自己在风险沟通中的工作，主要包括两个方面。

（1）媒体的阵地意识要强

主流媒体的受众覆盖面广，受众素质也高，因此有舆情发生时，主流媒体可以充分利用自己的宣传阵地，如新闻客户端、门户网站、微博、微信等引导舆论方向，利用自己的影响力尽量避免新闻畸变。

（2）把握好风险沟通的时机

新闻媒体的风险沟通要求新媒体新闻从业者及时掌握舆论的动态，抢占能有效引导舆论的时机。舆论的爆发有一定的过程，因此风险沟通也可分阶段采取不同的方法。

◆**舆论爆发前：**新闻媒体需要判断事件的性质，对可能会接收到舆论信息的受众做出正确的引导。

◆**舆论爆发初：**网络上可能已有一部分的质疑和评论，若新闻媒体就此预见到事件的严重后果，可以对受众的质疑和评论及时进行回答，从而对初具规模的舆论进行引导。

◆**舆论完全爆发：**事件已经引起了很多受众的关注，若新闻媒体再不做出回应，可能会使受众更加躁动。因此新闻媒体应迅速梳理事件，找到关键症结所在，对舆论的焦点开诚布公，同时利用权威的第三方或专家言论，引导舆论往正面的方向发展。

对主流媒体来说，应尽量在事件造成较大负面影响前引导舆论，这样可以将舆论控制在一个可控制的范围内。

小提示

风险沟通牵涉到各方的利益，受政治、经济、受众心理等多方面的影响。例如，当某些敏感事件对政府信誉产生一定影响时，新闻媒体可能面对政府对信息进行控制与管理的压力，缺乏丰富通畅的信息源，还可能面临来自公众、政府等的压力，从而影响风险沟通的效果；大众传媒作为经济产业也需要经济资本的支撑，如使用卫星电视或搭乘飞机以获取第一手的即时信息等，同样，这也可能影响风险沟通的效果。受众话语权的变大，对传统媒体依赖的减少，使受众在面对敏感事件时可能变得不理性，产生较强质疑心，这也对风险沟通的效果有影响。对此，新闻媒体应尽量在政治、经济方面获取更多支持、资源，与受众打交道时应注意技巧，选择其更易接受的方式，提升舆论引导效果。

2. 信息透明

在新闻事件发展为舆论事件时，新闻媒体从核实事情的真实性与发展脉络到引导舆论的整个过程都要做到公开透明。新闻的透明性主要涉及公开的透明性和参与的透明性两点：前者指新闻生产者对新闻制作工程保持公开，告诉受众事实来源，告诉受众报道中已囊括的有关利益团体；后者指受众也能被允许对报道内容有所贡献。整个新闻生产过程公开透明，再结合结果的公开，最大限度换取受众信任，以增强新闻媒体的传播力和影响力，最终使喧嚣的社会舆论回归平静。

3. 及时辟谣

谣言是舆论形成的原因之一，它由不实新闻或消息的发布而产生。新媒体和互联网带来的便利性使各种谣言能够借助网络形成病毒式传播，这给受众带来极大的不安全感，甚至会给个别受众带来人身危害。俗话说"造谣一张嘴，辟谣跑断腿"，尤其是在现在的网络环境下，这种情况更加严重。新闻媒体及其他大众媒体不应忽视谣言的危害，要及时遏制谣言，以减轻因谣言泛滥带来的社会不稳定。

图1-9所示为人民日报微博账号发布的辟谣消息。作为粉丝数量多、受关注度大的主流媒体，其发表的文章观看量、阅读量大，对社会谣言的传播起到了良好的遏制作用。

图1-9 | 辟谣消息

范例

造谣引起的舆论

　　某年6月，一段关于继父虐童的视频在朋友圈及社交媒体上迅速传播，引起了广泛关注。视频中，一名男子手执长棍，用长棍的尾端不断捅向坐在地上的男童。为保护自己，男童一边紧握木棍的尾端，一边哭泣求饶。但该男子并未停手，一边吼骂，一边用脚多次踢踹男童。男童频频被推倒在堆放的杂物中，无法起身。根据视频中的字幕，该事件发生在长沙，且持棍殴打男童者为男童继父。这一事件让广大网友感到愤怒，网友纷纷谴责这种残忍的虐童行为。

　　视频发布者还在视频中呼吁网友转发，希望有关部门保护这个孩子。越来越多的网友加入转发行列，并声称要"人肉"这位男子。而事件的发生地也有了山东淄博、四川泸州、安徽马鞍山、甘肃庆阳等多个版本。

　　但在6月28日，安徽马鞍山网警官方微博账号辟谣称，该事件发生于江苏省宿迁市沭阳县，该持棍男子系男童父亲，6月16日孩子爬高压电线杆，其父为教训孩子，让其意识到这种危险行为的严重性，做出了视频中殴打孩子的举动。而且当地警方已对该消息进行了核实与确认，并对该父亲进行了批评教育。北京青年报官方微博账号也发布了该事件的辟谣消息。6月30日，长沙市公安局官方微博账号也连发两条微博，转发并证实相关消息为虚假消息，并公布了当地公安局就此事的处理结果，即对父亲已进行了批评教育。

　　点评：虽然网友关注儿童安全的意识值得鼓励和赞扬，但因为部分网友并不能很好地识别谣言，所以难免会在受到误导后转发、传播扩散，给不实消息增加了扩大影响力的机会，反而造成以讹传讹的现象，引起社会恐慌，甚至还有网友想利用网络去进行舆论攻击，要求"人肉"。因此相关媒体一定要尽早辟谣，新闻媒体更要及时报道，同时也要对网友的这种想"人肉"的思想进行教育和引导。

　　另外，当谣言发生时，主流媒体可以借机盘点不实谣言，并对广大受众进行善意的提醒，以此加强网友面对谣言的警醒意识。

1.4.3　媒体公关能力培养

　　有关专家曾表示，在新媒体技术引爆资讯变革的今天，任何涉及危机事件的部门在第一时间内的一举一动，都将成为外界评判组织处理危机能力的主要根据。而新闻媒体不仅需要针砭时弊，还需要发挥自己作为大众媒体的作用，使涉事机构和受众双方达成"和解"。通过媒体公关能力的展现，媒体的"喉舌"作用能得到更好的发挥，让受众、企业、政府等进行及时的沟通与对话，使事件公开化、透明化，尽快得到处理，从而将风险降低到最小。因此，新闻媒体要培养自己的公关能力，可从以下3个方面入手。

1. 提升新闻从业者的素质

部分新闻从业者习惯于问刁钻的问题，想写出更具话题性的新闻，但这样可能造成事件当事人的不满，同时如果某新闻媒体报道的内容哗众取宠，在失去新鲜感后，若其他新闻媒体的内容更加公正、正面，获得了受众的认可，那么该新闻从业者所属新闻媒体反而会收到受众的负面评价，这对该新闻媒体以后与其他工作伙伴的合作是不利的。

不少企业、机构会与新闻媒体搞好关系，或保持一定的合作，这样进行公关会更加方便，而新闻媒体也需要这样的合作，因为它们可能也会拿到独家新闻。新闻从业者的素质必须过硬，要有职业道德、过硬的专业能力和交际能力，这样才能获得当事人良好的配合，提供多维度的解决方案，在面对各种情况、问题时能做出更好的反应。

2. 提升新闻从业者的敏锐度

敏锐的新闻嗅觉对新闻媒体从业者十分重要，如此才能把握好发布新闻的时机。那么如何提高这种能力呢？敏锐度与专业知识储备、政治敏感度和工作年限有关，因此就需要新闻从业者多积累工作经验，积极学习进取，善于从诸多经历、案例中汲取教训。

3. 拓宽自己的传播渠道

新闻媒体进行公关，实则就是利用自己的影响力向广大受众发布客观事实，以正视听。但网络渠道很多，对受众会有分流的作用，因此新闻媒体除了要在受众覆盖范围广的平台上拥有自己的发声阵地外，还要扩展自己的传播渠道，在新闻客户端、网站等建立自己的阵地，这样才能产生更好的效果，触及尽可能多的受众。

因为新闻媒体也需要通过经济收益来维持运营，所以部分新闻媒体会与其他企业合作，由此催生出一些以此盈利的公司。它们可以通过问答平台、旗下的优质自媒体账号、自媒体客户端KOL（关键意见领袖）将企业或品牌的信息发布出去，甚至可以根据自己研发的舆论监控系统掌握合作企业的全网舆论动向。

 思考与练习

1. 简述新媒体新闻的写作要素。
2. 简述新媒体新闻的生产特点和传播特点。
3. 新媒体新闻受众具有怎样的特征？
4. 新闻媒体有哪些进展与突破？
5. 新媒体新闻从业者需要具备哪些素质？
6. 你如何看待新媒体新闻的未来？

第2章

新媒体新闻内容编辑

在新媒体环境下，新闻在新兴技术、互联网思潮的推动下，开始适应人们生活习惯、思想观念的改变，逐渐发展出既不完全脱离传统写作，又有别于传统媒体新闻的特点和写作方法，独具特色，符合广大受众的阅读需求。

2.1 新闻的结构

在新媒体环境下，新闻依旧保持以前的大格局，由标题、导语、主体、背景和结尾5个部分组成。表2-1所示为新闻各组成部分及其主要写作内容。

表2-1 新闻各组成部分及其主要写作内容

新闻组成部分	主要写作内容
标题	概括新闻内容
导语	定下新闻的整体基调，引发受众思考
主体	对导语展开叙述，包括新闻六要素等内容
背景	丰富事实材料，深化主题
结尾	交代事件的结果，依内容的需要，可有可无

2.1.1 标题

新闻的标题主要分为引题、主题、副题、提要题和插题5种，其具体内容如表2-2所示。

表2-2 新闻各标题的具体内容

标题分类	具体内容
引题	引题又叫肩题或眉题，位于主题前，字号小于主题，主要用于引出主题，可交代形势、烘托气氛、介绍起因、说明背景等，常与主题存在因果关系
主题	主题又叫正题，主要用于概括说明新闻的主要思想、中心内容，是新闻标题中最引人关注的部分，一般为单行，要求简明扼要
副题	副题又叫子题，位于主题后，用于解释说明主题，可以提示报道结果或做内容提要，其字数一般多于主题
提要题	提要题是在主题下增加的内容提要式的独立文段，主要放在正文前，用来吸引受众阅读
插题	插题是指文中的小标题，用于给篇幅较长的新闻分篇，方便受众阅读。它可以让受众快速跳转和定位到自己感兴趣的内容

在新媒体语境下，常见的新闻标题多为单式题及复式题。一般单式题由一行式或双行式主题构成，解释最重要的事实；复式题主要由两个或两个以上的新闻标题按一定规律组合而成，且多由引题、主题和副题组成，如主引式"引题+主题（背景意义+主要事实）"、主副式"主题+副题（主要事实+补充）"、完全式"引题+主题+副题（背景意义+主要事实+补充）"等。以下为新媒体新闻标题示例。

九年建设，滇藏铁路丽香段开通在即——香格里拉要通火车了（单式题）

中国作协十届四次主席团会、十届三次全委会在浙江桐乡召开（单式题）

治理直播"带货"虚假火爆现象 既要"放活"更要"管好"（单式题）

从一条路、一碟小菜的变迁和"幸福米米茶"的香气里（引题）——
探寻重庆高质量发展密码（主题）

选聘"校园引才大使" 打造青年人才成长驿站（引题）
重庆多地出实招让青年更有获得感（主题）

把情感植根在祖国大地上（主题）——
华中农大四代科学家秭归接力启示录之三（副题）

现代科学研究揭开千古学术悬案（引题）
《夏商周年表》正式公布（主题）
我国历史纪年向前延伸了1200多年（副题）

2.1.2 导语

导语是新闻的开头部分，是新闻中主要的事实或能体现该条新闻报道的价值和主题所在，旨在揭示新闻核心内容。在新闻报道中，导语能起到提纲挈领、引出下文的作用。新闻对导语的要求有两点：一是要抓住事件的核心，二是要能吸引受众看下去。

1. 按写作要素分类

人、事、时间、地点等都是新闻中不可缺少的要素，导语作为新闻最有价值信息的提取，一般也要求包含这些要素。因此按写作要素来分，导语可分为何人导语、何事导语、何时导语、何地导语和何因导语等，即以新闻要素为内容的导语。而根据包含要素的多少来划分，导语可以划分为单元素导语和多元素导语两种类型。

◆ **单元素导语：** 一句话导语，在导语中只表现一个最重要、最有价值的新闻事实。例如，在受众更关注某事什么时候发生时可用何时导语，在受众关注事情的起因多于结果时则用何因导语。如下所示为单元素导语，其是更重视事件本身的何事导语。

记者20日从民航局获悉，包含北斗卫星导航系统标准和建议措施的《国际民用航空公约》附件10最新修订版日前正式生效，这标志着北斗系统正式加入国际民航组织标准，成为全球民航通用的卫星导航系统。

一个月内，特斯拉中国迎来第四次价格调整。

据"南丰发布"今日（19日）15时消息，江西南丰县琴城镇一居民危房在2023年11

月19日11时左右出现倒塌。

◆ **多元素导语：** 由多个新闻事实或多个新闻要素组合而成的导语，一般在新闻的价值难以用一个主要新闻要素表达的情况下使用。其目的在于将内容交代清楚，保证导语意思完整，或增加导语的表现手法。由于多元素导语也可由多个段落组成，因此也叫多段落导语。如下所示为多元素导语。

近日，有网友在人民网领导留言板建议深圳婚假延长至15天。11月18日，深圳市人社局回应称，深圳市人社局将积极向广东省人社厅建议。据今年2月各地已公布的《人口与计划生育条例》来看，全国有13个省份婚假超过15天（含15天），最长与最短相差10倍。

11月4日晚，获第十三届中国舞蹈"荷花奖"的大型原创芭蕾舞剧《旗帜》，在成都城市音乐厅开演；

11月19日晚，2023年全国优秀舞剧邀请展演在成都开幕，一大波优秀舞剧登台亮相；

············

今年以来，经典好剧、好戏扎堆来蓉，各大艺人演唱会接续来川，还有各类音乐节、音乐会、展演密集上演。从围观到拼手速抢票，速度之下，是四川演艺市场活跃，实现"井喷式"增长的繁荣图景。"跟着演出来四川"，成为四川演艺市场的生动注脚。

近日，一份广东省佛山市三水区南山镇发布的《南山镇2023年度躺平休闲人员拟定名单公示》在网络流传。

1月2日，南山镇党委委员黄恒建在回应媒体时表示，该名单属实，但公示不是要"一棍子打死"躺平休闲人员，而是要倒逼他们行动起来。

2. 按写作手法分类

根据写作手法分类，导语可以分为以下7种。

◆ **概述式导语：** 在写作导语时，对整篇报道的内容进行浓缩，将其用受众容易理解的方式直白简单地表达出来，清楚呈现整篇报道的内容，这是新闻导语十分常见的写法。其写作重点在于提取这篇报道中的精华与要点。如下所示为两则概述式导语。

新京报讯（记者 闫沫琛 彭镜陶 左琳）近日，新京报记者收到线索称，西安市长安区第七中学高三教师为学生免费补课，但学校因财政困难无法给老师支付课时费，所以向每位学生收费200元，有家长质疑此举不合规。11月20日，西安市西咸新区教育局就此事回应新京报记者称，该收费行为是部分家长主动提议的，已被制止，教育局正在核实和调查。

据阳江公安消息，近日，广东阳江市区上演警民合力快速擒获抢劫歹徒的精彩片段，一嫌疑人在抢劫一男子金项链逃跑后7分钟，被快速出警的民警与群众合力抓获，民警现场缴获被抢金项链及作案工具水果刀一把。

◆ **评述式导语：** 在写作导语时，在叙述新闻事实的基础上，夹叙夹议，以突出或解读新闻事件深层次的含义，或者表达自己的某种倾向、观点，使受众一接触新闻就获得某种启迪，写作时可适当引用国家领导人、权威人士或知名人士的话语、言论，或其他与主体事件相关的句子。如下所示的两则导语分别讲述了对困难老年人家庭进行适老化改造的意义，以及对导演谢晋生前电影成就及经典老电影时代精神内涵的评价。

居家养老是大部分老人的选择，而居家环境的适老化改造，关系到老人家能否安心养老。今年江苏把为3万户困难老年人家庭进行适老化改造纳入了省政府民生事实。记者从江苏省民政厅获悉，截至目前，已提前超额完成。

"时代有谢晋，谢晋无时代"，固然今天在大银幕上，今天的年轻人们鲜少有机会看到谢晋的电影，但经典的老电影依然以其他的形式活跃于互联网和人们的精神文化生活中。

◆ **描写式导语：** 在写作导语时，抓住所报道事件的主要事实或某一特征、场景、侧面或细节，用简洁朴素的文字勾勒出鲜明的画面、动人的形象。这种导语在提供信息的同时，利用文学手法来刻画新闻事件，以形象的画面或情景来感染受众。近年来，随着"散文式笔法"在新闻写作中日益被重视，描写式导语也日渐增多，但其写作范围有一定限制，一般在特写新闻、事件新闻、经济生活类新闻中使用较多。写作时要注意描写的文字不能冗余，描写的画面要与新闻主题或事件有关联。如下所示的三则导语皆为描写式导语，可以看出其描述生动、画面感强。

随着当地传统购物季到来，位于肯尼亚首都内罗毕近郊的Kilimall仓库呈现一片热火朝天的忙碌景象，数米高的货架摆满了来自中国及其他国家的琳琅满目的商品，当地员工穿梭于一排排货架间，有条不紊地清点货物、扫码、打包装箱……

中国卡车大规模去老挝拉货，也是最近五六年才有的事情。适应了国内高效路网的重型半挂车，在老挝并不能与当地的道路相适应。司机们从云南、四川等地运过去基建材料、化肥等，再拉回老挝种植的香蕉和泰国的榴莲。在连绵的环山公路行驶时，司机们遇到了许多困难，路烂、打滑甚至面临着坠崖的危险。但是总有货车司机在这一波波中国与老挝之间的物流热里，寻找新的机会。

把塑料袋铺在地上，坐稳后拿起专用铁铲往下挖，挖到1米多深时，整根的山药终于露出来，随即被提上来。

11月3日上午，山西新绛县龙兴镇桥东村村民郭龙正在挖山药。站着挖、跪着挖、坐着挖……虽然气温不高，他的额头还是挂满汗珠。

◆**结论式导语：** 在写作导语时，把结论写在开头，提示报道某一事件的意义、目的、结果、总结。如下所示的三则导语都是结论式导语。

本报北京11月21日电（记者李心萍）记者近日从中国国家铁路集团有限公司获悉：今年前三季度，国家铁路累计发送货物28.97亿吨，日均装车完成17.66万车，货物运输保持高位运行。其中，发送电煤11.35亿吨，截至9月底，全国371家铁路直供电厂存煤可耗天数保持在37天以上。

为落实稳地价、稳房价、稳预期，11月20日，福建省泉州市促进房地产市场平稳健康发展领导小组办公室发布新政，从限售、限购、住房贷款等方面入手，支持刚性和改善性购房需求，探索商品房现房销售模式，推广商品房全装修交付，推动高品质住宅开发建设，促进房地产市场健康发展。同时，新政重新界定刚需、非刚需条件，降低参与刚需和非刚需摇号门槛，支持居民购房。

11月20日，麦当劳（MCD.N）全球与凯雷集团宣布，麦当劳全球同意收购凯雷在麦当劳中国内地、香港及澳门战略合作公司中持有的少数股权。

小提示 概述式导语侧重于对整个事件简明扼要的概括，重点在事件的过程；结论式导语则侧重于展示事件的结果。

◆**设问式导语：** 在写作导语时，以自问自答的方式来描述，一般先揭露矛盾，鲜明、尖锐地提出问题，再做简要的回答，或进行陈述，以引起受众的关注和思考。如下所示为设问式导语。

如何让读者摆脱传统图书借阅受时间、地点、押金等条件的制约，让更多人在家就能便利阅读，打通图书借阅"最后一公里"？11月22日，封面新闻记者从成都图书馆获悉，从即日起，成都图书馆正式开通"喜阅到家"图书网借服务平台，从此，市民足不出户，只要动动手指，就可以借到图书，"让借书像点外卖一样简单"。

"绿色"是杭州亚运会的办赛理念之一，"无废亚运"则是"绿色亚运"的重要内涵。杭州亚运会如何在场馆建设中贯彻"无废"理念？人民网"强观察"栏目采访了有关专家。

◆**提问式导语：** 在导语段落中直接提问而不用做出回答与说明，有助于引出下文，塑造悬念，同时引发受众的关注和思考。如下所示为提问式导语。

如今上海不少公共场所都设置了方便残疾人士的设施，一些商场也设置了无障碍车位。不过，沪上一位女士带偏瘫父亲到商场吃饭，停在该车位却被"贴条"了！本应该是给予方便的地方，却反而成了糟心事！究竟是怎么回事？

近日，有关"第一学历"的话题再次引发热议，尽管教育部曾公开回复，国家教育行政部门相关政策及文件中没有"第一学历"这个概念，但在实际招聘中，把"第一学历"作为评价标准的现象依然存在。如何看待求职中的"第一学历"限制？

◆**对比式导语**：在写作导语时，将性质相反或情况迥异的材料加以对比，需要注意的是，将报道中的新闻事实作为主要材料，将反衬新闻事实所使用的背景材料作为从属材料。对比式导语具有对比性，表现力强，因此常让人印象深刻。需要注意的是，使用对比手法时，选取的材料要严格遵循新闻的真实性原则，对其中的"反差"既不能夸大，也不能过分渲染，如下所示为对比式导语。

新华社拉萨1月2日电 解放前没有一公里公路，在狭窄险道上全靠牦牛、毛驴驮运或人背的西藏，今天已有一万五千八百千米的公路通车。

3. 导语的写作要求

在写作导语的过程中，要注意以下3个方面的要求。

◆导语写作要言之有物，紧扣主题。如果受众从导语中一无所获，就会对新闻失去兴趣。

◆导语要传递有价值的信息，不让其淹没在其他的一般性事实中。

◆标题和导语都有吸引人阅读的作用，但是导语的内容不能与标题重复。

2.1.3 主体

主体是新闻的主干部分，承接导语，对导语做具体全面的阐述。主体写作一般指具体展开事实或进一步突出中心，从而写出导语所概括的内容，表现新闻的主题思想。

在安排主体时，应该按时间顺序（事件的发生到结束）、材料重要程度顺序（按受众的关心程度，将重要的排在前面）或逻辑顺序（内容各部分之间的因果、递进、点面关系等）写作，或按兼具时序性和逻辑性的结构写作，合理组织新闻结构。在写作新闻主体内容时，需满足以下条件。

◆**补充导语**：主体与导语是一个整体，都为新闻的主题服务，导语为主体定下整体基调和方向，而主体需围绕导语，对导语中提到的主要事实进行展开和补充，按照导语的轨迹铺设内容。但注意主体不能与导语重复，这需要在写作中格外小心。

◆**内容充实典型**：新闻，尤其是一些短新闻，即便要求简洁精练，也需内容丰富，能传达出具体的信息，让受众对人物和事件等有比较完整的了解，避免让受众觉得新闻过于干瘪。在诸如通讯、专访、深度报道之类的新闻中，更要选取具有代表性的典型材料，以反映事物的本质。

◆ **写法创新：** 在写作主体内容时，可以减少模式化的运用，尽量使新闻生动、活泼、避免平铺直叙。例如，可以在新闻主体的行文结构或叙事技巧上花心思，在点、面之间承转，使行文流畅；或者根据实际统筹融合天文、历史、地理、科技、时尚与优秀传统文化等元素，使内容更丰富、厚重、精彩。

素养小课堂

党的二十大报告提出，要"全面提高人才自主培养质量，着力造就拔尖创新人才"，可见创新的重要性。创新是社会竞争中人们提升自身竞争力的重要因素，创新型人才也是企业和国家发展需要的重要资源，因此新媒体新闻从业者应不断提升自己的创新意识和创新能力，敢于守正创新，拓展新闻媒体的新天地，不仅在写法上要突破思维惯性，做到内容创新，还要善于结合新技术、新平台，以创新引领实践，实现媒体的跨行、跨界协调发展。同时，新媒体新闻从业者要树立国际化传播思维，打开新视野，塑造世界品牌，讲好中国故事。

◆ **段落层次分明：** 主体的内容可能比较多，因此要注意段落及段落之间的层次性和逻辑结构，不管段落是并列关系还是递进关系，都要使段落间的关系明确，起承转合自然。如果内容是片段取材，在组合时，也要"以意贯之"，使其形散而神不散，展现出中心思想和内在的逻辑结构。

范例

英国唯一一对！即将回国

11月19日，南都记者从英国爱丁堡动物园获悉，12月，英国唯一一对大熊猫"阳光"和"甜甜"将返回中国。这对大熊猫自2011年被送往英国爱丁堡，爱丁堡动物园近期发文告别两只大熊猫，表示"它们非常受游客欢迎"。（图略）

近日，有外媒报道，在爱丁堡动物园的中国大熊猫"阳光"和"甜甜"的馆舍将从11月30日起关闭，两只大熊猫将于12月返回中国。

南都记者注意到，爱丁堡动物园官网发文告别两只大熊猫。该动物园称，随着这对大熊猫准备返回中国，11月30日起动物园将限制进入"阳光"和"甜甜"的馆舍。此外，出于安全原因，动物园不会宣布两只大熊猫离开的确切日期，但时间会在12月的第一周。

2011年12月，大熊猫"阳光"和"甜甜"抵达爱丁堡，期限为10年。由于其他原因，该期限又延长了两年。爱丁堡动物园表示，"作为英国唯一一对大熊猫，它们非常受游客欢迎，帮助数百万人亲近自然，并为野生动物保护筹集了重要资金。"

点评： 该报道，第一段为导语，其后的3个自然段为主体，是对导语的具体阐述与补充，内容精练、结尾自然。

在新闻的行文方式中，还有新闻跳笔这一手法，它是指不按照事件发生的先后次序和逻辑次序详细叙述事件，而是把不太重要的情节、片段省略掉，简练、概括地勾勒出新闻事件，从而达到特定的艺术效果。与其他行文方式不一样，它不会过度在意段落之间、句子之间的衔接，看似缺乏连贯性，让人在阅读时有跳跃感，但事实上，各段落或独立的信息材料表达的意思却是一脉相承的。

2.1.4 背景

新闻从业者在写作新闻时，不必每篇报道都交代背景，但关于新闻背景方面的认知，却是不应忽略的。新闻背景可以是新闻事件发生的历史条件或现实环境，可以是与新闻人物或事件发生、发展有关的背景材料，如历史条件、社会环境、政治环境、地理环境、科学发展趋势等，也可以是向记者提供消息、介绍情况的人的背景情况等。背景的作用有：交代事件发生、人物的成长过程；扩大新闻信息量；传授更多的相关知识；通过比较、衬托更鲜明地阐述新闻等。背景可以分为说明性背景材料、对比性背景材料和注释性背景材料3种，下面分别介绍。

（1）说明性背景材料

说明性背景材料是指用来说明和解释新闻事件产生的原因、条件和环境的材料，以方便受众厘清新闻事实的来龙去脉。这类背景材料可以让新闻内容更容易被受众理解，并起到深化主题、厘清事实的作用，使新闻的意义更清楚和突出。说明性背景材料可以分为历史背景材料、地理背景材料、人物背景材料和事物背景材料等不同类型。

如下所示为《上海宝山减税一线调研：宝钢预计年增值税同口径减少4亿元》的部分内容，文章前半部分介绍了宝山钢铁股份有限公司某负责人对上海市整体减税降费的感受，然后通过小微企业所得税的变化数据来予以说明，以强调此次普惠性减税使企业获益不少。

首先，小微企业所得税可享受减征政策的年应纳税所得额标准10年间从3万元增长到了300万元。2019年更是将年应纳税所得额不超过100万元的部分，减按25%计入应纳税所得额，意味着年度利润规模不到百万元的中小企业所得税实际税负率只有5%。

如下所示为关于中国厚煤层的相关说明，以表明厚煤层的开采难度，同时为受众更好地认识到文中提出的千万吨级特厚煤层智能化综放开采关键技术背后蕴藏的重要社会价值提供了理论依据。

在我国煤炭资源探明储量中，厚煤层约占总储量的44%，厚煤层的产量也占总产量的

40％以上，但14米以上特厚煤层安全高效开采技术是世界性难题。而塔山矿平均煤层厚度在18米左右，最厚的有20米，对煤炭开采来说，无异于打捞"深海沉船"。

（2）对比性背景材料

对比性背景材料是指能与所报道新闻事实、事物形成对比的材料，通过相互之间的差异性来衬托出新闻事实本身的意义，加深受众对新闻事实及其特点、意义的理解。如下所示为通过公海塑料多年来的前后数据对比来帮助受众更清楚地明白其增长趋势和背后潜藏的危害性。

自1957年以来，采样器已在北大西洋和邻近海域拖曳超过650万海里，这帮助团队确认了公海塑料从20世纪90年代至今的增长数量。结果发现，塑料缠结从2000年开始至今已增长了10倍！

（3）注释性背景材料

注释性背景材料是指对新闻稿件中的专用术语、历史典故、民间传说、产品性能，以及其他不易被受众理解的知识性问题进行解释的材料，一般出现在科技报道或涉及专业性知识的报道中。注释性背景材料不仅可以帮助受众理解新闻内容，还能增加新闻稿件的知识性与趣味性，如果运用得当，可以更好地支撑新闻内容，让其变得更加丰富，受到受众的喜爱。

如下所示为《天津大学科学家世界首创新型细胞培养变色水凝胶》一文中的注释性背景材料，是对目前已申请中国发明专利的相关材料和技术的解释。

三维细胞培养技术是目前人类再造人体组织和器官的主要手段。"如果说细胞是一粒种子，而我们研制的新型水凝胶就好像肥沃的土壤，不仅为种子的生长提供牢固的根基和充足的养分，同时也创造了一种发光环境，为更好地观察种子生长提供便利。"仰大勇介绍到。新型细胞培养变色水凝胶具有良好的生物相容性，对细胞没有毒副作用，可以作为一种优良的三维细胞培养基质。

小提示

需要注意的是，面对那些专业性、技术性较强的问题时，新媒体新闻从业者需要在吃透原意的基础上，力求用浅显易懂、通俗直白的文字加以表述，否则将无法达到注释的目的。

同导语、主体一样，背景材料的选择同样需要紧扣主题，为新闻稿件的中心服务。此外，背景材料的位置比较灵活，运用手法也比较多样，例如对比衬托、场景刻画、引经据典等，与新闻事实结合起来之后也会更具新鲜感。但注意不宜写得过多，否则会削弱主体，打乱主体与背景之间的主从关系。

2.1.5　结尾

新闻结尾是在新闻作品中，表述完主要新闻事实之后，为强化主题而增加的收束性文字。有的报道在事件叙述完毕后便可以自然结束，不必另外加一个结尾，有的报道却需要在结尾总结归纳、点明中心，增加报道的深刻性与结构美等。根据内容和角度的不同，新闻结尾也有不同的写法，如结论式、展望式、启发式、意犹未尽式等。

◆**结论式结尾：** 在结尾处对新闻事件进行总结，点明新闻事件的意义，提出某种号召，或以评论式的语言对新闻内容做总结，如借别人之口表达自己的观点，直言自身看法，其往往具有一定的哲理意义。如下所示皆为结论式结尾。第一则结尾总结了我国在践行绿色低碳生活方式的行动表现，点明了报道核心主题"绿色低碳生活方式成风化俗"的重要价值。第二则结尾则是借他人之口传达规范管理广场舞的重要性。第三则结尾则是针对社区民警开展电信诈骗入户防范宣传行动的评价，对警民如何做好社区建设做出了总结。

"纤纤不绝林薄成，涓涓不止江河生。"我国许多地方正积极开展节约型机关、绿色家庭、绿色学校、绿色社区、绿色出行、绿色建筑等创建行动，将绿色低碳理念浸润到衣食住行游用等方方面面。当绿色低碳生活方式成风化俗，进一步汇聚绿色低碳发展的强劲动力，定能厚植高质量发展的绿色底色，绘出美丽中国的更新画卷。

"建议管理部门加大对公共文化设施的投入，以便更好地为群众提供服务。同时，将广场舞管理纳入物管体系或其他相关部门的管理体系，权责明晰，给有诉求的群众一个可以沟通的平台。"姚某认为，只要正确引导规范，久久为功，广场舞就可以成为一道文明的风景线。

在群众心里，社区民警某种程度上代表着整个公安的形象，要足够"接地气"，才能让群众有踏踏实实的安全感。只有与百姓良性互动，维护好彼此之间的感情交流，才能真正提升群众的满意度，把社区建设得更加安全！

◆**展望式结尾：** 在叙述完事件之后，对事件未来的发展做展望或对事件的结果做预测。如下所示为关于打造亚太经合组织发展的下一个"黄金三十年"的新闻结尾，其为展望式结尾。

展望未来，中国将携手亚太各方，坚持绿色发展理念，加快形成绿色发展方式，以创新为驱动，大力推进经济、能源、产业结构转型升级，努力平衡减排和发展的关系，推动共建清洁美丽的亚太。

◆**启发式结尾：** 在结尾时通过某一点给受众留下思索的空间，引发其进一步的思考。如下所示为关于财富观的新闻结尾，能引起受众对自己的思考。

这位八旬老人坦承自己的财富观："钱是要的，因为要生活，但君子爱财取之有道；钱是拿来用的，该用则用，不挥霍不浪费，不小气不吝啬。"

◆ **意犹未尽式结尾：** 在结尾时采用虚实结合、言近旨远的表现手法，营造一种言有尽而意无穷之感，提升新闻报道的隽永意味。例如，政经新闻杂志《南风窗》在一篇报道年轻作家孙频的新闻结尾使用了如下写法，对孙频作品背后的精神文化与现代人的精神需求进行联结与探索，让人产生无限的想象空间，引人回味。

所以，并不只是孙频在塑造"当代桃花源"。扎根于传统文化基因中的"桃花源"，已经跨越了陶渊明所处的东晋年间，再次成为现代人的共同想象。

 素养小课堂

新闻结构，从外部看分为标题、导语、主体、背景、结尾等要素，但内在行文上新闻结构又可分为不同类型，例如：按内容重要性排列，将最重要的信息放在前面的倒金字塔型；重要性相当，在导语后将主要事实并列叙述的并列型等。写作时可灵活安排新闻结构。新媒体新闻讲究文笔、立意，同时事件要真实具体，切忌"假、大、空"，这对写作能力有相当高的要求，因此新媒体新闻从业者要善于学习总结，不断提高自身的写作水平，如可以学习参考主流媒体、官方媒体的写作手法和立意，从其吸取经验，最好树立终身学习的意识，这样可以帮助自己不断进步、走向成功。

2.2 新闻的语言要求

新闻作为一种正式的、覆盖面广的媒体形式，在语言方面有着特殊的要求，正如上海复旦大学新闻学院的徐培汀教授所言："新闻要用事实说话，凭借对事实的客观叙述来吸引人，新闻的这一特点决定了新闻语言的个性——可信性、可读性、易读性，既要确切又要具体，既要通俗又要简练，既要新颖又要生动。"在新媒体环境下，新闻语言的写作要求主要体现在准确、客观、易懂、精练短小和融入流行词汇5个方面。

2.2.1 准确

准确是指新闻使用的语言不能夸大或缩小，不能含糊其词、模棱两可，导致意思失真或出现歧义。例如，"最近""长期以来""可能""大概""也许""无数"等词语的意思就比较笼统，用来表示具体的内容是不太准确的。如果明确知道事件发生的时间是2024年1月18日，在20日重述这件事时，就不用"前天""最近"来指代。具体的时间叙述可以增加新闻的准确度和可信度，使新闻更清楚具体，让人信服。

另外，新闻的准确还表现在句式和搭配上，句子成分不全、指代不明、搭配错误、句式杂糅、词句重复堆砌、语意有歧义、逻辑不清等，都有违新闻语言对准确的要求，值得新媒体新闻从业者注意。

2.2.2 客观

新闻用事实说话，因此新闻要反映客观真实，向受众传达真实可靠的信息，充分保障广大受众对真实事件的知情权。客观也代表了新媒体新闻从业者不要用主观的感情因素去评判或表达事实，因为主观感情对受众是有情感引导的，所以要尽量保证所报道的内容的原始面貌。当然，绝对的客观只是理想状态，但新闻排斥主观性，因此客观也是新媒体新闻从业者需要着重注意的写作要求。

2.2.3 易懂

新闻面对的受众庞大，覆盖面广，要想达到良好的传播效果，让广大受众明白、理解，语言就不能晦涩，不能过于专业、高深，最好选择通俗易懂的书面用语。尤其是涉及一些不可避免的、难懂的专业词语时，除了顾及广大受众的认知能力，还应该对这些词语做出相应的解释，以利于受众对内容的理解。

范例

纳米晶三线态能量转移动力学研究取得新进展

近日，中国科学院大连化物所光电材料动力学研究员吴凯丰团队基于量子限域的 $CsPbBr_3$ 纳米晶与多环芳烃分子构建模型异质结，并结合稳态和飞秒瞬态光谱，揭示了该体系内纳米晶量子限域效应主导的三线态能量转移动力学过程，清晰地展示了转移速率对纳米晶载流子表面概率密度的线性依赖关系。相关成果发表于《美国化学会志》上。

多环芳烃的三线态敏化在光子上转换和光催化有机合成等领域具有重要应用。光子上转换可减少太阳能转换中的低能光子透过损失，有望使转换效率突破传统的Shockley-Queisser极限。三线态敏化的一般途径为：含重金属的敏化剂分子受光子激发后通过系间窜越产生敏化剂分子的三线态，此三线态再通过能量转移产生多环芳烃的三线态。然而，敏化剂分子的系间窜越会带来较大的能量损失，降低上转换过程的有效增益（上转换光子与激发光子的能量差）。近年来，半导体纳米晶作为三线态敏化材料开始受到广泛的关注。

吴凯丰研究团队提出，近期在光伏和发光应用领域广受关注的钙钛矿纳米晶也是一类理想的三线态敏化材料，因其具有较高的荧光量子效率（≥60%）和对称的载流子波函数分布，特别适合用于构建模型体系，探索纳米晶三线态能量转移的主要影响因素。光谱动力学研究发现，纳米晶尺寸相关的能量转移驱动力和光谱重叠对转移速率的影响极小；相反，纳米晶的波函数表面分布在三线态能量转移过程中起主导作用，其速率随尺寸相关的载流子表面概率密度（波函数平方）呈线性关系。纳米晶尺寸越小，量子限域效应越强，载流子在纳米晶表面的波函数分布越大，越能有效地与吸附于纳米晶表面的多环芳烃进行波函数交换从而实现三线态能量转移。这与三线态能量转移的Dexter机理是符合的。

本项研究首次揭示了纳米晶到多环芳烃分子三线态能量转移的核心影响因素，对采用纳米晶吸光材料驱动的光子上转换和光催化反应具有重要指导意义。研究还表明，虽然在光伏和发光应用领域钙钛矿材料的量子限域效应未受关注，但在三线态敏化等应用领域量子限域，钙钛矿材料是不可或缺的。

点评： 这是一篇关于纳米晶三线态能量转移动力学的研究报道，涉及的知识非常专业，其受众主要是相关专业的研究学者、学生以及对该领域感兴趣的人，因为文中很多专业名词是普通受众难以理解的，所以不熟悉这方面的受众的阅读兴趣会比较低。

范例

科学家研制出手链状尿素凝胶

本报讯　一种由尿液中的主要成分制成的凝胶看起来就像一条友情手链。它由自发形成"辫子"的微小纤维组成，可被用来制造新药。相关成果日前发表于《自然—化学》。

英国杜伦大学的Jonathan Steed（乔纳森·斯蒂德）和同事用尿素创造了这种凝胶。在分子水平上，该凝胶以两种不同的结构将自己组装成四股辫。

一种简单的四股辫是四股螺旋——类似于DNA的双螺旋，但有四股平行缠绕的"辫子"。另一种是两个相互交织的双螺旋。

"我们设计了一种玩具分子，并且可以看着它形成相当漂亮的'辫子'。"Steed说。

虽然他们的分子是经过设计的，但像这样的"辫子"可以自然地出现。例如，在疯牛病中，淀粉样蛋白的纤维会形成"辫子"并聚集在一起。

该团队使用类似的以尿素为基础的凝胶生产具有不同性质的药物。

这种新分子比研究人员此前生产的凝胶更有黏性，并且可能有助于更好地控制其性质。

"你可以想象这样一种情况：用一种方法编织纤维，然后得到了类似于番茄酱的东西；也可以用另一种方法编织它们，然后得到了像橡皮球一样的东西。"Steed说，"如果你能用同样的分子产生不同的微观结构，那么就能得到具有不同性质的材料。"

点评： 相比之下，这则报道使用了很多通俗易懂的词语，对文中涉及的专业知识做出了便于理解的说明，受众的接受度会更高一些。

此外，虽然新媒体环境下新闻语言会比之前更加活泼，但是在组织语句时，最好还是选择一些常用的、固定的词语进行搭配，在通俗易懂的前提下也不失新闻的规范性和书面性。例如，"此次活动完成得非常完美"就过于通俗化、口语化，受众会不太适应，而"此次活动圆满结束"则让受众觉得更易接受，同时也不失原意；形容旅游景区人多，也不能使用"多得让人数不清"，而用"人山人海"这种常规的语言表述则更好。

新闻的易懂还表现在对方言的使用上，例如，在一些报道中，会在标题或正文中引用被报道对象的当地方言，如"旮旯""波棱盖（膝盖）""巴适"等字眼，其他情况下则不直接用方言，以免造成受众的不解。当然，如果是地方的新闻报道，受众是当地居民，那么新闻报道中的方言不但不会给受众带来理解上的障碍，熟悉的词句反而会增加受众对报道内容的兴趣，提升报道的趣味性，这也是现在的新闻写作中比较常见的技巧。

2.2.4　精练短小

新媒体时代，新闻需要及时发布，甚至有时需要抢先发布，因此很多新闻的篇幅较为短小，语言直截了当、简明扼要。大部分新闻主要精选重要事项来讲，且只叙述客观事实而不多做评价（但需要引导社会舆论或进行针砭时弊的新闻评论中会有对当前社会现象的评价及官方态度的表达）。即便事件比较复杂，也是采取只记一事或者一人的方法，或是化繁为简，分解报道，以让新闻内容结构清晰、干净利落，因此语言必须简洁精练，以达到快速发布的目的。央视新闻客户端发布的时讯就有此显著特点。

范例

天舟七号货运飞船已运抵文昌发射场 将于明年初发射

今天（19日），中国载人航天工程办公室发布2024年度四次飞行任务标识。

按计划，天舟七号货运飞船将于2024年初在文昌航天发射场发射。目前，货运飞船已完成出厂有关工作于近日运抵文昌航天发射场，后续将按计划开展总装、测试等工作。

点评：该新闻篇幅短小，但内容精练、直截了当，用简短的文字清楚交代了事件的背景、进展。

2.2.5　融入流行词汇

随着互联网的高速发展，网民数量和活跃度也在增加，一些新鲜的、反映时代特色的词汇开始大量且频繁出现，这些词汇在社交媒体中被广泛传播，并逐渐深入受众心中。随着新闻渐渐融入新媒体领域，一些新闻媒体或新闻门户网站将这些流行词汇用于新闻报道，力图使新闻更加生动活泼，符合受众的语言习惯，使其被更多年轻受众所接受。例如，人民日报通过微博发布短新闻时使用"暖到了""学渣""太绝了"等网络流行词汇，如图2-1所示。其他的网络流行词还有"斜杠青年""清澈的愚蠢""卷起来"等，

图2-2所示的新闻中就使用了"卷起来"这一流行词汇。这些流行词汇也反映了一种社会现象，甚至是当代年轻人身上特质的缩影，这些流行词汇的使用，更赋予了新闻时代性的特点。在具体使用时，应当深刻把握流行词汇的内涵，用好流行词汇，用对流行词汇。

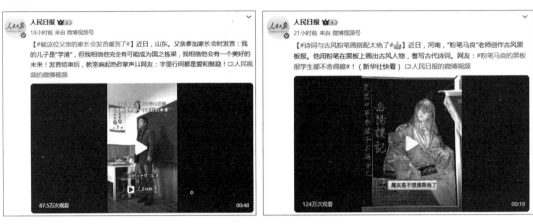

图2-1 | 人民日报使用了流行词汇的新闻

图2-2 | 融入流行词汇的新闻

> **小提示**
>
> 早在2011年11月10日，《人民日报》头版头条《江苏省给力"文化"强省》一文就因"给力"一词引发网友热议，向来以严肃庄重著称的《人民日报》突然"新潮"起来，这种风格变化的行为无疑是传统媒体顺应新时代网络和社会语言变化趋势的一种体现，这种风格的转变也吸引了广大受众的眼球。

2.3　新媒体新闻的报道角度

报道角度反映的是新闻编辑对新闻的敏感程度，是新闻编辑从不同角度、不同侧面，分析某一事物和其他事物之间的联系，报道新闻事件本身及其思想意义。报道角度在一定程度上能体现出新闻编辑处理采访的素材、挖掘材料的新闻价值的能力和水平。越会找报道角度的新闻编辑，越能写出新颖、价值高的新闻稿件，也能让新闻更容易被受众所接受。报道角度会对受众认识、接受事实起到一个"引导"或"导读"的作用，一般来说，可从宏观和微观两种角度出发去打造更易于被受众接受的新闻内容。

2.3.1　宏观角度

宏观角度可以从选标志点、选切入点和选相关点3个方面去寻找新闻的报道角度。

1. 选标志点

标志点即具有标志性的点，相比其他内容其更具典型性与说服力。选标志点的本质是选择具有象征意义的事件去体现新闻主题，这要求这一件事在同类事件中极具代表性。

例如，《150年来伦敦泰晤士河第一次出现海豹》这一经典新闻就是借150年来海豹第一次出现在这个一度被认为有毒、在生物学上已"死亡"的河水中一事，来表现泰晤士河生态环境的改变。通过这个标志性的点，人们可以感受到这一时期事物所发生的质的变化。

2. 选切入点

新闻报道中选切入点的一个重要方法就是让受众从小事上感受到巨变，这就要求报道的角度尽量能以小见大。从大主题中选取一个小的角度，从小处着手，这样更容易突出主题，也能挖掘得更深一些，由个性见共性，由表及里，用小的事件反映大的层面。

新闻报道的切入点可以从事件时间、内容、体裁、细节等多种途径来提炼。例如，在《看得见的美丽 记得住的乡愁》一文中，新闻编辑就以发生在芜湖和泾县的两个示例："一条'龙须沟'的华美转身"和"一个'废品村'的标本兼治"，来展现全力构建农村共建共治共享的社会治理新格局，反映了建设美丽乡村的"安徽实践"，从小的改变来映射整个社会的发展局面、趋势，达到窥一斑而知全豹的效果。

3. 选相关点

选相关点是指通过对相关的人、事的侧面表现等来表现事件的社会意义，表达新闻主题。例如，同样是对西藏通火车这一事件的报道，《西藏不通火车历史被改写，"青1"抵达拉萨》一文中用4个小标题来表现该事件及其重要意义，而《藏族牧民："没想到这辈子我还能坐上火车"》一文则从藏族牧民的角度对该事件进行报道。

【范例】

藏族牧民："没想到这辈子我还能坐上火车"

新华网拉萨7月1日电 "你们放心，我已经上火车了！" 7月1日上午9时许，已经进入由拉萨开往兰州的青藏铁路全线通车庆典列车的藏族牧民土登当曲，拿出手机激动地告诉家人。

在"藏2"次列车第六节车厢里，记者看到三四盏闪光灯一起对准了脸色黝黑的土登当曲，用镜头生动地记录下了他兴奋的一瞬间。

土登当曲来自西藏那曲市，他幸运地成为青藏铁路开通庆典列车的首批旅客之一，这也是他生平第一次乘坐火车。

"没想到，这辈子我还能坐上火车！" 身穿藏袍、头上盘着一圈辫子的土登当曲对记者说。当然他的话都是经过和他同行的西藏安多县完全小学教师安德翻译过来的。

记者注意到，土登当曲的"英雄结（辫子）"是用新的红头绳编的。他说，因为今天是大喜的日子。

一直生活在草原上的土登当曲出行主要靠骑马或骑摩托车，很不方便。几十年来，他去过最远的地方是青海格尔木。当时是为了购买日常生活用品，来回花费了十多天时间。

"火车开通后，我们的生活就更方便了。" 土登当曲说，他有5个孩子，其中最大的27岁，他希望能带着孩子外出打工、做生意。（记者杨步月 边次 吕雪莉）

点评： 该新闻报道从首次乘火车的藏族牧民的角度切入，从侧面表现了青藏铁路通车一事及其历史意义，角度独特，新闻表现力强。

▌2.3.2 微观角度

微观角度可以从贴近社会语境的点、体现事实价值的点、与受众利益相关的点、共性中找独家的点和旧闻中找新的点5个方面去寻找新闻报道角度。

1. 贴近社会语境的点

贴近社会语境的点有很多，其中十分明显、十分有效的就是焦点与热点，它们都是受众感兴趣的话题。现在的受众，相比于以前的被动接收，更倾向于寻找符合自己喜好的内容，如果新闻报道的内容更贴近受众的喜好，更适合现在大部分人的阅读需求，语言表述风格更务实或灵动，具有亲和力，就更容易引起受众的传播与讨论。尤其是当报道从受众的角度去理解、观察新闻事件时，就会更加贴合受众的心理，引起对方的阅读兴趣，同时也更容易受到受众的欢迎。例如，每年都有许多人考编、考研，而这是很多人的生活常态，《三联生活周刊》（该刊新闻与文化并重）以这些人为报道主角，撰写了一篇名为

《21到26岁，她被困在考研考编里的五年》的文章，在网络上引起热议，相关词条还冲上微博热搜榜，引起了众多网友对此事的关注讨论。

2. 体现事实价值的点

新闻的来源很多，每分每秒，在不同的地点可能有不同的事情在发生，因此新闻材料是非常多样化的，但显而易见，并不是所有事情都适合报道或值得报道，只有当其具备了足够的新闻价值，才具有被报道的意义。因此在面对大量的新闻材料时，新闻编辑不仅要选择具有新闻价值的点，还要选择具有独特价值、展现社会意义或有社会影响力的点，或能与受众达成共鸣的点，这样的新闻才更有价值，也更容易获得受众关注。例如，重大安全事故，与亟待解决的社会问题相关、与国家政策有关、具有社会意义的事件等。图2-3所示为央视新闻关于珠峰积雪的报道。

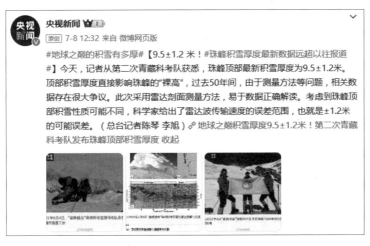

图2-3 │ 央视新闻关于珠峰积雪的报道

3. 与受众利益相关的点

越与受众相关，越容易得到关注。在新闻行业，以受众利益为出发点才能最大限度地勾起受众的阅读欲望。因此，从与受众切身利益相关的事情上找角度，回答或帮助他们解决问题，就是很妙的新闻报道角度。例如，在很多会议报道中，即便会议内容多种多样，但很多新闻媒体会着重报道与受众利益相关的提案，传递与受众更具关联性的信息，以更加贴近受众的视角去报道新闻内容，自然也就更容易吸引受众。在两会期间，全国人大代表提出的关于假期安排调整、教师工资、就业、养老金、租住房保障等与受众生活非常贴近的议案就容易获得广大受众的关注。

又如，食品安全一直就是人们的关注重点，所以海底捞北京劲松店和太阳宫店在被曝存在卫生问题后，直接登上了微博的话题热搜榜，引起广大受众对食品安全的关注与重视，直到问题得到解决。人们对这类新闻的关注正好体现了新闻报道角度要与受众利益相关联的观点。图2-4所示为对他人"人肉开盒"违法犯罪事件的处理报道，"人肉开盒"

行为涉及受众个人隐私数据与信息安全，因此受众关注度较高，该报道微信阅读量超过10万人次，不少网友在评论区发表意见、表达态度。

> **B站披露一起"人肉开盒"细节！官方出手**
>
> 人民日报 2023-11-22 08:04 发表于北京
>
> 　　近日，视频平台bilibili（B站）通报了一起"人肉开盒"（指利用非法手段公开曝光他人隐私数据与信息）案例：
>
> 　　今年8月，B站收到多位UP主举报，称有群体在境外平台有组织地煽动用户对站内UP主进行"人肉开盒"。**该群体不仅在线上公开UP主个人信息，还对其进行一系列电话私信骚扰、网暴攻击、不实恶意举报等违法行为。**
>
> 　　经公安机关查明，本次网暴侵权案件牵涉18个省市，共计40余人。主要活动人员为未成年人L某与未成年人C某。其中，L某因违法事实情节严重，警方已对其处以10日行政拘留。同时，该违法行为将被永久记录在其个人档案中。C某在监护人陪同下，公安机关已根据《中华人民共和国治安管理处罚法》相关规定，对其进行了严厉批评教育。
>
> **多名UP主遭"人肉开盒"**
>
> 　　"开盒"是一个行业黑话，即利用黑客软件，盗取个人及家人所有信息，包括但不限于身份证号、社保卡号、银行卡账号、个人证件照片。

图2-4｜与受众利益相关的报道角度

> 观察一些微博账号的"转、赞、评"数据可以发现，大部分的日常微博的转发量、阅读量等远低于与福利赠送相关的微博，可以看出，在自身利益的驱动下，人们对事件的关注度更高，行动力也更强，这会使消息的传播范围变得更广。

4. 共性中找独家的点

提炼独家新闻是新闻编辑的硬功夫，这需要长期积累经验并以独特的眼光细心观察，深层次地挖掘素材，在共性中寻找个性。

例如，在某地方的地铁起火事件发生后，深圳市民对正在建设的地铁产生了担忧，因此不少媒体通过采访参与深圳地铁建设的相关人士之后，报道了深圳地铁在安全方面采用的新技术，并介绍了深圳地铁具有已达到世界先进水平的报警系统和自动控制系统的事实。但对一般受众来说，报道中提到的概念并不是那么容易理解，因此《南方日报》的新闻编辑在报道中突出了韩国地铁所不具备的安全技术，并在标题中进行了有效处理，将标题拟为以下内容，使报道更通俗易懂。最终这篇新闻在同类新闻中脱颖而出，并成为独家新闻。

如果地铁起火——六分钟包你逃生（主题）
不用担心打不开车门，车厢材料均不可燃，排烟风道专治有毒烟雾（副题）

又如，凤凰网曾在某市的某楼盘大跌之后，从已买房的业主的角度解释了楼市、消费者、开发商、政府与投资方的整个关系链条，深度解析了降价对老业主的影响、消费者如何被楼市"套牢"等现象。角度新颖、见解深刻，在当时就成了独家新闻。

想做独家新闻，就要善于发现，会思考、会联想。例如，有些新闻编辑从学校成绩排名或学生教育情况中看出培训行业的发展动向，或从家政人员的招聘要求中看出城市家政服务的新热点、新趋向。

5. 旧闻中找新的点

旧闻中找新的点是指通过对比旧新闻和现在的新闻，寻找新的报道角度。实际上，这是将现在的新闻报道的重点，与旧话题和旧典型相结合、联系，使过去与现在相接，从中寻找新的报道角度。

例如，《人民日报》的《过去统计"有"，现在统计"无"》这一新闻就是对某县委宣传部部长面对记者提问"现在全县农村有多少电视"，给出现在已经改为"统计'没有'电视机的占多少"的回答这一事件进行的新闻报道。这样新旧对比的报道角度同样表现出发展带来的历史反差，使这篇新闻在旧题材中找到了新意与鲜活感。

小提示：新闻报道要注重选择角度，但也不能强选角度。对反复宣传的主题，新闻编辑最好研究出新的角度后再出发，组织新闻报道，这样即便是反复写过的主题，也能带来新鲜感。

2.4 新媒体新闻的材料概述

新闻编辑在采写新闻的过程中，会获得很多新闻材料，这些材料可能有不同的来源，反映着事件的不同方面，其中可能有真有伪，需要新闻编辑甄选、鉴别、加工，才能筛选出合适的、用于构建新闻的真实材料，写出优秀的新闻。本节将介绍新媒体新闻的材料的相关知识。

2.4.1 新闻材料的含义与分类

新闻材料可以说是新闻的"血肉"，是新闻不可或缺的重要成分。新闻编辑在生产新闻内容时务必对新闻材料有足够的了解，这有助于提升其行文速度与成稿质量。下面介绍新闻材料的含义和分类。

1. 新闻材料的含义

新闻材料是新闻编辑通过各种途径搜集的用以认识和表述新闻事实的各种情况的记载的总称。新闻编辑通过材料认识事实真相，也通过材料表述事实真相。新闻材料不仅指用于具体报道中的材料，同时也指新闻编辑在写作前积累和搜集的材料。

2. 新闻材料的分类

新闻材料按照获取手段划分，可以分为一手材料、二手材料和三手材料。

◆ **一手材料：** 新闻编辑通过实地调查采访、现场提问和观察等手段获取的材料。这类材料由新闻编辑在现场直接获得，因此比通过其他途径获取的材料更加可靠真实。对新闻编辑来说，就应该多跑现场，这样不仅能获得第一手材料，还能提高获得独家新闻的可能性。

◆ **二手材料：** 新闻编辑通过采访其他新闻相关人、查阅资料等多种手段获取的信息。相比一手材料，这类材料的可靠性较低、来源较多、范围较广。由于很多新闻事件都是突发的，新闻编辑难以第一时间赶到现场，因此二手材料也是新闻编辑经常使用的。需要注意的是，不同人的立场和看待事物的角度不同，因此对同一件事的过程、场景的叙述的侧重也不同，这会影响新闻编辑对整体事件的认知。所以，在面对二手材料时，新闻编辑要注意不要偏听偏信某一对象，也不要直接采用统一来源的信息，最好多做对比、相互对照，尽可能地还原事实真相。

◆ **三手材料：** 除一手材料和二手材料以外的消息内容，这类消息经手的对象更广，传播过程中沾染的"杂质"更多，但其也具有价值性，可以作为一、二手材料的佐证资料和文稿的补充材料使用，丰富新闻内容。在运用三手材料时，新闻编辑一定要注意反复核实材料，确保所使用的消息是绝对真实可靠的。

2.4.2　新闻材料的获取来源

支撑新闻写作的材料来源是比较多的，主要包括以下4种途径。

1. 利用媒体获取

受众可以通过新媒体平台、电视、广播等去获取新闻信息，了解新闻动态。同样地，新闻编辑也可以据此获取信息，在确定自己的主题或内容时参考各种热点、焦点，从中选取有价值的题材，进行深度挖掘，这也是获取新闻材料的一种来源。

2. 通过能提供消息的人获取

突发某事后，如果新闻编辑能很快到达事发现场，就可以得到当事人、目击者和知情人的采访内容。而且很多新闻媒体都会将自己的联系方式公之于众，以便快速获取信息，当事人、新闻线人、爆料者等出于不同的原因，也可能第一时间联系新闻编辑，为其提供具体的线索。

小提示　新闻线人是新闻行业获取新闻材料的一个重要来源，他们能够通过向新闻媒体提供线索而获得来自对方的报酬。

3. 借助重大活动、节日获取

节假日和某些活动能自动聚焦受众的目光，如劳动节、植树节、"3·15"，有很多新闻题材可供选择，与之相关的新闻报道也确实会占据新闻媒体报道的不小比重。因此关注各种节日、活动等，也能为新闻编辑获取新闻材料提供重要的渠道。

4. 通过观察和联想获取

在平时的生活中，新闻编辑多留心观察，也能获得比较不错的新闻材料，毕竟新闻事件都来自生活。此外，研究旧题材或现有搜集到的新闻材料，多思考、联系，也能获取新的新闻材料。当然，这要求新闻编辑善于思考和发现，以找到好的报道角度。

2.4.3 新闻材料的选取要求

选取新闻材料时也有不少的注意事项，主要需遵守以下8个选取要求。

◆ **真实有效：** 新闻必须报道客观真实的事件，而真实的事件，要依据真实的材料，如果材料弄虚作假，就会造成负面影响。因此新闻编辑选材时要严守质量关，鉴别材料的真伪，选取真实准确的材料。

◆ **围绕主题：** 任何新闻都有其特定的主题，只有贴近主题选择的材料才更有说服力和表现力，因此新闻编辑选材时要选择能说明、衬托主题的材料，舍弃与主题无关的材料。

◆ **类型丰富：** 这要求新闻既要有事实材料，也要有细节材料和抽象材料，其材料信息要广泛，涵盖多个方面的内容，如现实场景、人物描述、事情的来龙去脉等，以此丰富新闻内容，展现新闻全貌。

◆ **旧中取新：** 旧新闻并非无用，从旧新闻中挖掘新的线索同样可行，站在旧的报道角度找到新的高度，同样能吸引受众的注意力。但旧闻翻新要注意找由头，并不是所有的旧材料都能用。例如，《湖北日报》曾借中秋佳节儿女祭奠父母的机会，报道了一夫妇为完成父亲嘱托、数十年来筹备资金资助超过一千名学生读书的故事，使旧事产生了新的价值和意义。

◆ **新颖丰富：** 新闻的内容要新颖、生动，这样才更有感染力。例如，展现独特的、有戏剧性的情节，或借助计算机软硬件技术、虚拟现实技术等多媒体技术等来增加新闻的生动性。

◆ **价值大：** 写作新闻时，要立足于受众的阅读需求和新闻的价值标准，选择价值大的材料。

◆ **不要重复：** 在新闻中，虽然使用的事例各有差别和意义，但说明某一问题或某一侧面时，无须列举多个意义相同的事实来强调。新闻要求的是简洁精练，因此选取一个典型事例即可。

◆**符合政策**：新闻不仅传播速度快、范围广、受众广泛，而且还背负着教化民众的责任，因此新闻编辑选择新闻材料时还要熟悉新闻相关法律、法规，不能侵犯国家利益和公民隐私，或散播不符合大众价值观的信息。

> 小提示　一个新闻并非全靠某一次采编的新闻材料来制作完成的，在从事新闻工作的过程中，新闻编辑还需要养成积累材料的习惯，这样才能拥有丰富的材料库，帮助自己快速圆满地完成稿件。

2.4.4　新闻材料使用的注意事项

在编辑新闻内容的过程中，新闻材料经过了各种鉴定、筛选，才会被组合成一篇稿件，但这些经过筛选的新闻材料也并不一定直接可用，因此新闻编辑需要注意以下3个方面的问题。

1. 注意新闻材料的搭配

新闻材料包括图片、文字、视频、表格等多种形式，在新媒体时代，很多受众更愿意看多元化的、表现力强的、图文并茂的新闻。因此新闻编辑在使用各种素材时，要从受众的审美心理、阅读偏好以及主题表现等综合角度出发，打造出内容丰富、吸引力强的新闻。

2. 进行新闻材料的取舍

在传递新闻信息时，新闻编辑必须知道哪些信息是必需的，哪些是可以精简或省略的。因为必需的信息要发挥帮助受众了解事实真相或表现社会意义的作用，所以这类信息不能省略或被有意剪辑。例如，事物之间没有联系，让受众阅读后有疑惑感；或者新闻编辑对材料进行有意的省略，如多人见义勇为，却只将报道主要内容聚焦在一人身上，着重渲染一个对象，对其余人只字不提，将事件的社会意义浓缩在事件中的个体上，这种做法就是刻意的取舍，违背了新闻的真实原则，是不可取的。

而写作新闻时，要求内容短小精悍，只报道一个重要事实，因此其余相似或有关联的材料就不用花大笔墨描写，可以精简、不写，或另外做系列报道。

3. 写明新闻材料的来源

写作新闻时，如果以其他新闻媒体的报道作为提要的材料，或在文中引述当事人、知情人、权威人士、学者、专家的话或其他给予线索的人提供的信息，这时候新闻编辑应明确展示信息源，以提高新闻材料的可信度。

若某些材料的提供方确实因为敏感原因或出于保护自己的目的需要匿名，新闻编辑应当确认其消息来源是否可靠，匿名原因是否正当。一般来讲，只有出于上述原因，且该新闻确实缺乏其他消息来源以及报道内容确实十分重要时才会采用匿名手段。

在呈现新闻材料时，一般不允许匿名，这是为了避免因随意匿名造成的虚假报道情况和受众对新闻真实性产生怀疑的情况。尤其是出现行业恶意竞争时，如果媒体使用了对手提供的匿名报道，且对真伪识别不足，可能会惹上官司并承担法律责任。

2.5　新媒体新闻的写作方法

　　新媒体新闻写作和传统新闻写作既有相同之处，也有不同之处。但总的来说，新闻写作都是在传播一种无形的力量，从字面上看，新闻编辑只是客观地叙述他的所见所闻，但事实的叙述需要依据某一种观点，而新闻的客观叙述则掩盖了这种观点。事实上，越好的新闻，越善于通过内容表达自己的观点，也越善于在形式上隐藏自己的观点。因此，在新媒体新闻中，为了更好地让受众接收到想传递的信息，并做到材料丰富、内容真实、言之有理，发挥新闻无形的力量，就要讲究写作方法。常用的写作方法可以归纳为事实说话、利用引语、材料例证、场景再现和反对"合理想象"5个方法。

2.5.1　事实说话

　　事实是新闻的本源，是新闻稿件成立的依据。新闻编辑在写作新闻的过程中，可能会遇到新闻事实与自己要表达的观点不一致的矛盾，这时就需要用事实说话，寻求材料与观点的统一。除此之外，有时新闻的内容可能会令人难以理解，让受众觉得难以接受，或者新闻编辑在表达某种观点抑或对某种说法表示质疑时，就需凭借事实本身的说服力让新闻内容真实可信。

　　同时，受众通过新闻媒体接收信息就是相信新闻媒体提供客观事实的能力，且是真实具体的客观事实，这就要求新闻写作需用事实说话。这正如艾丰在《新闻写作方法论》中所说的："新闻写作最基本的内容是事实，新闻写作最基本的素材是事实，新闻写作成败最具决定性的因素是事实。"尤其是在新媒体环境中，有些新闻材料来源不可考，且媒体为追求热度，使得不少媒体发布的内容缺乏真实性；甚至有的社会新闻是胡乱编造的，缺乏依据。

除了用事实说话，新闻编辑还要注意在大量事实中选取精华，即用典型事实来更好地表达自己的观点。越典型的事实越有说服力，甚至能发挥出以一当十的效果。典型事实需满足4个要求：一是鲜活且受众还未知晓的；二是十分重要且具体的；三是与新闻主题贴近的；四是有明确目的性和针对性的。这样的事实典型且价值高，表现效果鲜明突出。

2.5.2 利用引语

引语就是新闻编辑在新闻中引用的通过采访得到的采访对象的话语等。在新闻中使用引语是为了增强新闻的真实性和客观性。引语可分为间接引语和直接引语两种。

1. 间接引语

间接引语是指新闻中对采访对象的意见和语言的转述，其表现形式如下所示。

近日，南京主城老下关的滨江欢乐舞台同样迎来了音乐节，江边爵士音乐秀场地规模有限，主打公益性，也融入更多市集元素。鼓楼区商务局副局长介绍，今年以来，该区启动了下关滨江岸线"复兴计划"，从中山码头到南京长江大桥南堡公园的近代工业遗存和民国建筑，因地制宜注入新的文化和商业内容，本次音乐节的举办意在增添老下关的商业氛围，为期三天的活动场场爆满。

通过对新闻报道的研究发现，间接引语所占的比重高于直接引语，在使用间接引语时，新闻编辑可以将自己的观点与采访对象的观点联结起来，模糊新闻编辑话语与采访对象话语之间的界限，更好地表述自己的观点。

首先，转述可以增强权威性，传达出更好的效果。例如，我国国家领导人讲述中秋节是一个很重要的传统节日时，对领导人观点的转述，可以增强报道的权威性，相比普通的叙述更有传达效果。其次，新闻编辑可以通过"强调""表示""叮嘱"等带有肯定性质的动词增大转述语言的表现力度，这不仅提供了一个强有力的消息来源，还有助于塑造领导人的形象。最后，转述还具有认可赞同其观点的效果。在某种情境下，转述还具有解读采访对象感情的作用，能引导受众的感情，提升报道效果。

同时，间接引语也是将官方语言转换为大众更容易接受的语言的方式。此外，间接引语在交代背景，进行铺垫、补充等方面也有十分重要的作用。

2. 直接引语

直接引语是指用引号引起来的采访对象的原话，要求引文必须原原本本、准确无误、绝对忠于采访对象的思想与语言。因为新闻是在陈述新闻事实，陈述过程中可能会有新闻编辑的转述观点，这虽然也会让受众产生直观感受，但不如直接引语清晰生动。因此在新媒体新闻写作中，使用直接引语也是一种重要的方法，如下所示。

近年来，离婚率的上升和晚婚人数的增加是备受关注的话题。在张小娴的观念里，婚姻和爱情没有划等号。她也并不觉得晚婚有什么不好，"一个人要足够成熟，才可以面对婚姻"。

"婚姻是蛮琐碎的事情。如果你有80岁的寿命，但20岁或者24岁结婚，有好几十年要和另一个人一起，你能忍受他吗？"张小娴提出了假设，"难道30岁还没结婚就是晚婚吗？其实30岁还是很年轻的。一个女人最好的年纪，是35岁。"

直接引语少了新闻编辑的转述性描述，可以增强新闻的客观性，增加可信度。直接引用采访对象的话语，还能增强新闻报道的真实感和生动性，塑造对话感和互动感，让报道更有现场感和人情味。另外，利用直接引语，新闻编辑还可以借新闻报道中的人物之口，讲出自己想说但不便直说的话。

总之，使用这两种引语都能增加新闻的可信度，虽然在可信度方面直接引语更胜一筹，但两者有不同的作用。新闻编辑可以根据具体情况灵活使用，更好地增强新闻的表达效果。

2.5.3 材料例证

新闻材料是新闻事实的重要佐证与表现材料，随着新闻报道形式的不断拓展，受众对更详尽、更深层信息的需求更迫切，新闻媒体对信息的处理越来越精细化，新闻背景材料也被越来越多地运用到新闻报道中。因此在写作新媒体新闻时，新闻编辑要善于运用材料例证来增强新闻的表达效果。

不同的新闻材料类型，可以与新闻事件形成有机的联系，更加充分、完整、全面地展现新闻内容，突出新闻价值。因此，如何利用新闻材料进行更有效的例证也成为新闻编辑需要关注的内容。新闻材料的例证主要有以下两个特点。

1. 符合主题

选择什么背景材料，使用什么手法，完全取决于新闻主题的需要，新闻的任何内容都是为新闻主题服务的。新闻材料运用越得当，新闻主题就会显得越深刻，新闻也会越有价值。在符合主题的情况下，新闻编辑可采取以下4种方法来运用材料。

◆ **对比：** 对不同的材料进行对比叙述。利用这样的手法来衬托所报道的事件，能更好地突出事件的本质与内涵，向受众传达新闻编辑的真实意图。

◆ **联想：** 运用联想的方式选择材料，将本次新闻要报道的事件与其他相关联的事件联系起来，综合陈述。这样可以扩大事件的纵深度，使内容更加丰富，也更有利于受众思考。

◆ **多方补充佐证：** 利用多种材料来补充该新闻事件。很多事件的背景材料并不是单一的。对一起社会事件，可以补充该事件的起因，如当事人的家人和朋友的描述、事件的环境背景、历史背景以及网友观点等，这些都可以作为材料，用以补充说明，拓展新闻事件的广度和深度。当然，新闻编辑应根据自己的表达和内容需求选择材料。

◆ **根据角度选取：** 从报道角度选材，新闻编辑一般会选择体现自己思想与立场的材料。不同的报道角度会影响新闻材料的选择，同一个新闻事实，不同的材料会让受众产生不同的判断。例如，在当事人的家庭关系中，是要体现其家庭环境对他产生的影响，还是着重描写他从小就特立独行、有自己的想法，不同的报道角度对人物的塑造是不一样的。其实质是从"面"上去思考"点"的选择，这种材料的选择方法也会对新闻内容的整体呈现产生影响。

2. 灵活选择材料位置

当材料契合主题时，可以灵活选择材料的位置。材料可放置在标题、导语、主体、结尾等不同的地方，可根据需要选择。

（1）位于标题处

标题可以有多行，当需要说明重要材料时，可以在标题的引题或副题之中予以表现。如下所示为中国青年报发布的一则新闻的标题，副题部分是对主题的解释补充，丰富了新闻标题的内涵。

超六成受访者呼吁破除求职中的"第一学历"限制（主题）

60.3%受访者认为应建立多元评价标准 不唯"学历论"（副题）

（2）位于导语中

在导语中引用材料，可以提高新闻的价值，达到一语中的的效果。如下所示的导语，不仅对之前备受网友关注的事件原因进行了说明，同时还呈现了另一则材料，即事件如今的处理结果，表明相关人员已受到或将会受到处理。这样，受众能比较完整清晰地获取这则新闻的大致信息。

新京报讯（记者 雷燕超 王瑞文）"河南周口婴儿丢失事件"有新进展。今日（5月20日），新京报记者从知情人处获悉，该事件系男婴母亲因家庭矛盾，和其亲友策划"自导自演"的。目前参与策划的多人已被拘留，"（男婴）母亲尚在哺乳期，等哺乳期过后也将受到处理。"

（3）位于主体中

材料位于主体中是新闻中较常见的安排材料的方式，主体部分经常有各种材料出现，能为叙述事实起到很好的铺垫作用，加深受众对事实的理解。如下所示为新闻主体的开头部分。该篇新闻的内容主要是对"周口男婴事件"的追踪报道和隐情介绍。其主体开头便直接承接了导语的内容，对该事件的早前报道和目前的案情进行了介绍，基本展示了整个事件的全貌，这些都属于该新闻事件的背景材料。

据新京报此前报道，5月16日上午，河南周口一女子称自己带着4个月大的儿子外出散步，在一处街边游园小径内因病晕倒。等她再次醒来时，发现孩子不见了踪影。随后警方和男婴家人悬赏征集婴儿线索。5月19日，周口市公安局文昌分局通报称，婴儿已于19日凌晨被警方安全找回。

今日（20日），知情人士告诉新京报记者，"系家庭矛盾，使孩子母亲和家人策划了'丢孩子'一事。"另一位接近警方的知情人士亦证实，参与策划的有孩子母亲及其亲友，事发后参与策划者迫于社会压力主动向警方说明情况，后在郑州市公安局未来路分局被控制，现已被带回周口。目前，参与策划的多人已被拘留。知情人表示，虽然此事系策划的闹剧，但不希望因此而伤害了关心此事的人。

在新闻中，如果出现了受众不熟悉的事物，那么对该事物的注释说明等也是材料运用的常见表现方式。例如，在一篇报道公路环保养护的新闻中，记者了解到经养护后的路面平整度、渗水系数、车辙等指标均有提升，负责的相关高速公路管理有限公司事业部部长提出提升原因在于其改良了SMC新技术，然后报道对该技术进行了详细介绍，让受众清楚了解当前新技术可以达到的效果，从而意识到公路养护技术是如何在环保的道路上转型、促进交通的绿色可持续发展的。这也是对材料的例证使用，其内容节选如下所示。

"这得益于我们改良了SMC新技术。"宁夏交投高速公路管理有限公司石嘴山事业部部长段学锋介绍，SMC温拌沥青混合料超薄罩面的核心材料为SMC沥青改性剂，以废旧轮胎为主要原料，能够使沥青在140摄氏度的温度下就能施工应用，而传统沥青温度需达180摄氏度才能施工。不仅如此，SMC沥青改性剂的科学添加，能使沥青在生产过程中减少碳排放35%以上，减少各种有害气体排放50%以上。

（4）位于结尾处

结尾处的材料可以深化文章主题，该处材料可以是对内容的补充说明或对事件的评价，以让读者回味无穷。如下所示为《北京日报》对电影《八佰》为重现苏州河两岸风貌的报道。该报道的重点为该电影为呈现出良好的视觉效果，电影制作团队开展"大制作"，尽力重现真实场景。报道在结尾对该影片的预售情况进行说明，佐证该电影由于其"大制作"，吸引了不少受众的关注。

该片将于7月5日全国上映。影片海外预售也十分火爆，目前片方已与美国、加拿大、澳大利亚等近20个国家和地区的电影发行方完成签约，大多数国家将与中国同步上映。

在运用材料时，要注意高度概括、言简意赅，不要喧宾夺主。同时要选择正确的位置，虽然材料能放置在不同位置，但位置不能混淆，不要将该放在导语中的材料放在标题处、将该放在主体中的材料放到结尾处，否则会降低新闻的价值。材料的位置应根据新闻主题表达的需要、布局特点等来决定。

小提示 每个新闻事件都有与之相关的背景材料，因此新闻编辑多会在新闻稿件中清楚交代与主题密切相关的材料。因为通过材料例证，可以增强新闻的表达效果，但有些众所周知或与主题无关的材料，则应简化或省略。

2.5.4 场景再现

场景再现是报道新闻事件的一种强有力的表现手法，它是新闻编辑通过对某些现场情景的具体描述，再现当时场景、画面的描写手法。

在新闻中运用场景再现，一般是从现场当事人的角度将受众带入现场，让其仿佛亲临现场，从而更好地体验新闻编辑想要传达的事实和画面，这种新闻表现手法可以增强新闻的说服力，使受众产生身临其境之感。如下为《香港掀起"高铁热"市民兴奋期待参观高铁站》新闻的部分内容。

新华社香港8月25日电（记者张雅诗）"拿到了！拿到了！"一名香港市民顺利领取到参观广深港高铁香港段西九龙站的入场券，难掩兴奋之情。

广深港高铁香港段将于9月下旬通车，一股"高铁热"逐渐在香港形成。港铁公司将于9月1日和2日开放西九龙站让公众参观，并于8月25日上午9时开始，分别在全港5个地点免费派发共两万张入场券，吸引大批市民领取，所有入场券在当天中午前已经发完。

25日上午8时许，其中一处入场券派发地点——杏花村已经排着超过100人的长队。在露天位置等候的市民，即使站在太阳底下晒个正着，也热情不减；有的人则撑着伞、扇着扇子，甚至带着凳子，做足准备。

由于排队人数多，港铁提前大约半小时派发入场券。不少取得票的市民，表现雀跃，一手拿着票，一手拿着手机自拍留念。

该部分内容主要描写了香港市民排队的场景和拿到票的市民的动作，笔法细腻地塑造了领票现场的情景，使市民拿到高铁入场券的喜悦之情跃然纸上。

2.5.5 反对"合理想象"

合理想象是指从已知的事实去推测没有采访到或无法采访的可能发生的"事实"或存在的"思想"，并作为事实来报道。这是新闻编辑为了追求新闻的完美性与可读性，从已知事实出发，以常理进行推测的一种写作手法。因为是从结果进行推导，所以带有几分真实性，所以将其称为"合理"的想象。

在新闻领域中，新闻要求客观真实。既然是"合理"的想象，就难免会出现主观倾向，产生与事实不符的推测，如想象人物的心理活动、推测事情的细节以及没有目击者的场景等。这些想象会影响新闻的真实性和客观性，为其添加一层主观色彩，造成"客里空"现象，这对新闻来说是不利的。

小提示

"客里空"现象讲的是苏联1942年出版的剧本《前线》中的一个前线特派记者，他不上前线，不深入部队，每天待在前线总指挥部里，信口开河、弄虚作假，"创造"新闻，引起了新闻界的热议，因此反"客里空"是新闻写作的一贯要求。而合理想象最大的问题就是会与事实有出入，这违背了新闻对真实性的要求。

例如，《宁波日报》的记者谢健曾经在《杜绝"合理想象"——从追踪采访中国"网姐"陈帆红看人物报道的真实性》一文中对"合理想象"表达了反对意见。一方面，谢健提出不少媒体在对宁波残疾姑娘陈帆红的采访报道中，经过"合理想象"，写陈帆红患病时痛得"天昏地暗""如刀割般"，其"父母终日以泪洗面"，而实际上，这种痛感的描写经过了新闻编辑的加工。另一方面，谢健表示"陈帆红的父母都是宁波大学的教授，为鼓励女儿战胜病魔，虽然内心无比担忧和牵挂，但表现得非常坚强"。谢健对"合理想象"表示了强烈的反对，要求加强新闻编辑的职业道德教育。

 思考与练习

1. 新闻的结构主要包括哪几个部分？

2. 新闻标题可以分为哪几类？

3. 什么是概述式导语？请举例说明。

4. 主体的写作要求有哪些？

5. 背景材料有哪些类型？

6. 什么是展望式结尾？请举例说明。

7. 新闻语言的要求有哪些？

8. 新闻材料的获取来源有哪些？

第3章
不同文种新媒体
新闻的写作

　　新闻是一种记录事实、传播信息的文体，与传统新闻一样，新媒体新闻作为新闻在互联网和信息技术环境中的一种表现形式，可根据新闻报道的时间差、反映的内容等标准划分为不同的类型，包括消息、通讯、新闻专访、新闻特写、深度报道、民生新闻、会议新闻与现场短新闻等。不同文种的新媒体新闻在具体写法上有所差异，掌握不同新媒体新闻的写作方法，是新媒体新闻编辑的基本功。

3.1 消息和通讯

消息和通讯都是新闻中常见且经常使用的体裁，用于传播新鲜事件、做典型报道。但二者也有诸多不同之处，如消息讲究时效、简明扼要、一目了然，有的（如消息中的简讯）甚至无须提炼主题；通讯只有提炼出主题，才能有效行文，其取材较为全面完整，讲究结构变化，富有文采等。新闻编辑需明确掌握这两种体裁，并认识其区别。

3.1.1 消息

消息是新闻报道中的重要体裁，主要是从国内外新近发生的事件中选择有社会意义的、受众最想知道或应该知道的事实进行报道。消息的内容精练、主题突出、篇幅简短，是目前新闻报道广泛使用的形式。

小提示 | 消息是一切新闻报道形式的基础，现代其他一切新闻报道形式皆由消息衍化而成。

1. 消息的特点

消息一般具有短、平、快、活和新5个方面的特点。

◆**短：** 消息内容要简明扼要，尽可能地用少量的文字将重要的信息表述出来，这种写作方法更符合当前"快阅读"的时代特征。

◆**平：** 消息语言要平实朴素，不要添加过多的华丽辞藻进行修饰，以免消息看上去华而不实。

◆**快：** 消息发出的时间和事件发生的时间间隔很短。不管是传统新闻写作，还是新媒体新闻写作，都要保证快，以在众多竞争对手中抢占先机，率先获得受众的关注，这样新闻才不会因变成旧闻而失去报道价值和更高的点击率。

◆**活：** 消息写作要从实际生活入手，这与消息语言"平"的特点是相契合的。

◆**新：** 消息报道的事件可以是新近发生的，或没有被报道过的新消息，也可以是已经报道过，但从不同角度挖掘出了新的一面的事件，总之要足够新鲜，能为受众带来新鲜感和使其产生阅读兴趣。

消息的短、平、快、活、新并不意味着虚拟编造，而是一定要在事实的基础上进行加工创作。因此在保持这些特点的同时，一定要确保消息的真实性。

2. 消息的分类

根据不同的划分标准可以将消息划分为不同的类型。按消息内容的长短分类，可以将其分为长消息、短消息、一句话新闻、标题新闻、简讯等。按消息报道对象分类，可以将其分为人物新闻和事件新闻等。按消息的内容分类，还可以将其分为事件性新闻与非事件性新闻。消息的分类很多，其中按写作体裁与特点划分出来的述评消息、经验消息、动态消息和综合消息4种类型的消息比较常见，下面分别介绍。

事件性与非事件
性新闻

（1）述评消息

述评消息又称新闻述评或记者述评，其是一种边缘体裁，介于新闻报道和新闻评论之间，兼具两者的优势，是边叙边评、夹叙夹议的消息类型。述评消息以报道新近发生的事实为基础，以剖析、评论事实的原因和本质为目的，当新闻编辑感到单纯地报道客观事实不能满足受众需要或难以达到自己目的时，可以通过新闻述评分析某些形势、事实、问题、思想倾向并据此发表自己的意见与看法。写作时通常既报道新闻事实，又会对新闻事实的性质、特点、发展前景等做出阐述和评价。这一消息形式常见于重大事件、重大工作或重要活动的盘点与总结中，记者来信与采访札记都是述评消息。

与其他要求客观的新闻不同，述评消息虽然事实叙述多于评论，但是它有很强的评论色彩，以评为本，利用述评结合的方式表达作者的观点，能起到引导舆论的作用。当然，要注意的是，任何评论都要建立在典型事例、真实材料的基础之上。

范例

记者来信 | 文明参观，才是博物馆的正确"打开方式"

数万张门票几分钟内全部抢空，等待验票的观众在入口排起长龙，熙熙攘攘的人群只为一睹文物真容……正值暑期，各大博物馆迎来参观高峰，随之引发的文明参观话题受到社会关注。

怎样的参观才是文博场馆的正确"打开方式"？博物馆在引导观众文明参观方面做了哪些尝试？记者进行了采访。

中国国家博物馆日前发布文明参观须知，对观众参观行为进一步细化规范。中国国家博物馆安全保卫部负责人表示，文化殿堂呼唤文明参观。为更好满足观众日益高涨的观展需求，为参观者提供良好的观展体验，国博近期多措并举，包括优化预约方式、规范研学活动、加强监管力度等。

记者了解到，发布文明参观须知在文博场馆中属于常规动作。国内各地各级博物馆都有相关规定，提醒观众文明参观。如中国共产党历史展览馆要求"衣履不整者（袒胸赤膊、穿拖鞋等）谢绝入馆"；苏州博物馆提示"请勿高声谈笑、接打电话"；湖北省博物馆提醒"不要在展厅内玩耍嬉闹"等。

博物馆作为文物收藏重地，安全保护是重中之重。举例来说，穿拖鞋入馆，如不慎滑倒不仅会有受伤风险，也会威胁到放置展出的文物安全。就参观体验而言，观众穿着合适的服装、鞋子会更加安全舒适。

同时，博物馆是提供公共文化服务的重要平台，这要求观众参观时遵循公共场所基本礼仪。暑期中，博物馆未成年观众较多，参观者穿着得体、仪容整洁，保持安静、遵守秩序，也是潜移默化引导未成年人树立文明参观理念的一种方式。

文化和旅游部近日发布的暑期文明旅游提示也提醒游客：在场馆内参观不大声喧哗、不违规饮食，遵守拍照摄像规定；遵守旅游场所规定，服从工作人员疏导指引等。

博物馆是保护和传承人类文明的重要场所，具有明确公共属性，参观博物馆本该有规有矩、严于律己。始终遵守秩序、心怀尊重、文明得体，才是博物馆的正确"打开方式"。

点评： 这篇消息以当前受到社会广泛关注与热议的博物馆文明参观话题为事实基础，结合各博物馆发布的文明参观须知，以及文明参观对受众和博物馆的好处，展开叙述和评论，阐释文明参观的重要性，表达了作者对文明参观的支持与号召，是一篇典型的述评消息。

对新闻评论的定义，学术界提出了多种见解，如"新闻评论是当代各种新闻媒介普遍运用、面向广大受众的政论性新闻体裁"（王振业、李舒《广播电视新闻评论》）；"新闻评论是新闻体裁中的重要一类，它表达人们对新闻事件的判断，对由新闻引发的各类社会问题的思考"（马少华《新闻评论教程》）。相比许多报道偏向还原事件，新闻评论注重揭示事件本质，挖掘事件的底层逻辑、背后真相等，体现思想性与主观性，社论、专栏评论、短评、评论员评论、述评等都属于新闻评论。例如，人民网发布的带"人民网评"关键词的文章，就是典型的新闻评论。

范例

人民网评中学以买平板电脑定分班：不能只是退钱了事！

据中国政府网消息，自2020年秋季学期开始，云南省普洱市一所中学以是否购买平板电脑为依据，将新入学的七年级学生分为智慧班和普通班，要求14个智慧班的719名学生按照5800元/套标准购买平板电脑、配套设备及资源服务。目前，云南省政府第一时间成立整改工作领导小组，立即组织开展核查。普洱市责令停止违规行为，清退全部收费。

义务教育阶段，学生理应享受平等受教育的权利。打着教育信息化的旗号，以是否购买校方指定的平板电脑为标准进行分班，就是校方在利用自身地位进行"强买强卖"，完全违背教育的初衷，这种方式已不是简单的"吃相难看"足以形容。

义务教育具有公益性和免费性。我国义务教育法明确规定，实施义务教育，不收学费、杂费。且不说开展信息化教学，平板电脑作为教学工具本就应该由校方提供，即使需要学生及其家庭配备相关设备，只要其所购买的平板电脑符合标准，去哪买、买什么品牌和型号，学生及其家长作为消费者都有自由选择的权利。据悉，普洱市有关部门已督促该校向719名学生退还了全部违规收费，合计244.46万元。如此庞大的金额，说明此前该校并未充分理解义务教育的内涵，其做法有悖义务教育公益性，同时也加重了学生及家长的经济负担。

更何况，校方不惜以此低级手法变相强制学生和家长购买平板电脑，背后所谓校企合作牵涉的利益不可忽视，是否存在利益输送，还需给公众一个详尽的答复。

类似事件不能只是"造成不良社会影响"才被"特事特办"，采购物资所谓尊重家长和学生的意见，也不能停留在原则性表述上。退钱不是终点，其中的校企合作存在什么问题必须追问，类似的校企合作必须杜绝。

点评： 这篇新闻评论使用夹叙夹议的手段，以评论为主，针对买平板电脑定分班一事做出评析，着力于挖掘出事件背后的真相，并做到了讲明道理、发表评论、直抒胸臆，具有鲜明的主观色彩，表明了党和政府对一些重要问题的立场和态度，对引导舆论有重要作用。

（2）经验消息

经验消息也指典型新闻，其是对某一部门或某一单位贯彻党和国家的方针政策的典型经验或成功完成某方面工作的典型经验进行集中报道，以典型经验来反映普遍意义，发挥经验的启发和指导作用。现实生活中有很多经验和做法是在客观的经验条件下产生的，因此新闻编辑在写作此类消息时，要交代事件的背景和条件，体现消息的指导性，而不要片面概述。例如，某新闻编辑针对某地社区的成功建设，撰写了一篇总结学习的新闻报道，报道中首先总结该地城乡社区建设管理的经验，然后归纳从中得到的启示，最后结合本市实际情况提出本市的具体措施。

范例

丽水龙泉林业数字化改革蹚出发展新路

"感谢你们，没想到这么快就把我们的矛盾解决了。"不久前，丽水龙泉市竹垟畲族乡山溪口村七组和十组的村民，因夫人岗山片权属问题产生纠纷。竹垟畲族乡林业工作站工作人员借助"益林共富"应用里的数字化权属落界功能，通过卫星遥感影像图进行指认，很快确定了争议山片的权属，解决了纠纷。而在以前，面对此类纠纷，工作人员要通过实地勘察来确定权属。

记者近日从龙泉市林业局获悉，在国家林草局印发的《林业改革发展典型案例》（第四批）名单中，该市"益林共富"多跨场景应用成功入选。据悉，该项目着重打造"权属落界、经营流转、产业链动、资源管理、林区安全"五大核心业务场景，利用数字化走出一条"生态保护、林农致富"的双赢新路。

"通过建设运行'益林共富'多跨场景应用，有效解决了林业长期存在的权属界址不清、林地流转不畅、林农增收缓慢、林企活力不足等问题，不断将林业数字化改革向广度和深度推进。"龙泉市林业局相关负责人介绍,该应用以林长制为抓手,自2021年起进行开发,纵向贯通省、市、县等7个层级,横向联动财政、公安等17个部门,实现林业内部数据、应用整合及多部门跨领域系统的无缝对接,目前还在不断迭代升级中。

龙泉是浙江省最大的林区县(市)之一,森林覆盖率达84.69%。针对林业长期存在的权属界址问题,龙泉从2018年就开始探索数字落界技术,创新开发数据采集APP,建成了"图、表、册一致,人、地、证相符"的林权数字化管理系统,目前已完成该市199万亩林地的落界工作,也因此方便了公益林补偿资金的发放。2023年以来,龙泉发放公益林补偿资金7364万元,补偿面积178.11万亩。

点评: 这篇新闻对浙江省龙泉市利用"益林共富"多跨场景应用解决林业长期存在的权属界址等问题的先进工作经验进行了报道,展现了龙泉市在数字落界探索上的优先经验,其工作经验对林业山片权属争议的解决有指导意义,是典型的经验消息。

(3)动态消息

动态消息也称纯新闻,是一种报道量大、时效性强的消息类型,它能及时、准确地报道国内外正在发生或新发生的新闻事实,反映国内外在社会、经济、政治、外交等多方面的新事物、新情况,同时也是很受大众欢迎的一种新闻体裁。动态消息包括即将发生的事实预告、正在进行中的连续性报道,文字简短、内容单一,其中简讯、简明新闻等都是动态消息中的常用类型。图3-1所示为人民网在微博上发布的动态消息。

图3-1 | 动态新闻

"【 】"符号内的内容为消息标题,后面则是消息主体,主要是针对迎接抗美援朝烈士回家这一事件的即时、简短的报道。虽然篇幅短小,但基本包含了本次事件的重要消息,能满足受众在高密度信息环境下的阅读需求。

（4）综合消息

综合消息也称综合新闻，是围绕一个中心，把不同地区、不同战线、不同部门的同类情况，综合起来并加以报道的一种消息。该消息可能是不同时间、空间中的某一事件或情况，但其能够反映出全局的情况、动向、成就和问题。综合消息信息量大、影响广，因此新闻编辑在写作此类消息时既要有典型事例，又要纵观全局，做好"点面结合"，使多个典型事例共同反映同一主题。例如，国庆节期间，综合报道不同日期、不同地区的景区旅游人数以及旅游路况，这种反映国庆节期间的旅游盛况的新闻报道就属于综合消息。

范例

温暖中国2023｜中国人团结互助的精神刻在骨子里

在困境中守望相助，在风雨中同舟共济，中国人团结互助的精神是刻在骨子里的。事实一次次证明，面对困境和挑战，每个人都可能挺身而出，每个人都是"平凡英雄"。一起回顾这一年带给我们的温暖和感动！温暖中国2023，感谢有你！（图3-2所示为该消息中的部分视频截图）

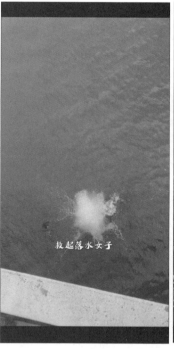

图3-2｜视频截图

点评：这篇消息以"中国人团结互助的精神刻在骨子里"为主题，通过视频综合展示了多个典型事例，如：抗洪抢险；路过的民众群聚而上，把发生车祸翻转的小车翻正；小学生放学路上帮老人推车上坡；外卖小哥跳下12米高桥救落水女子；铲车逆流而上救被困人员……以小见大，展现中国人骨子里的团结互助，揭示每个人都可能会在他人陷入困境时挺身而出，成为"平凡英雄"。

综合消息可分为横向综合消息和纵向综合消息两种。横向综合消息是把同一区域和主题下，能够反映出共性的新闻事实综合起来，反映全局性的综合报道，其写作结构是总分式的，内部的新闻事实之间多为并列或并排结构。而纵向综合消息是对不同时间中呈现出来的不同的状态和面貌进行报道，以揭示事物的发展变化。新闻编辑在写作综合消息时，既可以写作横、纵向综合消息中的其中一种，也可以将横、纵向综合消息结合起来写作，既表现空间的广阔性，也展示时间的延续性。

3. 消息的结构

一条完整的消息通常包括标题、新闻头（如××讯/电）、导语、主体、背景、结尾（顺势而行，不画蛇添足）。但在具体结构的安排上，则有不同形式。

（1）倒金字塔结构

倒金字塔结构把事件的高潮、最重要的和最有新闻价值的内容或情节放在消息的开头，然后在后面的段落里添加细节，按写作内容的重要程度将整篇消息划分为图3-3所示的层次。其中正文中最精彩内容为对导语内容的详细说明，稍次要、次要或次次要内容多为与导语相关的直接背景、导语中未说明的事实或其他补充材料等。

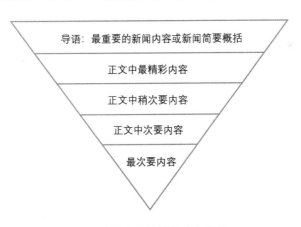

图3-3 | 倒金字塔结构内容安排

倒金字塔结构起源于美国南北战争时电报的运用。在美国南北战争期间，电报业务刚开始出现，由于电报技术上的不成熟和军事行动上的临时性，很多稿件都不能完全传送出去。后来记者便调整发稿策略，将最重要的内容（战况的结果）写在最前面，后面的内容就按事实的重要性依次写作。直到1880年，导语在新闻写作中开始普遍使用，倒金字塔结构也随之应运而生。倒金字塔结构的优点和缺点如表3-1所示。

表3-1　倒金字塔结构的优缺点

结构优缺点	具体体现
优点	① 便于新闻编辑快速写稿 ② 便于新闻编辑快速编写标题 ③ 便于新闻编辑排版，如果需要压缩版面，可以从后往前删除不必要的内容 ④ 可以快速吸引受众的注意，并让他们在较短的时间内获取较多的信息
缺点	① 写作模式化，缺乏文采，很难写出新意 ② 信息在标题、导语和主体中的接连展示，可能会让受众产生重复感 ③ 主要内容集中在开头，结尾比较无力，有"虎头蛇尾"之嫌

倒金字塔结构打破常规，按内容的重要程度写作，因此新闻编辑写作时要注意保持段落、句子在逻辑上的连贯性，讲究"由重及轻"，但也不要让后续内容显得微不足道，同时也要保持事件过程的精简。在倒金字塔结构的经典范例《刘邦出席宴会险遭刺杀》中，作者就将这一写法发挥到了极致。新闻编辑在写作这种结构的消息时，要注意编写一个能说明主要内容的新闻标题，然后展示主要信息，再补充细节材料，如事件是如何发展的、结果怎样等，将细节材料和背景材料表述清楚。

倒金字塔经典
范例

范例

长城国家文化公园建设经验交流活动举办

日前，长城国家文化公园建设经验交流活动在绥中县东戴河新区举办。本次活动以"建好用好长城国家文化公园"为主题，旨在交流长城文化价值发掘和文物遗产保护传承的有效做法，分享推进长城国家文化公园建设的积极经验，进一步凝聚共识、坚定信心，汇聚起建好用好长城国家文化公园的强大力量。

交流活动中，与会人员共同观看了长城国家文化公园（辽宁段）专题宣传片，进行了长城国家文化公园建设经验分享和主题精品旅游线路推介，举行了长城国家文化公园新媒体矩阵成立仪式。相关专家学者围绕长城国家文化公园建设进行了圆桌对话和专题演讲。活动期间，与会人员还实地调研了绥中九门口水上长城、绥中长城博物馆、姜女石遗址。

据了解，本次活动由文化和旅游部资源开发司指导，辽宁省文化和旅游厅、中国旅游报社、中共葫芦岛市委、葫芦岛市人民政府共同主办。文化和旅游部资源开发司二级巡视员白四座，中国旅游报社党委书记、社长徐行，省委宣传部副部长焦万伟，省文化和旅游厅党组书记、厅长刘伟才，市委宣传部部长、一级巡视员冬梅出席活动。（记者潘坛）

点评：这篇消息首先用标题概括这则新闻的主要内容，然后在第一段的导语部分陈述重要事实材料，第二段对事实展开叙述，介绍整个主题交流活动的过程，第三段继续补充材料，介绍活动主办方和重要与会人员。这篇消息结构层次分明，按照由主要到次要的顺序展开，是一篇经典的倒金字塔结构消息。

（2）正三角结构

正三角结构也叫作时间顺序结构，或顺序法，它按照事情的时间先后顺序进行叙述，先发生的放在前面，后发生的放在后面，事件的开头就是新闻的开头。正三角结构的优缺点如表3-2所示。

表3-2　正三角结构的优缺点

结构优缺点	具体体现
优点	① 对新闻编辑来说，构思方便，容易下笔 ② 行文自然流畅，情节脉络清晰，故事性强 ③ 按顺序写作，可以引导受众思维，带动受众感情 ④ 对写作目击性新闻或人物新闻来说，这种结构更占优势
缺点	① 若篇幅较长，难以出众 ② 开头比较平淡，写不好很难吸引受众

如下所示为界面新闻在微博发布的消息，该消息从事件起因讲起，到消息发布时的最近进展截止，其时间顺序特征明显。

（#长安汽车回应入股华为车BU#【长安汽车最新回应：网传入股华为车BU信息"不属实"】#长安汽车否认入股华为车BU#11月23日，网传长安3000亿元入股华为智能汽车解决方案BU，当日长安汽车股价一度逼近涨停。今日（11月24日），长安汽车战略规划部门负责人向记者表示，长安汽车与华为已建立战略合作，双方在阿维塔、深蓝汽车上均有深度合作，但网络流传信息与事实不符。（第一财经）

（3）沙漏结构

沙漏结构也可称为倒正金字塔，是倒金字塔结构和正三角结构的结合，其开头遵循倒金字塔结构，以较为新鲜的事实，引出新闻主题或重点，然后按照正三角结构，即时间顺序叙述其余内容，这样既能立刻吸引受众的关注，又能保持受众了解事件发展过程的兴趣。其结构优缺点如表3-3所示。

表3-3　沙漏结构的优缺点

结构优缺点	具体体现
优点	① 开头给出重要内容，能吸引受众眼球 ② 按时间顺序叙述内容，增加了消息的故事性
缺点	① 后文按时间顺序叙述的内容与开头提到过的关键信息会有重复 ② 篇幅较倒金字塔结构长

例如，第八届"中国新闻奖"的优秀作品《夏收何必搞仪式，小麦未熟遭剃头》在导语部分通过"未成熟的小麦"被收获的奇怪现象，既揭示了主要的新闻事实，又借事件的矛盾性制造悬念，引人入胜。接着，在主体部分便按照时间顺序，生动地阐述了事件发生的过程及背景。

范例

成都老人雨夜错过公交独坐地铁口，民警打车送她回家

"警官，我不麻烦你们，我就在这坐着，等天亮了再回去。""婆婆，你放心，今晚无论如何我都要送你回家。"这段发生在3月15日深夜的对话，让无数人为之动容。

3月15日晚9点30分，天空飘着绵绵细雨，成都龙泉驿区地铁站D出口处，一位老人独自坐在地铁口，迟迟未动。

成都轨道巡逻民警钟凌带领辅警谭小川巡逻此地时，发现了这位老人。钟凌顺便问了一句："婆婆，你是准备坐地铁回家还是躲雨呢？"钟凌说，看到老人身边放着一个小推车，里面装满了东西，"如果是坐地铁，就帮您把东西提到站台。"

"哪个坐地铁哦，我在躲雨，家都回不到了。"老人的回答让钟凌疑惑。经过详细询问，钟凌了解到，老人姓温，独自住在洛带镇，经营着一个小铺子，白天曾到城区进货。

"对面可以赶公交车的嘛，直达洛带。""最后一班车已经走了。"原来，温婆婆因为采购错过了最后一班公交，平日节省的她，又舍不得花钱打的，于是打算在地铁口坐一个晚上，第二天赶早班车回去。

"婆婆，你在这坐一个晚上，要是生病了怎么办？"钟凌提醒道。温婆婆表示没关系，但在钟凌的建议下，温婆婆还是拿出手机，给家属打了个电话。

由于有执勤任务在身，钟凌带着辅警巡逻别处去了。回到警务室，不放心的钟凌想通过监控看看温婆婆有没有被家人接走，结果发现她仍然坐在那里。

钟凌再一次前往站口，找到温婆婆。此时地铁口人已经很少，外面温度骤降，温婆婆解释："联系了，儿子太远，接不到我。"温婆婆告诉钟凌，等地铁关了，自己就去外面坐。

看着善良的温婆婆，钟凌笑了，说："婆婆，你放心，今晚无论如何我都要送你回家。"钟凌向上级汇报征得同意后，随即叫了一辆出租车，安排辅警送温婆婆回家。

上车前，钟凌叮嘱司机车费由辅警出。在辅警陪伴下，温婆婆最终平安到家。回忆一个星期前的这段小插曲，钟凌说，自己家里也有老母亲，"这也是我的职责所在。"

点评： 本篇消息的开头用一段对话来抛出事件重点，吸引人的关注，然后按照时间顺序按事件的发生、发展、高潮、结尾依次叙述，是典型的沙漏结构。

（4）并列式结构

并列式结构把众多主要事实并列起来叙述，比较适合报道事实各部分重要性相等或相

似的新闻，多见于公报式新闻。并列式结构的消息开头为一段导语，随后几段中的内容基本都是并列关系。例如，中新网杭州在清明节期间发布了一篇名为《"朋友圈"中的清明小长假：有情有味 有故乡远方》的新闻，该篇新闻开头概述互联网时代人们利用朋友圈抒情达意的事实，接下来便从朋友圈中寄思缅怀、家乡味道、旅游情况3个方面分别讲述清明节期间的国人百态。

（5）散文式结构

散文式结构是指在消息写作中适当吸收散文写法的一种结构形式，其写作语言轻松优美，可读性强，结构灵活，自由度和思想性高。其写作方法为：在消息开头先简单描绘有关场面、情景、气氛、色彩，或即兴抒发见闻、感触，或引发受众的联想，激起受众的兴趣；然后，有节奏地和盘托出新闻事实。这种结构使消息行文更具变化，能有效触达受众。例如，下文是《工人日报》发布的某篇新闻的首尾段落，两段都采用散文抒情性的语言描述，突出了驻村工作队精神的可贵以及其对当地的影响力。

阳春三月，新疆维吾尔自治区总工会驻村工作队与村民一起走进田间地头植树造林、浇水施肥，使南疆托格拉克村发生了不少变化。而发生在这里的一件件暖心事，更让工作队感受到村民对党的惠民政策发自内心的认可。

很快，村里很多村民加入渠道修缮、清淤的队伍中来，大家你一铲、我一锹，还有的拔着渠中的杂草，有条不紊地忙碌着……

望着眼前一片繁忙的景象，工作队队员们纷纷感叹：托格拉克的春天一定会更美好。

3.1.2 通讯

通讯是综合运用描写、议论、叙述、抒情等多种表达方式，对新近发生的新闻事件、典型人物以及各种有价值的客观事实进行生动、具体报道的一种新闻体裁。

1. 通讯的特点

通讯的特点主要表现在以下4个方面。

◆**生动性：**通讯的文学色彩较强，表现形式多样化，能表述细节、再现现场，立体化和现场感强，十分生动。

◆**现实性：**同消息一样，通讯要求报道新近发生的有意义的事，如新时代下涌现出来的新人、新事、新经验等，这样既能紧密配合当前形势，为现实中心工作服务，又能迎合受众了解新事物的好奇心。

◆**感染性：**通讯常采用叙述、描写、抒情、议论相结合的手法，要求对人、对事进行较为具体的描写，人物要有音容笑貌，事件要有始末情节，可以使用第一人称等，以贴近受众，增添亲切感。

◆**完整性：**通讯报道的内容比较详尽，能充分展开情节，报道事情的起因、发展、经过，其材料丰富、内容完整具体。

2. 通讯的分类

通讯可以分为人物通讯、事件通讯、工作通讯和概貌通讯4种。

◆**人物通讯：**以表现人物为中心，从不同角度反映一个或多个人物的事迹、思想和精神的报道。一般通讯报道的人都具有典型性和先进性，值得学习或称颂，新闻编辑在写作时要注意从人物的行动、语言、典型细节和心理等方面来刻画人物。

◆**事件通讯：**以记写事件为中心，重点描绘现实社会生活中带倾向性和典型性的重大事件，这类事件既可以是正面的、积极的，也可以是反面的、令人反思的，要具备教育意义。人与事常常密不可分，因此写作时也要写好关键人物。

◆**工作通讯：**以报道某单位、部门先进工作经验或某项工作的成就和存在的问题为主要内容的通讯，又称经验通讯。其针对性、指导性较强，新闻编辑在写作时要运用好背景材料，契合现实工作需要，且叙述、议论配合，有理有据。

◆**概貌通讯：**反映社会生活、风土人情、自然风光，以及某一地区、某一行业、某一部门、某项工程发展变化的新面貌等的报道，它能反映国内外各方面的新气象或对新现象、新问题进行探讨。这类通讯取材广泛，气势大，常使用今昔对比和横向对比等反映新的概貌，给人以完整深刻的印象。

小提示　按照通讯形式，通讯还可以分为故事、特写、工作综述、专访、侧记、见闻、札记、速写、散记、巡礼等。

范例

加速、翻滚、急速坠落 他把操场变"机场"

操纵自己设计制造的小型穿越机在学校穿行，会是什么样子？（附短视频）这样的场景，在一所乡村学校里，每周都会上演。

张振宇是湖南宁乡沩山乡九年制学校的一名老师，在他的带领下，学生们设计制造小型穿越机，让学校操场变成了"机场"。如今，不少学生在调试、操纵飞机的过程中，都萌生了飞行梦想。

01 把航模课带到乡村学校　他将校园操场变成"机场"

在沩山乡九年制学校，每周有两次航模课。针对不同年级的学生，张振宇设计了不同的教学内容。

他给小学部学生讲课时，几名初中部的学生在教室后面组装起了三角翼飞机。粘胶水、拧螺丝、调试机翼，大家的每个动作都格外小心。

理论讲解完成后，张振宇带着学生们来到操场，准备进行试飞实操。这里，也被他笑称"沩山机场"。小学部的孩子们排队练习投掷无动力滑翔机,初中部的学生则要第一次试飞遥控飞机。

起初,飞机飞行姿态不错,但在拐弯时失去控制,撞向地面。首次试飞失败完全在张振宇的意料之中,大家一起分析事故原因、修理飞机。

第二天下午,学生们带着修好的飞机,又来到"沩山机场"。这一次,飞机在操场上空平稳地盘旋,试飞成功。

02 自学制作航模 点燃学生对科学的兴趣

2017年,张振宇在湖南第一师范学院结束了六年的委培生学习生活,被分配至宁乡西部山区龙田镇的龙田初级中学。那时,张振宇身兼三个班的物理老师、两个班的化学老师,偶尔还要客串音乐、体育老师。老师们铆足一股劲,要把学校的教学质量搞上去。

工作一年后,学生们的成绩上去了,新的担忧又出现在了张振宇的心里:"越教越发现学生没有自主思考、自主发现问题及解决问题的能力。同学之间也不会共同商讨。"

2018年,一次偶然的机会,张振宇得以到北京参观航模课程。一系列完整规范的教程,让他很受震撼。张振宇表示,对乡村孩子而言,科技创新方面的教育非常遥远,但他依旧很想把科技带进乡村校园。

从那时起,张振宇一头扎进了航模研究当中,开始自己动手制作飞机。没有图纸,就在网上借鉴别人的设计;要调整参数,就自学编程软件。

很快,张振宇拿到了航模操作证,并向相关部门备案,开始带着学生们放飞他自制的一系列航模。从无动力纸飞机到无线电遥控飞机,张振宇的航模课让龙田初级中学的孩子们大开眼界,也点燃了很多学生对科学的兴趣。

2022年底,由于工作调动,张振宇来到沩山乡九年制学校。从一个山头到另一个山头,他行李箱里装的,大部分都是飞机的零部件。他说,要把自己摸索出的航模课程,带给更多的乡村孩子。

03 "希望这方小小的航模天地里 能走出真正的'中国机长'"

省钱、找钱对张振宇来说,一直是最头疼的事。航模教室里的桌椅都是淘汰下来的旧物,绝大多数经费都用来购买飞机耗材和部件。

这些年,在学校和爱心人士的支持下,航模社团的硬件设施不断完善,张振宇又把目光瞄准了高难度的飞控系统设计。

加速、翻滚、急速坠落。张振宇和伙伴们一起研发的飞控系统,能够完成绝大部分高难度飞行动作。飞控系统不仅得到了很多飞手的认可,还正式获批了国家专利。张振宇表示,我们使用自己设计的飞控系统,成本降下来了,学生在飞行过程中也没有太大的操作压力。

从最简单的滑翔机,到复杂一些的橡皮筋螺旋桨飞机、装配电机的遥控飞机,再到可以戴着超视距眼镜操控的FPV(第一人称主视角飞机)……几年时间,张振宇制作了大部分能自主制作的飞机类型。

除了自制航模飞机，张振宇还带着学生参加科创类大赛，这群山里孩子接连斩获省、市航模大赛的大奖，并成功申请了3项国家专利。

作为一名住校老师，张振宇习惯于熄灯前去寝室里和学生们聊聊天。在张振宇的影响下，不少学生萌生了飞行梦想。张振宇表示，自己希望这方小小的航模天地里，能走出真正的"中国机长"，更希望这些大山里的孩子，能像他们制作的飞机一样，在梦想的天空中自由翱翔。

点评： 这是一篇人物通讯，该通讯通过对人物行为、语言、心理描写和细节进行大量刻画，塑造了一个有梦想、有创造力、有行动力和有责任心的优秀教育工作者形象。

3. 通讯与消息的区别

通讯和消息虽然都对事件的真实性和时效性有要求，都能全面深入地报道事情的来龙去脉，但也有不同之处，主要表现在以下6个方面。

◆ **篇幅：** 通讯虽然也要求短、快，但其对时效性的要求低于消息，叙述也更多，因此一般篇幅较长；而消息则比较简短，要求内容简明扼要、干净利落，一则消息短则一句话，长则百字或数百字。

◆ **形式：** 通讯标题通常讲究短、虚，多使用文学手法，意在言外，不采用3行标题形式，双行标题有破折号引领，且其写作讲究谋篇布局，有头有尾；消息的标题则形式多样，引题、主题、副题搭配使用，可实可虚，讲究一目了然，其结构多为倒金字塔，因此许多消息可以没有结尾就自然结束。

◆ **时效：** 通讯的时效性弱于消息。因为通讯对材料的要求更严格，其材料要比消息更加详细、生动、多样；此外，通讯因为更加强调报道的完整性，有时还必须等新闻事件有一个较充分的展示过程或等事件发展有一个阶段性成果后才开始写作，其采写时机需要更加成熟，所以通讯的发布自然就慢于消息。

◆ **表述：** 通讯虽以叙述为主，但语言上也可间杂描写及抒情、议论，且可以使用比喻、拟人、排比、反问等修辞手法，语言表现力强；而消息多用直白的叙述方法，语言简洁明快。

◆ **内容：** 两者内容的侧重不同，通讯报道的是有影响、有特点的人和事，要求搜集材料，选择更典型的事例，全面深入报道事件的来龙去脉，反映事件本质，重视情节和细节；而消息内容宽泛，大多是高度概括的报道，无须详述细节。

◆ **语言风格：** 通讯出于深入叙述的需要，可以使用第一、二、三人称，以及灵活运用描写、议论、叙述、抒情等手法，因此文学性比较强；而消息多以第三人称进行叙事，较少采用议论、描写和抒情，相比之下，其语言风格更显平实客观，新闻特征明显。

3.2　新闻专访、新闻特写和深度报道

新闻专访、新闻特写和深度报道是对新闻内容进行深化或专门报道的体裁类型，其写作会涉及细节内容，具有针对性，是新媒体新闻编辑需掌握的写作类型。

3.2.1　新闻专访

新闻专访是指事先确定好采访对象，然后由采访者针对人物、问题、事件等进行有目的的采访，再根据采访的对话材料编辑而形成的新闻稿件。新闻专访的重点在于"访"，它是由访问内容脱胎而成的一种文体，因此专访时一定要注重筛选好关于人物的采访内容。

1. 新闻专访的准备工作

一篇新闻专访，一般在做专访准备时就已经开始了，作为扎根于采访内容的新闻形式，新闻专访的准备工作的具体内容如下。

◆**确定采访的对象和主题：**专访非专人、专事不访，在访问之前，需要选择特定的对象，确定要访问的主题，明确自己的访问目的，做好访问策划，才能采访到更有价值的内容。

◆**预约采访时间、地点：**有些受访的当事人，可能会很繁忙或有对访问地点等的要求，或不同意接受访问，这时候要先做好预约，商量妥当，确保预约成功。

◆**了解背景资料：**在采访前了解相关的采访任务或事项，更有利于捕捉到采访重点，并使采访工作游刃有余。例如，采访某知名人士，要在网上或报纸杂志中搜寻关于采访对象的相关信息，如对方的兴趣爱好、生平、个人建树、曾被访问过的问题等，在了解对方背景资料之后，才能确定主题，从对方身上挖掘出有价值的信息。若关于对方的报道很多，要尽量避免与以往报道大面积重复，应该深入挖掘其他信息，寻找不一样的角度，这样才能让受众有新鲜感。

◆**列访问提纲：**采访者可以从各个方面多准备一些连续性的问题，以便顺畅地展开话题。只有确定好访问提纲，采访者才能更好地提问和发挥，知道哪些内容可以适度展开，哪些内容点到为止。但要注意，"访"是交谈，是真情对话，而不仅仅是简单的提问。

 访问提纲能发挥引导作用，不仅可以让采访者有条不紊地开展采访工作，甚至也能引导采访对象思考，说不定能打开对方的记忆阀门，引发一些新思想，从而得到一些不错的新信息。这也意味着采访者需随机应变，可以稍微脱离提纲，聊一些采访对象想表达的话题。访谈主要是双方的配合，所以采访者要学会随机应变，营造一个双方都感到轻松、舒适的访谈氛围。

专访写作组织

◆ **进行针对性访问：** 针对性访问是指采访者询问的问题是受众关注的、感兴趣的"特定问题"，是经过选择后选出来的侧重点。

◆ **准备实录：** 在专访过程中，为保证材料的本真，最好以采访者和采访对象的原始谈话为主要内容，并穿插现场和背景描述。专访必须为实录内容，杜绝编造和主观的猜测。

2. 新闻专访的写作要求

新闻专访具有新闻性、访问性和专门性，其写作立场鲜明，带有一定的感情色彩。了解新闻专访的写作要求，新闻编辑可以更好地组织稿件。

◆ **配合新闻消息：** 虽然新闻专访会独立出现，但其作为新闻报道的形式之一，本身也具备新闻的快、新等诸多特点，且经常配合新闻消息出现。例如，电影《长安三万里》热映后，关于导演的人物专访也开始多起来，在专访中会有很多关于电影《长安三万里》的相关问答，这就是专访与新闻消息的结合，如图3-4所示。

× ⋯	× 中国电影报 ⋯
专访《长安三万里》导演：这是我们写给大唐诗人的情诗	电影开场，唐代大家逐一登场，48首诗歌回荡全片，唐代诗人与现代导演之间，通过一部动画，形成了一种奇妙互文。《人民日报》评价"它是一记来自历史深处的回响"。谢君伟说，"这是我们的诗词，写给大唐诗人的诗篇"。
原创 梅紫 中国电影报 2023-07-11 20:02 发表于北京	
中国电影报 记录中国电影每一天	**01** **大唐无比恢宏** **不想单纯拍一部《李白传》**
文 / 梅 紫 编辑 / 刘珞琦 责编 / 杜思梦	在动画电影行业里，这家成立于2013年的动画公司，早年已显露出"志向远大"。在追光动画官网的主页上，它的"志向"被具象化描述："以匠人精神，创作具有中国文化特色和国际一流水准的动画电影。"
《长安三万里》上映首日，票房破亿。这部展现大唐风貌的国产动画电影，创下追光动画十年来首映日最好成绩。此前，这一纪录的保持者是《白蛇2：青蛇劫起》。	追光动画成立的十年间，的确从未离开中国文化，即便与美国华纳合拍，也是要讲"白蛇"的故事。2016年，追光启动加速带，以每年一部的速度推出新作，从以《白蛇》系列为主的"新传说"系列，到两部《新神榜》组成的"新神话"系列，追光构建的"中国神话宇宙"长久风靡着国产动
在导演谢君伟、邹靖的叙述里，《长安三万里》是一部受到先贤指引的作品。接受本报记者专访时，二人再次沉入与大唐诗人相伴的日日夜夜。交谈间脱口吟诵唐诗名句，已经嵌入了他们的语言模式，而每每提到李白、杜甫、王维、高适等唐代群	

图3-4 | 专访配合新闻

◆ **塑造现场感：** 现场感是指在采访者和被采访对象一问一答的记录过程当中，也要留意对周围环境和采访对象本身细节的描写，这样能使受众觉得置身于当时的情景之中，仿佛身临其境。

◆ **突出主题：** 专访的专门性意味着专访有独有的主题，因此在描写场景和人物时，要注意围绕专访主题进行，恰当地取舍场景和人物行为、动作等。

◆**突出采访者视角：**采访者作为专访中不可或缺的角色，往往能站在受众的角度去提出问题，描述被采访对象，掌握整个采访过程。这样的专访既能有效塑造人物角色，让其立体感更强，也能让受众更有代入感。

◆**写出谈话纪实：**纪实是专访的重要表现手法，因此在专访中要将访谈中的重点内容或有价值的内容记述下来，一般表现为对采访对象观点的记述和对其原句的引用，以及双方的问答对谈等。图3-5所示为人民日报海外版旗下微信公众号侠客岛采访《长安三万里》导演后撰写的新闻专访，其问答形式的对话内容即谈话纪实。

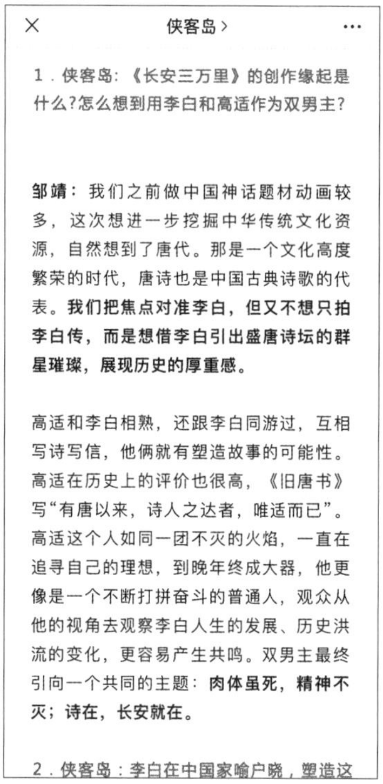
侠客岛＞

1．侠客岛：《长安三万里》的创作缘起是什么?怎么想到用李白和高适作为双男主?

邹靖：我们之前做中国神话题材动画较多，这次想进一步挖掘中华传统文化资源，自然想到了唐代。那是一个文化高度繁荣的时代，唐诗也是中国古典诗歌的代表。**我们把焦点对准李白，但又不想只拍李白传，而是想借李白引出盛唐诗坛的群星璀璨，展现历史的厚重感。**

高适和李白相熟，还跟李白同游过，互相写诗写信，他俩就有塑造故事的可能性。高适在历史上的评价也很高，《旧唐书》写“有唐以来，诗人之达者，唯适而已”。高适这个人如同一团不灭的火焰，一直在追寻自己的理想，到晚年终成大器，他更像是一个不断打拼奋斗的普通人，观众从他的视角去观察李白人生的发展、历史洪流的变化，更容易产生共鸣。双男主最终引向一个共同的主题：**肉体虽死，精神不灭；诗在，长安就在。**

2．侠客岛：李白在中国家喻户晓，塑造这

图3-5｜谈话纪实

◆**写好典型场景：**要想了解新闻事件或人物，就要写好采访对象典型的活动场景和事件进程，以及新的成果和发展等，典型场景的塑造会让事件、人物等更有立体感。

3. 新闻专访的各类型写作方法

新闻专访主要包括人物专访、事件专访、问题专访以及风貌专访，下面分别介绍各类型专访的具体写作方法。

（1）人物专访

人物专访是指对特定人物采访之后所整理出来的新闻文稿，其写作形式类似于小型报告文学，写作风格类似于记叙文，通篇以采访对象的言语、看法等为主，着重刻画人物形象和精神面貌。

范例

进退之间——专访中国男子佩剑运动员许英明

中国男子佩剑运动员许英明今年刚满三十周岁。

小学五年级时，他因个子高挑又活泼好动而被当时番禺区业余体校的击剑教练严国庆挑中。第一次站在剑道上，许英明内心充满了迷惑与崩溃：“当时（对击剑）完全不懂……我从练击剑的第一天开始就想过（放弃）。那时候刚离开家，想家但又不能给人看到，很丢脸。就偷偷地哭，哭完再回房间。过了一两个月，完全不想回家了，（因为）玩开心了。”

许英明还完全没有料到，眼前这陌生的面罩与剑，将会如此长久地与自己相伴。“是击剑选择了我，不是我选择了击剑。”他说。

但这一路走来，并非都是鲜花和掌声。

许英明成长过程中，经历了中国佩剑的黄金期。2008年，北京奥运会上，仲满夺得男子佩剑个人金牌，实现了中国奥运男子击剑金牌零的突破，与此同时，女子佩剑获得团体银牌。果决迅速、热血沸腾的佩剑比赛，给人们留下了深刻的印象。

创造巅峰的中国男子佩剑队"80后"一代退役后，以许英明为代表的"90后"一代成了中国男佩的中坚力量。全运会、亚锦赛、奥运会……他数不清自己参加过多少大小的赛事，而回忆起来，印象最深刻的是2016年国际剑联佩剑大奖赛莫斯科站。在那次比赛中，许英明一举拿下了男子佩剑个人亚军。

"因为我知道自己积分不够，参加不了里约奥运会，特别不开心。反正剩下最后一场大奖赛了，我就是上去玩。当你特别想要一个东西的时候，你特别（容易）做不好。但当我知道自己打不了奥运会的时候，就享受击剑、享受过程了。（那次）比之前打比赛放松一百倍，越打越胜，然后就打到第二了。那个过程我觉得是，原来吃了这么多苦，我也尝到了一些甜。那一次进决赛，真的很美妙，整个人兴奋到晚上也睡不着。"

而竞技体育的残酷性在于，多数较量的结果都难以以个人意志为转移。于对手、于自我、于时间，皆如此。

尽管尝过"轻装上阵"的甜头，但许英明坦诚自己还是"差一点突破"、总是"想赢、想太多"。三十岁的许英明，一如二十多年前，再度站上了人生岔路口，在进退之间寻找自己的机会。

一同训练、一起长大的队友们陆续退役，转向幕后或开启新生活；与此同时，大批新生力量奔涌而来，许英明坦然接受自己成了一名"老将"："每个小朋友或小队员都很想赢我、想冲击我、想把我的位置打下来，这是一个好的现象。等他们有了突破，中国击剑事业的发展也会有新的突破。"

"无论如何都不会离开击剑"的同时，许英明开始考虑新的人生方向。暂别运动员身份、以国家队临聘教练的方式辅助主教练，是他最近的尝试。"要敢打敢拼、要动脑筋，还要有强大的心态"，这些都是许英明心中值得传承下去的击剑精神。

此外，他还表示，自己仍会回到赛场上来，在成绩方面也依旧保留了目标："明年就是咱们家（举办）的亚运会，希望能拿个冠军。"

许英明用"格斗"与"芭蕾"来形容自己心目中的击剑："剑道上的格斗，不是谁把谁打趴下，而是在斗智斗勇间取胜。"而谈及"芭蕾"，他反问一句——"你不觉得击剑很美吗？"

击剑赛场上，每位选手都在攻守之间寻找自己的机会，大脑的瞬时决断与身体的条件反射都会影响比赛的走向；而在人生路口，三十岁的许英明也在进退之间不断印证着自己说过的话："每个人都有每个人的打法，每个人都有每个人的节奏。找到适合自己的东西就去做吧。"

点评: 该篇人物专访以采访对象的实际人生经历为中心编排文章,介绍了采访对象运动生涯的起始、重要的人生事件、当前现状和未来发展,并在整个过程中穿插其心路历程与见解,可以让受众对人物的经历和所思所想有深刻的了解,鲜明的人物形象跃然纸上。

（2）事件专访

事件专访是指为了澄清事件的真相或是专门记述某些事件的特殊意义而做的访问,主要通过采访事件的参与者、目击者来介绍关于事件的真相、前因后果,揭示事件的意义、价值,从而达到解决问题或突出事件效果的作用。

范例

当上公益岗网格员,进社区为居民服务——
一户困难家庭的就业故事

为安置零就业家庭、城镇大龄失业人员等困难群体,山东省青岛市市北区实施城镇公益性岗位扩容提质行动,逐一走访调研、精准安排岗位。最近,记者走进一户困难家庭,倾听他们的就业故事。

清晨,端上热腾腾的饺子,薛蕾和丈夫张发林扶父母上餐桌,两人闷头扒饭,吃罢,凑到二老耳边,提高音量道:"爸妈,你们慢慢吃,俺俩去上班!"

老人连连点头:"找这个工作不容易,可得好好干!"

薛蕾和张发林是山东省青岛市市北区延安路街道上清路社区居民。53岁的张发林患有严重的类风湿性疾病,无法干重活,老伴成了家里的顶梁柱,日子过得紧巴巴。

帮扶及时到来。2022年,青岛市市北区实施城镇公益性岗位扩容提质行动,主要安置零就业家庭、城镇大龄失业人员等就业困难群体,靶向式施策、精准化设岗、全过程把控、接续式提升,有力破解了就业困难群体就地就近就业难题。

"去年,俺俩通过招聘,一起上岗,加入了社区网格'小组',协助网格员服务邻里街坊。现在的日子,越过越有劲头!"薛蕾语调有力。

街道走访解难题
夫妻俩加入社区网格

"以前,每个月的20日,是我最愁的日子,因为那天是社保的银行扣费日。"回忆过往,薛蕾直言"太难了"。

两口子学历不高,年轻时张发林勤快,到处揽体力活,靠拉货、搬抬重物为生。但是,后来患上类风湿性疾病,身体大不如前,全家的重担就落到了薛蕾身上。

但是,人到中年,找份工作并不容易,没学历,只能四处打零工,赚点微薄收入养家糊口。"有时候工资发放还不及时。"薛蕾说。

张发林为了治病,没少求医问药,没了工作,中间社保断了两年,结果买药住院开销骤增，二人才体会到政策的优惠，咬牙自己缴纳社保。"俺俩选了最低标准，每个月一共2000多元，这都要东拼西凑。"她摇摇头，"那时候，日子过得没滋没味。"

去年，这个家庭迎来转机。为解决困难群体就业，去年4月，市北区人社局成立了工作专班，到22个街道逐一走访调研，研究开发公益性岗位，设置就业人才、垃圾分类、网格综合服务、文明创建等11类5720个城镇公益性岗位，并明确岗位类别、安置对象、安置程序以及待遇发放等政策措施，由街道、社区统筹管理使用。

不久，这条政策信息便在薛蕾手机上弹出，紧接着，延安路街道人社中心的电话也随之而来。"俺俩一听，还有这好事？报名试试呗。"她说，"没想到，真就成了！"薛蕾和张发林加入了社区网格"小组"，协助网格员开展工作。

不光成了，还有惊喜。按照政策，市北区要求严格围绕"选、用、管、育、评"5个环节，摸排上岗人员家庭情况、身体状况、能力特长及个人意愿，合理安排工作岗位，实现"人岗相适、人事相宜"。

上岗后，上清路社区党委书记姜捷了解到薛蕾两口子的家庭情况，将二人安排在家门口工作。"离家近，时间相对灵活，还能照顾老人，俺全家都欢喜咧，这样的日子有奔头！"薛蕾说。

时间灵活离家近
工作舒心干劲很足

咚、咚、咚……

7点多，薛蕾带上清洁工具，直奔聚仙路12号楼，敲响一户人家的门。这间屋子里住着姜老太，今年82岁，是老楼长，长期独居，血压高，存在健康安全隐患。借着扫楼的机会，隔三岔五，薛蕾都来敲门探望。

门响片刻，姜老太笑盈盈出来，见是薛蕾，眼睛越发成了月牙儿："嫚儿，来啦？"说着想拉她进屋。

"大姨，我不坐啦，打扫完还要巡逻呢！"薛蕾连忙解释。姜老太呵呵笑着："那好那好，注意休息。"

"市北区由于人口基数大，在基层治理方面人手紧张，城镇公益性岗位的安置正好弥补了这个短缺。"市北区人社局副局长武河峰说。

工作来之不易，从培训到上岗，薛蕾两口子格外卖力。上清路社区是个开放式老小区，常住居民4000多人，每个网格只有2~3名网格员，处理信息摸排、走访入户、便民服务等10余项工作，人手紧张。设置城镇公益性岗位后，社区增加了60多名网格服务人员。薛蕾和张发林包楼包户，每天打扫两个楼栋卫生、清理小广告、沟通邻里、维护楼道，天长日久，还成了邻里的"老熟人"。

上午，薛蕾和张发林穿行在居民区执勤巡逻，张发林脚下沉重，手眼却勤快。"这个活时间灵活，政府照顾咱，更得干好。"他说，"把社区当作自己家，就总有干不完的活。现在的生活很充实，我又有了用武之地！"现在，社区每周发布工作需求，夫妻俩总是第一个在群里报名。

姜捷说："这类公益性岗位的扩容为基层工作添了抓手，让居民服务更加细致，沟通渠道更加畅通，实现了促就业与优治理的'双向奔赴'。"

收入增加有社保
生活越过越有信心

在社区查看一圈，张发林略显疲惫，二人就近找到一间岗亭，推门而入，迎面扑来一股暖意。这是一处公益性岗位"爱心驿站"，里面配备了热水、座椅、卫生器具等，供工作人员休息放松。

拿起暖壶，倒上热水，坐在椅子上，薛蕾掰着手指头，给记者算了一笔账："现在每月岗位补贴2100元，社保费用政府承担，相当于收入达到3000多元，我俩每个月能赚六七千元。俺俩这条件，既发工资，又缴社保，以前是想都不敢想的事。"

市北区公共就业和人才服务中心副主任李普荣说："开发公益性岗位、落实公益性岗位补贴待遇，是帮扶困难人员实现就业稳定和增收的途径之一。我们要帮助他们融入社会，实现家门口稳定就业，有效解决其就业难问题。"

去年，市北区共安置了5720个城镇公益性岗位，安置数量占全市的31%，累计发放岗位补贴和社保补贴约1.2亿元，改善了全区近6000户困难家庭的生活。

"不光经济上有了保障，精气神也强多了。"薛蕾说，"参与社区工作，近距离接触社区工作者，让我们深受启发，在这个年纪重新找到了人生价值，重燃起了对生活的希望，心情都舒畅许多。"去年，薛蕾和张发林还被选为"星级公益岗网格员"。

接近傍晚，二人上报考勤，由社区定期抽查。为避免"吃空饷""养懒汉"现象，市北区引进第三方人力资源机构，对公益性岗位进行动态管理，街道每月考核、季度评议：优秀的评选为"星级公益岗网格员"，不合格的亮"黄牌"警示，连续两次"黄牌"将被调离工作岗位或者劝退。"公益性岗位并非一劳永逸。自去年6月以来，根据考核反馈，我们已经动态调整了115人。"武河峰说。

去年7月，市北区还成立了城镇公益性岗位党支部，发挥党建引领作用，将公益性岗位队伍深度融入基层社会治理。

"下一步，我们将聚焦公益性岗位开发管理全流程，建立起'厚爱'与'严管'相结合的制度机制，真正让岗位'活起来'、人员'动起来'。"市北区委组织部副部长，区人社局党组书记、局长王萍说。

点评： 该篇专访看似人物专访，实则是通过采访山东省青岛市市北区实施的城镇公益性岗位扩容提质行动的受益家庭，展示该行动开展前后的情况，揭示该行动具备的重要社会意义和价值，属于事件专访的范畴。

（3）问题专访

问题专访是指针对社会和生活中人们关心的以及需要解决的问题去采访重要人物或名人等写成的专访新闻，采访对象主要是专业人士，其内容多是记录专业人士的观点、主张、见解等。这类专访写法深入，具有专业性、权威性，易使受众信服，在某些时候能起到引导舆论和为受众答疑解惑、普及知识的作用。

范例

张杰：好住宅要着眼于居民需求，而不是形式上的美化｜中国好房子访谈

编者按：

住房问题是事关民生福祉和社会经济发展的重大议题，住房可持续发展既是住房和城乡建设领域高质量发展的重要体现，也是广大居住者高品质生活需求与供给的重大变革。今年年初，住房和城乡建设部部长倪虹在全国住建工作会议上强调，要"以努力让人民群众住上更好的房子为目标，从好房子到好小区，从好小区到好社区，从好社区到好城区，进而把城市规划好、建设好、治理好"。如何把新时代"好房子"建设好，成为住房建设领域的重要课题。

为了落实住房和城乡建设部关于"好房子、好小区、好社区、好城区"的工作要求，中国房地产报策划了"寻找中国好房子"主题系列活动，通过深度走访、系列采访、互动交流等方式，深入探讨"中国好房子"的规划设计和建造标准，总结推广"中国好房子"建造和运营的成功经验，助力中国房地产行业健康发展。

中房报记者 田傲云｜北京报道

"一个好的住宅、好的小区、好的城市都应该着眼于居民的实际生活需求，而不仅是形式上的满足。"中国城市规划学会副理事长、全国工程勘察设计大师、清华大学建筑学院教授张杰表示。

随着中国经济和社会的迅速发展，住房矛盾从总量短缺转为结构性供给不足，房子的概念在新时代下正经历着重塑。

在张杰看来，"好房子"是有内涵的，应着眼于居民的实际需求，更应关注其功能性、舒适性、环境友好性及其与城市基础设施的对接。他喜欢有亲和力的小区，也提倡城市建设应当以提高居民生活质量为核心目标，"我设计的'陶溪川'陶公寓是我理想的城市性居住方式，新的低层、多层高密度住宅形式，既经济又舒适。"

中国房地产报：作为建筑设计领域专家，您如何评价我国住房建设的发展历程和发展现状？

张杰：自改革开放以来，因前30年计划经济制度，国家的投资主要集中在工业发展上，城市基础设施和住宅被视为消费品，不直接创造经济价值，因此政府的投资相对有限，这导致改革初期大城市的人均居住面积极低，仅为3.7～7平方米。

直至1998年，中国经济改革探索了多种住房模式，从福利性住房到商品住房，同时鼓励单位和个人投入资金维护和建设新的公共住房。进入20世纪90年代，效益较好的单位开始建设较大面积的住宅区，随着市场机制和土地财政政策的引入，1998年后中国的住房建设完全市场化，城镇人均居住面积增长显著，现在已经超过了欧洲、新加坡等发达国家，接近于美国的水平。如果算上农村的住房总量，我们的人均面积水平还要高。

然而，在快速发展中，在城乡土地二元体制的基础上，新的住宅建设与土地获取方式紧密相关，导致住宅建设相对分散。城市规划虽然存在，但实际执行受制于土地所有权问题，这导致城市内不同区域为争取发展引发土地开发的竞争，这种分散的发展模式造成了现在的职住分离现象、配套不全等突出问题，进而影响居民的生活质量，如孩子上学和老人就医的问题。

此外，土地财政导向促使开发商追求高容积率。为了适应有限的土地资源，开发商可能会转向建造大进深、高密度的高层建筑，导致户型设计存在通风、采光不足等问题。与过去相比，现在的户型设计在相同的面积内难以提供足够的居室数量和质量。例如，曾经50平方米就能设计出2室1厅的户型，现在即便是90平方米的户型也可能只有小两室，且客厅过大而采光不足。由此可见，虽然住宅面积增加了，但实际功能和生活质量并没有同步提升。

中国房地产报：目前我国城市建设已经从高速发展向高质量发展转变，人民对住房的需求也从"住有所居"转向"住有宜居"，在此背景下，您认为住宅建设应当做出哪些转型？

张杰：新住宅户型的设计是关键考虑因素，适宜的进深对居住质量和绿色节能至关重要，因为过大的进深会导致采光通风不足等，影响居住舒适性。

在中国住宅发展历史中，从20世纪50年代的周边式住宅到现代高层建筑，家庭的交通空间一直被忽视。现在住宅虽然面积大，部分新建平层住宅尽管面积达到了180平方米～200平方米，但因缺乏有效的储藏空间和交通空间，使得公共与私密区域难以明确分离，直接影响了起居和家庭社交的质量。大多数住宅户型设计的入口直接通向客厅，而卧室则分布在客厅周围，这使得客厅成了一个高频使用的交通区域。这样设计对居住者的日常生活，以及家庭成员之间的互动交流和独处都并非理想状态。因此，开发商和政府应推动提供更好设计的住宅产品。

另外，在考虑城市密度的情况下，日照不应成为制约好住宅的唯一因素。住宅设计应打破传统的大进深模式，引入小天井或其他设计手段以增强采光和通风。此外，随着国土空间规划的演进，在今天城镇住房人均面积40多平方米的情况下，我们可能会看到新型的住宅模式出现，即低层、多层但高密度的居住形态。

中国房地产报：在您心目中什么样的房子可以称为"好房子"，应当从哪些维度来定义好房子？

张杰：一个好的住宅、好的小区、好的城市都应该着眼于居民的实际生活需求，而不仅是形式上的满足。

房屋要有更合理、舒适的户型设计，同时住宅的维护和物业管理同样重要。一个理想的住宅应有合理的管线布局，确保即使在20年后也能方便维修，居民的自我维护能力是衡量住宅质量的一个关键因素。

然而，现代住宅物业管理在维修服务方面常常表现不佳，这与优质住宅的标准不符。优质住宅的标准不应仅限于个人空间的维护，还应包括公共区域的清洁和保养。一个良好的小区不仅要提供安静、安全的居住环境，还要提供便利的生活服务，比如方便的购物等。

此外，对城市来说，存量房屋的管理和更新是一个长期面临的挑战。城市更新项目不应仅仅为了完成行政任务和指标，而应为居民提供更好的生活质量环境，这包括改善服务设施、步行环境和文化环境等。否则尽管在短期内解决了住房数量的问题，但却忽视了住宅与城市服务功能的整合，难以真正服务于城市居民，进而产生一系列后续问题。

中国房地产报：在践行"好房子、好社区、好城区"方面，您本人做了哪些工作？有哪些收获和感悟？

张杰：我设计的"陶溪川"陶公寓是一种专为景德镇的年轻人设计的住宅，它符合他们的生活和工作需求，即面积较小但公共服务设施完善的居住空间。这种公寓类的学生宿舍可租赁，且价格亲民，能满足创业人士的短期、长期住宿需求。这种住宅模式是对既有居住功能的补充，是我探求的理想居住模式之一。

同时，"陶溪川"也正在推动长租房项目，预计不久将投入使用。设计这些住宅时不仅关注了户型设计，还考虑了小区布局以及与周边城市的关系，我们正在为城市居住人群的多元化需求做出努力。

点评： 这篇专访以重大民生问题，即住房建设与规划为核心，通过采访相关人物——中国城市规划学会副理事长、全国工程勘察设计大师、清华大学建筑学院教授张杰，探索"中国好房子"的规划设计和建造标准，通过记者的提问和专家的解答，总结了推广"中国好房子"建造和运营的成功经验，为城市理想居住模式提供了参考，引人深思。

（4）风貌专访

风貌专访是指就发展变化、建设成就、特色景观、工程项目、特殊性的单位概况、风土人情等进行的专门访问。例如，《兴利除弊民为本》的报道就从转变工作作风方面展示了深圳市（前）工商局保安分局的新面貌；某关注中泰动态的媒体号曾发表过一篇新闻报道，通过对塔吉克斯坦的中泰坦轧花厂发展变化的描写，来展现"一带一路"项目下中方负责人展现出来的中国精神、中国风貌。风貌专访的目的是向受众展示一种新的风貌、状态，带领受众去领略不同的景况，让受众在欣赏的前提下进行思考。

范例

"到成都街头走一走"
解锁"后大运时代"的节日新玩法

在大运会博物馆里领略大运风采，在体育场馆内挥洒汗水，在公园绿道上动起来……第31届世界大学生夏季运动会在成都圆满闭幕后，城市运动氛围持续升温，市民运动热情高涨。在中秋国庆双节期间，随着"后大运时代"场馆惠民、健身惠民多项措施的落地，越来越多的"大运"体育元素融入市民生活，"到成都街头走一走"有了丰富多彩的节日新玩法。

领略大运风采　大运会博物馆打卡火爆

第一次走进位于成都龙泉驿区东安湖体育公园主体育场的成都大运会博物馆，9岁的张姝涵小朋友觉得很新鲜，兴致满满。

"快看，这是成都大运会的奖牌'蓉光'，好漂亮呀。"张姝涵盯着展柜中的奖牌认真观赏起来。

作为龙泉驿区大面小学的一名小学生，张姝涵这次主动报名参加了后大运假期主题研学活动。"成都大运会就在我们龙泉驿区举行，这次在博物馆深入了解到大运会背后的很多故事，增加了很多知识，有趣又好玩。"张姝涵说，她准备假期结束回到学校，和小伙伴们一起分享这次研学收获的知识。

紧邻东安湖畔，面对大运火炬塔，成都大运会博物馆是中国西部首个赛事类博物馆。展厅面积约3300平方米，除了本届大运会珍贵实物，博物馆还征集到了世界大运会历史上重要的奖牌、火炬、吉祥物、图文音像资料等千余件实物藏品、近八万件数码藏品。双节期间，打卡大运博物馆，成为不少市民和游客的首选。

东安湖体育公园主体育场是成都大运会的开幕式举办地，不少参加开幕式的观众故地重游，别有一番感慨。"开幕式当天，我就在这里看着火炬点燃，如今带着家人和孩子再来参观游玩，当时的场景历历在目，非常难忘。"市民陈先生对记者说。

成都大运会博物馆工作人员张恒源介绍，该博物馆不仅为城市留下了宝贵的大运遗产，而且为广大市民提供了一处了解大运会历史、感受大运会盛况和城市发展的好去处。自博物馆免费开放以来，参观人数已经超过了5万人次，双节期间，每天的预约参观人数都爆满。

"成都大运会会徽设计以世界大学生运动会对应英文'University'开头字母'U'为基础形态，整体颜色分为大红、明黄、翠绿、湖蓝四个渐变色块……"在博物馆内，小小志愿者王艾雯正在给参观群众热情讲解，声音洪亮、神情专注。看到9岁的孩子将大段复杂的解说词说得大方流利，一旁默默观察的妈妈何静雯脸上不禁流露出笑容。

为了让少年儿童开阔眼界、了解大运，成都大运会博物馆也在双节期间推出了小小志愿者活动，选拔优秀小小志愿者为大家讲解。"在讲解过程中，刚开始还有点紧张，后来就慢慢放开了，不仅锻炼了我的表达能力，也了解了更多大运会背后的知识，这样过假期，很有意义。"小小志愿者王艾雯说。

动起来 体育场馆尽情挥洒汗水

在游泳馆里自在畅游、在羽毛球场上尽情挥拍……双节期间，成都积极践行"后大运时代"场馆惠民、健身惠民措施，在多个大运会体育场馆推出惠民开放活动，为市民营造运动健身的良好氛围。不少市民来到体育场馆里，用运动健身的方式，掀起过节新风潮。

东安湖体育公园游泳馆，曾是成都大运会游泳比赛场地。如今，不少市民趁着假期来这里体验一流的体育设施。

泳道整齐、池水清澈、地面干净……10月1日上午，记者走进游泳馆，已经有不少市民在泳池里畅游。"我们就住在附近。这里的水质非常好，游得很舒服。"游泳爱好者李女士满意地对记者说。

记者了解到，包括13个新建场馆和36个改造场馆，49个体育场馆是成都大运会留给主办城市最为显性的体育遗产。成都大运会圆满落幕后，大运场馆陆续开放，市民运动热情高涨。

"平时工作日进馆为200人次至300人次，周末达到700人次至800人次，双节期间预约更是火爆。"游泳馆运营方、华润文化体育发展有限公司工作人员秦丽雯说。

记者看到，游泳馆旁边的风雨篮球场、户外5人制足球场、羽毛球场内，同样有大量市民正在尽情享受运动的快乐。

双节期间，位于成都金牛区的凤凰山体育公园的4个室外篮球场，室内篮球馆、羽毛球馆和乒乓球馆，在节日期间也保持惠民开放；位于成都高新区的乒乓球馆还通过开展"智慧国乒体验专场 人机对战挑战赛"活动，让更多市民"尝鲜"体育科技……

走一走 感受公园城市的万千气象

"我和我的祖国，一刻也不能分割……""我是蓉宝，我在成都为亚运会加油！"10月1日上午，可爱的"蓉宝们"一起闪现成都宽窄巷子，欢快蹦跶在人流如织的东广场，与青春靓丽的大学生们手牵手翩翩起舞。围观的游客们挥舞着"蓉宝"送来的国旗，一起唱响《成都》《亚洲雄风》《我和我的祖国》。假期里，除了"闪现"宽窄巷子历史文化街区，"蓉宝"还化身导游，带领游客打卡成都的标志性景点。

近年来，成都在公园城市建设上取得了成效，公园绿道是市民群众感受自然、游憩休闲的重要场所，也成了外地游客体验成都的重要窗口。

在双流区空港体育公园，2023成都花展开展以来，每天都吸引上万名游客前来参观。本次花展以"公园城市 美好生活"为主题，邀请了重庆、广州、武汉、深圳、德阳、南充、眉山、资阳8个友好城市，以及成都市各区（市）县公园城市建设及园林绿化行政主管部门、高校等40余个主体参展，呈现了花重锦官城的幸福画卷。

"除了能现场感受独特的花境作品外，我们还构建了'云上花肆'互动市集，通过场景下公共文化空间的创意营造，让市民在逛花展的同时就能便捷购买鲜花，现场还可以参与花瓣蜡烛香薰、花卉艺术折纸等手工制作，体验不同类型的花卉美学。"成都市双流国际空港产业促进中心副主任李梁介绍。

"花展结束后，所有展出作品将永久保留成为空港体育公园的一道靓丽风景线，展园内的景观设施持续向社会公众开放，让更多市民、游客共享花展的园林艺术成果。"李梁说。

开展后备箱集市、文化展示、旅游互动、农事体验等各类活动300余场，双节期间，成都绿道丰富多彩的活动也让群众耳目一新。在交子百业园、亲子牧场、大运公园、锦绣水韵等特色公园，成都设置了多个户外音乐点位，邀请艺人进行音乐表演，营造绿道音乐新场景。

"双节期间，我们围绕'到成都街头走一走'主题，将举办各类主题活动95个、500余场次，努力让市民游客感受公园城市的万千气象、幸福生活。"成都市公园城市建设管理局副局长屈军说。

点评： 这篇报道是围绕"后大运时代"，"大运"体育元素融入市民生活展开的专访，主要展现第31届世界大学生夏季运动会后的成都双节风貌。专访的3个要素是人物、记者、现场，这篇文稿都有体现，记者以见证人身份出面，将受众带入不同的典型场景中，即大运会博物馆、东安湖体育公园游泳馆、双流区空港体育公园等，通过与具有典型代表性的人物，如市民、工作人员等的对话，展现成都在赛后的新风貌，凸显了成都街头双节期间的焕新活力，以及成都公园城市建设的进展与成果，具有较强的新闻直观性、可靠性、可读性。

4. 新闻专访的写作注意事项

新闻专访有不同的类型，且各类型的写作要求也各有不同，但要重视以下4点。

◆专访一定要有采访对象，所以选择采访对象时一定要慎重。采访者采访前要拟好主题，以顺利地获得自己想要的信息。

◆专访是采访的实录，因此新闻编辑在写作时要以问答形式和人物语言为主。

◆专访中会涉及采访者和采访对象的描述，因此要注意人称上的变动与衔接。

◆专访有点类似于纪实文学，因此新闻编辑在写作时要带入情感，要有人文关怀，这样写出来的文章才更有温度、更有现场感，更容易打动受众。

新闻专访和通讯的含义与表现手法有部分相同，两者都强调新闻性、真实性与文学性。但通讯更详细具体，详尽深入，强调故事性和完整性；而新闻专访有"专"的要求，也有"访"的特点，即需要采访者事先带着较明确的目的，专门到现场对有关人员进行采访，内容是关于某一专门问题的。其关心的事件、问题、人物、风貌应当是近期人们非常关注的，有独到之处，具有一定的新闻价值与意义。新闻专访以采访者对现场的观察认识、原谈话记录为主，不要求面面俱到，记事不必从头说起。新闻专访的写作角度和手法比通讯自由，可以是谈话形式，也可以用散文、随笔手法进行叙事、议论、描写、抒情，具有鲜明的新闻性、专题性、针对性、目的性。

3.2.2 新闻特写

新闻特写是以文字再现新闻事实的某一情节或某一部分，使其得到真实放大的效果，这是一种强调视觉形象的新闻体裁。新闻特写主要是利用白描的手法对具有典型意义的新闻事件、人物或场面进行生动形象的描绘，将其绘声绘色地再现在受众面前，让人如临其境、如见其人、如闻其声、如观其景。

一篇优秀的新闻特写，不仅有较强的时效性，还有较强的保留价值，甚至在很久之后，还能成为珍贵的历史资料。

1. 新闻特写的写作特征

新闻特写与一般新闻体裁相比，既有相同的新闻性，又有独特的写作特征，主要表现在以下3点。

◆**要求画面感：** 新闻特写在选材中必须截取新闻事件中的一个场面或一个情节，且这个场面或情节的画面感要很强，这样才能再现一个或多个特写镜头。

◆**定点描写：** 消息、通讯的写作大都是纵向的，统摄了新闻事件的过程，让受众对新闻整体一览无余。新闻特写则不是从整体纵观，而是从一个侧面、一个细节去聚焦反映事件的核心、重点或主要事实。

◆**语言立体：** 新闻特写除具有准确、朴实、形象、生动的新闻语言特征外，还要求表现出立体感，写出特定的形象。因此其语言中常有电影、小说的艺术美感。

2. 新闻特写的重点要素

新闻编辑若能抓住画面、个性和情节这3个方面的美呈现给受众，就几乎掌握了新闻特写的精髓。

◆**画面美：** 要求特写抓住生动的形象、动作或场景，再现逼真的画面，让受众有画面感，犹如亲眼所见、亲耳所闻。

- ◆ **个性美：** 特写要抓住人、事、场景的特征，凸显其个性和独特之处，让特写作品展现出独有的个性美。
- ◆ **情节美：** 新闻特写在写作中，只能抓整个事件中的某个点或场面，因此要抓取重点情节，聚焦于整个事件的核心，通过对情节高潮的展开，以小见大，在展现情节美的同时使受众受到情感的触动。

3. 新闻特写的类型

新闻特写有不同的划分标准，目前，常见的新闻特写是根据其内容来进行划分的，这也是工作中经常用到的分类方法。新闻特写根据内容可大致分为事件特写、人物特写、专题特写和场面特写4类。

（1）事件特写

事件特写主要侧重于摄取与再现重大事件的关键性场面，它可以描写一个独立新闻或新闻事件的局部，也可以选取一两个精选镜头着重描绘，还可以组合精选事件的一个或几个场景。如下所示的内容就是某新闻报道中对章小姐乘车始末的事件特写。

事件特写

今天8时10分许，章小姐在广兰路地铁站出站后，看到一辆1058路公交车正好进站，她赶紧迎面朝车头跑过去。"当时，距离大概50多米，司机看到我一直在跑，看到我已经跑到车门口了，一直看到我前面那个人上了车之后，竟然当着我的面，就把车门给关了。"

"挤不上这一班车，我就要迟到了，老板的脸色可不好看！"章小姐此时心焦不已。于是，一边拍着车门，一边和司机说，想要上车。"但是，司机不但不理睬我，还想要启动车辆往前开。"在章女士的再三请求下，司机才终于开了门。章小姐表示，在这个过程中，车辆并未出站，她认为司机完全没有服务意识。

（2）人物特写

人物特写是指对人物特点的突出描绘，新闻编辑在写作时可以再现人物的某种行为或活动片段，也可以重点展现人物的语言特点、特殊爱好、面部特征等，其写作重点是绘声绘色，突出人物个性。如下所示为人物特写的一段典型描写，它抓住了主人公的面部特征及行为举止，凸显其性格品质。

人物特写

上午9点06分，列车到达铜仁站。

到站十分钟前，张翠已经挤到车门口，站在红篓筐边，筐里装着芹菜、胡萝卜、甜菜和野葱。她把麻绳缠在扁担上，迫不及待地等待列车员开门。站在她身旁的农户也毫不退让，边唠家常，边把篓筐往前挪动。

车门一打开，农户们挑着扁担、提起篓筐鱼贯而出。铜仁站为方便湖南农户出站，开放了不用核验车票的人工通道。为了抢个好摊位，很多农户一路小跑，选择走楼梯通道。行动吃力的老人下车时，列车员会帮忙提起篓筐。

从铜仁站到金码头农贸市场有500米，出了火车站，穿过马路对面的一条一米宽的狭长小巷，经过一片居民区后，农贸市场的蓝色牌子出现在眼前。路上，有卖鱼的年轻人走得过急，桶里的肥鱼蹦到地上，他们不得不放下扁担慌忙捉鱼。

人群中，61岁的李英满头银发，戴着红色针织帽。她体重不足一百斤，挑着两个装满蔬菜的篓筐，步履蹒跚地跟在队伍后面。

十几分钟后，等她赶到农贸市场时，只剩下摆摊通道外侧的边角位置。她往地上铺一张编织袋，把篓筐里的白菜、菠菜、小葱一字排开。

在卖菜的农户中，张翠算年轻的。下了火车，她跑在最前头，很快消失在出站的楼梯口。平日里，张翠外出务工时，年迈的公婆只能把菜卖给锦和镇上的商户。每斤菜的价格比在铜仁便宜很多。

（3）专题特写

专题特写是指从某问题、事件或现象的某一方面去集中描述某个对象，以使对象更加形象、立体，突出主题，同时增强对现场画面感的塑造，提升表现效果。例如，某先锋人物的专题报道，就通过对其居住环境、村民朋友以及建树的特写来编写。如下所示为"8·11"抗洪抢险专题特写的报道，该报道塑造了一个探亲军人在家乡遇险时投入抗洪大军的勇毅形象，这种军人精神让人敬佩折服。

专题特写

镜头中身穿黄色背心的小伙子名叫杨科，今年才22岁，是一名人民解放军士官，8月11日，刚刚回家探亲才两天的他，遇上了家乡官渡遭受百年不遇的洪水灾害，顾不得自己家中也被洪水浸泡，杨科毅然参加了抗洪救灾的队伍，和前来支援的民兵队伍一起清除淤泥，一干就是7天，等清淤工作基本完成时，他也马上要返回部队了。

记者来到杨科的家中，看到被洪水浸泡后，家里的小卖部已经在家人的努力下打扫干净了，只是里面的货物已荡然无存，家中的家电等也受到了不小的损失，杨科的叔叔正在整理屋子。

（4）场面特写

场面特写是对新闻事件中经典场景的再现，自然景观、工作场面等都可作为场面特写的材料。如下所示为北京市房山区涞宝路四渡桥断桥处军人守卫"生命之桥"的特写片段，通过对军民双方打招呼的场景刻画，塑造了驻守断桥处，为人民服务、捍卫人民生命安全的英勇军人形象。

"解放军同志，辛苦了！"6日一早，一辆满载救援物资的货车从桥上驶过，驾驶员李乐挥着手，向值守在桥头的排长芮承财说道。

…………

"这是我们应该做的，您注意安全。"芮承财已经记不清这是今天第几次说出这句话，他年轻而黝黑的面庞上流露着自豪，"几乎每台过往的车辆都会向我们致谢。"

这不是一座普通的桥。

在暴雨侵袭后的北京市房山区，浑黄的拒马河恣意横流。

40多米长的墨绿色钢桥，正如一条巨臂，横跨在距河面10多米高的空中，将拒马河两岸连接起来。

···········

4. 新闻特写的写作注意事项

新闻特写的写作结构并没有固定的格式，但需要遵循新闻的写作方法，先用一个吸引人的开头引起人们的注意，然后通过对情节、细节的塑造交代事件的过程、背景。不同的是，新闻特写的内容和表述更加多彩生动，注重抓取场景，再现场景。

范例

"山竹"来临前，1700名工人的深圳一夜|聚焦台风"山竹"

新京报快讯（记者苏晓明）9月16日零时刚过，深圳街头下起了零星小雨，风忽大忽小，勉强能撑起雨伞。深圳三个火车站点只有两三个车次没有停运。罗湖站外，一些回广州的司机急匆匆地拉客，"广州拼车，走吗?台风马上来了!"他们希望在"山竹"到来之前能多载一些乘客。

售票大厅内，只有改签、退票窗口还亮着灯，排起了一条约十米的队伍，很多旅客来回踱步不肯离去，他们希望改签到最近的车次。

此时，19千米外的深圳湾体育中心灯火通明，上下两层、3000多平方米的羽毛球馆内密密麻麻地躺满了人，这些人大都已进入梦乡。

他们是几百米外华润集团建筑工地上的工人，在"山竹"到来之前，聚集到该紧急避难所。

光滑而坚硬的地板上，呼噜声从四面八方传来。有人铺着凉席，有人裹着床单，还有人直接躺在地上，他们大部分跶着拖鞋、打着赤膊，露出黝黑的上身。

醒着的人则三五一组打扑克、低声聊天、谈笑自如，似乎今年的第22号台风与他们无关。

"他们都习惯了，平时中午也是随便一躺就能睡着。"机电工赵建飞没有睡，他被公司安排了值班任务，有突发状况须随时报告。他不时刷着手机，关注着"山竹"的相关信息：它将以强台风或超强台风的强度于9月16日下午到夜间，在广东到海南一带沿海登陆，台风中心经过海域风力达15~17级，称得上迄今为止的全球"风王"。他手机直播页面上不断转动的台风眼漩涡，正一步步从海洋向陆地逼近。

王鑫与赵建飞一起值班，两人都在1995年出生，在工地上是好兄弟，负责工程的电路部分。王鑫说，工人们来自天南海北——有辽宁的、河南的、江苏的，他是四川南充的；

年纪最大的近60岁，最小的不满20岁。他们都在为华润集团工作，所参与建设的项目有——华润集团总部大厦"春笋"，其将凭借392.5米的高度成为深圳第三高楼；华润开发的高档小区"柏瑞花园"以及购物中心"万象城"。每个建筑队所负责的工种不一样，分得很细。

56岁的张万胜是专门给钢结构刷防火涂料的，他来自江苏沛县，算是年纪大的，"趁着能动多出来干点活，挣点养老钱。""刮风有把树刮倒的时候，但几十年一次，从没见过这阵仗。"

9月15日中午，工地各项目组分头召开了动员大会，要求工人们把工地上可能被风掀翻的材料加固，平时住的彩钢板宿舍晚上不能留人，直到台风结束，才能返回。工地为工人们准备了矿泉水、面包、方便面等物资，堆放在场地的角落里。

工地还临时创建了"台风应急项目群"，昨晚8点前，所有项目组在群里签到。签到数字显示，到体育中心避难的工人们有1700多人。

当晚，体育中心内馆中，有歌手正在开个人演唱会。站在羽毛球馆二层，隔着厚厚的玻璃可以俯瞰现场，虽然听不清声音，但工人们还是围了好几圈，踮着脚向里张望，王鑫和赵建飞一直坚持到最后，看完了一场无声的演唱会。

"她（指歌手）不算特别有名，现场没坐满，可能与台风有关。"赵建飞记得前几天演唱会，周围水泄不通，他骑车从工地回宿舍堵了半小时。

凌晨3点多，窗外的雨越来越大，风声越来越响，一些睡在门口的工人，被冷风吹醒，赶紧起身往里面去。深圳所有火车、航班也均已取消。

王鑫和赵建飞起身到二层巡查，转了一圈，雨势又逐渐变小。这两个刚满23岁的年轻人抱怨，"到底还来不来？"他们希望台风能早点过去，然后早点开工，"就那么多钱，当然是越快干完越好，干完了好去下一个工地。"2017年台风"天鸽"来袭时，他们中有的躲到了地下室，有的也躲到了这里，不过，那次台风很快就过去了。

赵建飞是广东茂名人，来深圳干建筑6年了，做过四五个工程，有的工程几个月完工，有的一待就两年多。他希望能在深圳长期干下去。

王鑫也是一毕业就做这一行，福州、南京、赣州、东莞、深圳，他去过很多城市，但最喜欢的还是深圳。

"我也说不出它哪里好。"他二十三年前出生在深圳，父母曾是深圳南岗一家手表厂流水线上的员工，他跟着爷爷奶奶长大，到了小学才回到父母身边，初中时因为证件不齐，他不得不再次回到老家读书。不过他也没想到，兜兜转转，他6年前再次回到深圳，并成为这座城市的建设者。

他惊叹这座城市的发展速度，小时候他跟父母回老家只能坐大巴，没有高速，要花一个星期；后来坐绿皮火车，得坐30多个小时；现在有了高铁，只需半天时间。王鑫斜靠在体育馆栏杆上，对面几栋高楼上的航空警示灯，有节奏地闪烁，像是在跳舞。

早上6点，天已经微亮，台风仍未到。1700多名工人陆续起床了。"习惯了，睡不着，因为平日里7点会准时出现在工地上。"赵建飞说。

（新京报记者 苏晓明　编辑 刘喆）

点评：这篇新闻特写以台风来临前的车站情景开篇，引入了躲在深圳湾体育中心这个紧急避难所的1700多名工人，通过对体育中心内部细节的描写、场景的再现，如睡觉、看无声演唱会等刻画了他们面对台风的情景，现场代入感和画面感很强。其中着重描写了王鑫和赵建飞两个人物的行为和语言，对事件的刻画起到烘托作用，能够渲染情感，丰富新闻内容，加深受众对整个事件的了解和感知。

▌3.2.3　深度报道

深度报道是一种系统反映重大新闻事件和社会问题、深入挖掘和阐明事件的因果关系以揭示其实质和意义、追踪和探索其发展趋向的报道方式。深度报道可以说是对新闻消息的深化探究，与通讯有相似之处，但两者侧重点不同。深度报道更加深刻，常把具体事件放到历史背景中，在分析调查的基础上加以深入阐述，它着重探寻的是新闻6要素中Why和How的部分，能分析横向，追究纵深，分析意义，预测未来。而通讯虽然也有全局观和时代精神，但着重于描写，教育意义和情绪感染力更为突出，有美育教育的功能。

1. 深度报道的类型

深度报道根据篇幅组成数量的不同，可以分为独立篇幅类深度报道和组合篇幅类深度报道两大类别。

（1）独立篇幅类深度报道

独立篇幅类深度报道是指针对某一中心话题深入挖掘信息，是由单篇完成的深度报道，只讲述一个事实、话题或现象。独立篇幅类深度报道主要包括解释性报道、预测性报道和调查性报道3种。

◆**解释性报道：**又称新闻分析和分析性报道，是用充分的背景材料侧重解释和说明新闻事件产生的原因和结果的报道，属于深度报道的一种，一般用于报道比较复杂的重大问题。它不仅报道新闻事实，还侧重于分析事实背后的深层意义，如事实起因、演变趋势、社会影响和社会意义等。这类报道还能预测事件的后续走向，且介绍材料时夹叙夹议，显示出新闻编辑对此次事件的价值判断。

◆**预测性报道：**以理性、前瞻的眼光，向受众提示、分析"明日生活"，是对将会发生而未发生的事件所做的前瞻性报道，重在对新闻事实的发展趋势以及影响等做出预测。因为它针对的是将发生而未发生的事件，所以其很注重科学性和权威性，而且对社会舆论和受众心态能起到引导作用。

◆**调查性报道：**多是独家新闻，采写难度高、社会影响大，是新闻编辑通过长期而完整的积累、观察与调查研究，对某一或某类社会事实或社会现象进行彻底调查采访而形成的深入的、系统的、详细的报道。

 调查性报道的性质与《焦点访谈》节目的性质相似，即通过调查、追踪、隐性采访揭露社会生活中的多种违法行为及其始末，以展现新闻媒体的监督作用。

（2）组合篇幅类深度报道

组合篇幅类深度报道是指由多篇报道组合而成的深度报道，这些报道中的内容元素比较相似，每一篇单独的深度报道不追求深刻，但由于是多篇的组合，所以整体上比单篇的报道更有层次，能使新闻报道有一定的力度和深度。此外，由于深度报道可以由消息、通讯、读者来信、评论等综合组成，因此其表现形式也更加丰富。组合篇幅类深度报道可以分为连续报道、系列报道和组合报道3类。

◆ **连续报道：**一定时间内持续推进某一新闻动态的追踪报道，其对象一般是正在发生并持续发展的某一重要的、受众关注的、不可预知的新闻事件。连续报道是一种渐进的动态报道，它关注整个事件的过程，随着时间顺序逐步展开，能完整反映新闻事件的发生、发展过程、最终结局以及其影响，反映的是整个新闻事件的始末。

 连续报道周期较长，因为在事件开始之初常不知缘由、不知走向，所以常以消息这种能快速报道的文体作为主要体裁。

◆ **系列报道：**在一个大主题的统领下，选择相互独立而性质、意义相似的热点问题进行分篇的连续报道，主要通过不同角度的连续报道来展现全面的、系统的内容，其结构类似于大专题与其下能综合体现主题的一系列小专题的组合。系列报道中的各篇报道属于并列关系，且一般针对的是已发生的事件，将其化整为零，进行分篇解读，然后又合零为整，以此形成完整深刻的系列报道。

◆ **组合报道：**对某一重大事件或热点问题进行全方位、多角度、立体化报道的新闻组合形式。组合报道是关于某主题的多种消息的组合，各消息之间存在联系，它可以对所有与此相关的消息进行有序的归纳整理。例如，报道新闻事件时，会涉及对整个事件过程、事件起因、后续影响、各方不同看法等的报道，同时也可罗列与其对立的观点。这种组合方式能让受众看到更全面的信息，知晓事件的全貌，从消息的相互联系中看到其相关性，从而对整个事件有全面、清晰的认识，有助于受众进行深层次的思考。

2. 深度报道的写作注意事项

写作深度报道的重点就在于深度，既要剖析事实内部，又要展示事实宏观背景，把握真实性。深度报道是点与面的结合，是新闻中的"高端产品"，更被认为是在新媒体环境下传统媒体内容创新的突破口。在写作时，新闻编辑要注意以下3个方面的事项。

（1）选题得当

不管是什么样的时代背景，深度报道有一个好的选题十分重要，其选题最好满足以下3个方面的要求。

◆选题不仅要具有重大的社会新闻价值，还应当坚守新闻的真实性原则。例如，当某研究人员发布了对社会、科技的发展有促进作用的产品时，可以以此为选题发布新闻报道，其主题可以是该项研究对社会的影响，也可以是宣传科研精神、积极的人生理念等。

◆选题要具有独家性、典型性、时效性，能贴近大众生活。

◆选题的发布时机要恰当，并体现出新闻媒体的新闻价值取向。

（2）着眼于受众的需求

现在有不少的消息都是干货少、创新少，要么是大量堆砌文字，要么就是过于博眼球，这是很难满足现在求新求变的受众的需求的，在新媒体时代，优质内容的输出非常重要，新闻也要着眼于受众的需求，才能立足于时代。但这并不代表"标题党"和内容注水的做法就是正确的，这种做法即便能吸引一次、两次的关注，也很难获得忠实读者，新闻写作同样要有口碑。因为，博眼球的做法很容易招来受众的非议，甚至让受众产生抵制心理，留下不好的评价。

同时，深度报道应在内容至上的基础上，针对受众感兴趣的话题进行客观的分析，表达深刻的思想，给受众以启迪。例如，《健康报》发表的《一位外科医生和他的"语言处方"》，就是从受众关注的话题——医患关系着手，展示了基层医生如何通过PPT与患者沟通，体现了医疗行业的人文关怀，传播了正能量。

（3）善于挖掘立意

深度报道要学会重视和利用背景材料，找准并展示出整篇报道的思辨性和思想性，剖析事件本质，这样才能给受众深刻的思想启迪，而不要平铺材料，让报道厚重有余，深度不足。正确的做法是选取典型材料，科学利用写作手法，如对比、描写等，多层次、全方位地挖掘主题，给报道立意。例如，《同是佳果命不同，菠萝要向荔枝学什么》的深度报道，以上下篇的形式将粤西菠萝和荔枝两种高产优质水果进行了对比，并从销售路径、种植成本等方面进行解读，是一篇关注供给侧结构性改革的深度报道。

范例

一群乡村孩子的阅读实验

辽宁省朝阳县波罗赤镇中心小学有一座由废弃食堂改造的图书馆，它是校长赵国彬13年阅读实验的一个标志。

2020年前，朝阳县还是个贫困县，乡镇小学的学生普遍来自经济条件

深度报道

较差的农民家庭，生源不断向县市流失。这场阅读实验源于赵国彬的两个理念：乡村在很多基础资源方面落后，但阅读是一件相对容易实现平等的事；以及，希望孩子们成长为不一定优秀但幸福的人。

少有人否认这样的理念。但这里的人们也清楚地知道好成绩才是通往"幸福"的最笔直的路。因为阅读的"低效"，系统中的老师、家长甚至学生自己很容易在面临选择时将它放弃。

某种程度上来说，阅读已经是一个天然"幸运"的实验主题，它和"学习""知识""语文"等概念相关，换而言之，它和"那一张卷子"不是毫不相关，但让阅读在以成绩为主要评判标准的系统中成为一种新的可能，却始终困难重重。

也有人在这场实验里走得远一些，一名已经从这所小学毕业正在读初三的学生说，即便在暑假进入提升成绩的寄宿制集训营里，他仍会在每晚睡觉前翻出书来读。那段时间他读的是《老人与海》，他想象着自己是海明威笔下的老人，"能不能带回完整的鱼不重要，努力过了，守住了尊严，这也是成功。"

"这梦幻般的肥皂泡"

波罗赤镇地处辽宁西部朝阳县，距离沈阳385公里。这里的宁静只偶尔被驶过G101国道上的卡车鸣笛声刺破。镇一面是山，山的对面，是一块块整齐的苞米地，这里的人们大多以务农为生。

穿过其中一片苞米地，远处一面国旗下，就是波罗赤镇中心小学（以下简称波罗赤小学）。附近的村小正在逐渐萎缩和消失，镇上华家店村小学今年全校只剩4个学生。波罗赤小学的学生也在向县市流失。现在，它的六年级有3个班，低年级只剩2个班。它兼具幼儿园功能，今年幼儿园新生是20名，十年前，这个数字是200，而这里的幼儿园学生通常是一年级的"后备军"。

无声的消逝里，一些改变的音符落在了苗井阳身上。2019年，他在波罗赤小学读三年级。和镇上大多数孩子一样，他开始在放学后去托管班待两个小时。镇上很多父母不懂新增的英语科目，有人看着孩子写完作业是他们最基本的需求。2021年"双减"（即减轻义务教育阶段学生的作业负担和校外培训负担）之后，校内作业减少，更多父母把孩子送去托管班，"学校的作业太少了，这怎么行"，在他们看来，"托管班让抄的单词、做的数学题才是考试要考的。"

晚上7点，托管班放学时，学校门前的土路被接孩子的电动车、摩托车占满。波罗赤小学的校车在7点还有一班。

另一个不寻常的变化是，学校里出现了一座图书馆。随之而来的，还有课程设置的变化。每天下午的自习课不再只是写作业和讲题，写完作业的学生被允许读课外书。甚至有班主任划掉课表上的"自习课"，写上"阅读课"。还有"阅读分享课"，只要班级和图书管理员约好，每个时段都可以是分享课。

苗井阳六年级时分享过鲁迅的《故乡》。他站上图书馆的讲台，打开麦克风，下面六个圆形小桌边围坐了班里30多位同学，"鲁迅描写的虽然也是故乡，但江南水乡的样子和我们的村庄非常不同，那里是湿润的，门前有小溪，村子里弥漫着桂花的清香。"他被书里细腻的表达吸引，"感觉我是书里的一个人，生活在那里。"

·············

"另一个完整的世界"

图书馆在2019年夏天建成。400平方米，外墙画着《红楼梦》《二十四史》《伊索寓言》的书脊。2018年，赵国彬来波罗赤小学当校长，在校园里走了一圈发现学生没有阅读的地方，决定把废弃的食堂改造成图书馆。

推开图书馆的玻璃门，孩子们走进"另一个世界"。左边是绘本区。卡通软地板上，放着不被家长熟悉的绘本——今年家长会上，只有3个人知道绘本。但赵国彬坚信绘本是阅读的起点。他小时候痴迷黑白的小人书，成年后还因一本讲农民工爸爸回家过年的绘本《团圆》落泪。绘本区旁边是分享区，赵国彬说："孩子一定要站上去拿麦克风正式地分享，这样才能体会到阅读的乐趣。"

四年级二班班主任王柏涵记得，班里分享中国当代动物小说作家沈石溪的作品时，一位女孩讲的是《睡蟒边的雪兔》。女孩说："印象中人们都觉得兔子温顺柔弱，但这个故事里兔子妈妈坚强且有计谋，战胜了比自己强大的蟒蛇。"王柏涵认为孩子通过阅读开始对比文学和现实的世界，也意识到符号的含义不是一成不变的。

她带上一届四年级学生时图书馆还没有建成，她试过在讲完课文《地震中的父与子》后，推荐学生读史铁生的《我与地坛》。几周后，她想和大家讨论，但下面一片沉默。有了图书馆后，在讲作文"我的植物朋友"时，她拓展到像竹子一样坚韧的海伦·凯勒，推荐大家去读图书馆里的《假如给我三天光明》。后来的几次分享会，陆续有孩子讲了这本书。这让她感到意外，"孩子们竟然真的读了。"她分析变化背后的原因，"一个是当时孩子和家长没有阅读的意识，二是孩子在没图书馆的时候接触不到那么多书，家庭也没有经济条件买书。"

图书馆创造了阅读的条件和氛围。图书管理员隋立军有一摞图书借阅记录本，每学期大约有2500本书被500多名师生借阅。四十多岁的她务农之外，在这里做管理员已经五年了，最忙的时间是下午两点到放学前，"每天都有班级来上阅读和分享课，有时甚至两三个班同时来。"

9月开学第一周的一天下午，三年级二班来上阅读课。20多个学生在书架间穿梭，他们多聚在摆着科普漫画书、古诗词、动物故事书的书架旁。一个小男孩想继续读绘本，被她拒绝了，"三年级之后就不能读绘本了，要读字多的书。"这是学校倡导的分级阅读概念，建议三年级以下的学生读绘本，现在每个年级都有建议读的12本书，男孩重新选了本《十万个为什么》。

三年级的阅读课并不安静，让孩子从对阅读感兴趣，再到能专注于此是一个需要耐心的过程。当时也是三年级的苗井阳起初是奔着图书馆里的凉快去的。"校长办公室没有空调但图书馆有"，这是赵国彬"引诱"大家来读书的小心思。他还买来乡村不多见的饮水机，旁边放上速溶咖啡，"最初小孩子就是好奇这些新玩意，老师们也来尝咖啡，但咖啡是烫的呀，没人愿意干等，就顺手拿本书坐下读。"

从四年级开始，如果不读长篇作品，苗井阳平均每月能读15本书。他也读相对较难的作品，包括四大名著、古诗词、史书（比如陈寿的《三国志》，他会用来和《三国演义》做对比）、外国名著（如毛姆的《月亮与六便士》）。他最爱的是《哈利·波特》，那是"另一个完整的世界"。课间、午休、从托管班回家后，他用半年时间读完了《哈利·波特》系列图书。在家读的时候，有时会伴着邻居收音机里的戏曲声，他想，"自认血统纯正的魔法师想除掉其他人，这是不对的，像现实中的种族歧视，所以最后自以为高贵的人被打败了。"

....

"最后还不就是看一张卷吗？"

今年9月，赵国彬也给老师开了"讲阅读的会"，类似的会议每月有四五次。

他提前给每人面前放了一本《最会偷东西的大盗贼》，带大家翻到第22页的《五只小兔子的远方》。文中的远方有海、山、月亮，分别隐喻水手、探险家、宇航员等职业，以及探索未知的好奇心和勇气。"我们老师经常问学生的理想是什么，这不是孩子熟悉的语言。"他带着发现新大陆的语气说，"如果你和孩子都读过这个故事，你就可以问，你的远方是什么，孩子们会给出充满想象力的回答。"

40分钟的会上，大多数老师静静坐着，对赵国彬的提问也不作声。有人始终没有打开书，或者只哗啦啦地翻一遍，也有人把手机夹在书里看。会后有位老师说："要额外花时间来开会不烦是假的，但我每次都来，因为我尊重坚持理想的人。"也有人说，"我不是班主任，和我关系不大。"

这是赵国彬眼中"最可怕的沉默"，他的解决办法是，"（让老师看到）这个校长坚持了十几年，不听他讲都不好意思。"同时，他也理解老师的沉默。一方面，多数教师自身阅读基础较弱，而能够带领学生阅读的前提是老师有足量的积累。另一方面，他切身体会过"同时做两套东西的累"——"很焦虑，想把外壳挣脱掉，但做不到，一个时代有自己的规则。"

....

"看书像肺里铺上薄荷叶吹风的感觉"

苗井阳现在在喀左县读初三。对他而言，此前的阅读经验能帮他的语文成绩保持在初中班里前几名。他小学就读过古诗词和文言文，中学试卷上的诗词填空和古文理解题常拿满分。他小学时也读过《钢铁是怎样炼成的》这类中学必读书，现在不用再花时间看这些书或者背梗概。

但不是每个孩子都能像苗井阳一样在书里获取如此"实用"的效果。那么，阅读对这里的孩子到底意味着什么？

牟建楠的回答是，"看书像肺里铺上薄荷叶吹风的感觉"。

他是个白净的男孩，不喜欢打闹，见到人会拘谨地笑，对别人的提议常回答"也中"。有一个问题他一直想不明白：如果有人走在我旁边，恰巧今天衣服没有口袋的话，我的手到底该放在哪里？

············

"你会听见咔咔的声音，那是苞米在拔节"

在这场实验里，"阅读"不可避免地被放到天平上和现实较量。对于学生，"现实"是那张终将到来的考卷。而对离学校不远的集市上的一位妇女来说，"现实"是生活本身。

吵闹的集市上，一摞摞烧饼后面，39岁的薛利在没客人的时候翻看面前的书，彭敏的《曾许人间第一流》，书中讲述着诗人们的真实人生。今年暑假波罗赤小学的图书馆对外开放。每天中午12点半，洗完碗收拾好桌子，她会骑上摩托车，经过25分钟颠簸的土路，来到图书馆读一个下午的书。她喜欢《包法利夫人》《安娜·卡列尼娜》。她说："安娜最惨的地方在于，出了一座围城，又进了一座围城。"

她也在自己的围城里。每晚8点她让负责开车的丈夫睡觉，自己烙饼到半夜12点。每个面团都要过称，不能大小不一，摊开后放进两个烤箱，要做1000张。她只睡3个小时。凌晨3点开始打包烧饼，5点丈夫起床后，一起出发去集市。

如果没有脏衣服要洗，夜里每次等饼烤熟的8分钟里她会读书。被触动时，她抓来旁边的纸笔，摘抄下来。遇到喜欢的，还要拿来孩子淘汰的尺子，用铅笔画上波浪线。每个这样的8分钟，她都会短暂地去往外面的世界。

············

回到现实，他和父母都希望自己能考上一所好大学的金融或计算机专业。关于理想和现实的冲突，他回到书里安慰自己，"《月亮与六便士》说，在满地都是六便士的大街，希望你还能抬头看见月亮。每个人都有很多不得已的事要完成，书和理想是我的月亮。"

赵国彬也有自己的"月亮"——"在六月份的夜里，走进苞米地，水肥都充足的话，你会听见咔咔的声音，那是苞米在拔节。几天之后，齐刷刷地都长高了。"这是这场实验理想中的结果。

点评：该篇报道由北京青年报微信公众号北青深一度发布，该报道深度介绍了辽宁省朝阳县波罗赤镇中心小学的阅读实验，通过展示学生的阅读表现，师生、家长和其他阅读者对阅读的态度与看法，让受众不禁思考：阅读能给乡村孩子带来什么？学生的阅读对其成长、学习和未来生活有什么意义？在当前教育改革的背景下，学生课外阅读面临怎样的发展空间？阅读实验是否具有推广价值等。该篇报道从人们普遍关注的教育事业中挖掘话题，深入介绍了一次阅读实验活动的探索，立意深刻，引人深思。

3.3 民生新闻

民生新闻是指社会民生等与人们生活息息相关的新闻，如社会新闻、体育新闻、科技新闻、法制新闻、娱乐新闻等，这些新闻的写法也是新闻编辑需要掌握的。

3.3.1 社会新闻

社会新闻来源于社会生活，它是对涉及人们日常生活、利益的社会上新近发生的事件、问题的报道。社会新闻反映了社会生活、风尚、道德、风貌、秩序等，包括人们生活的方方面面，如各种奇异现象、风土人情、自然景观、社会事件等。社会新闻常常富有趣味性，在帮助受众了解社会百态的同时，还具备提高审美能力和激发情感的作用，其表现形式包括消息、通讯、新闻专访、深度报道等。

1. 社会新闻的写作方法

社会新闻大都贴近社会生活，社会性、知识性和趣味性较强，主要包括生活类、道德类、风光类、伦理类、精神风尚类、时事类等多种不同的写作类型。这些类型的社会新闻需要遵循以下4点写作要求。

◆**要真实准确：** 社会新闻覆盖面广且信息多，由于很多事件都是突然发生的，因此新闻编辑要保证报道的新闻性，即"快"和"新"，同时也要保证其真实性，做到新闻性和真实性的有机统一。

◆**要有戏剧冲突：** 社会新闻之所以能成为新闻，必然有其特别之处，可能是猎奇、有趣，或含有其他特别的元素，所以新闻编辑在写作社会新闻时要注意其故事性，突出事件中的戏剧性细节和其他吸引受众的因素，以情节动人，这样才能引起受众对新闻的关注。

◆**要有后续报道：** 有些社会新闻事件变得明晰常常需要一定的过程，有时甚至还需要新闻编辑或有关人员进行调查研究。在新媒体时代，了解清楚事情的前因后果是受众基本的阅读需求，因此在报道突发事件时，还要对事件的后续发展和影响进行报道，类似于追踪报道。

◆**要富有思想：** 社会新闻不能全靠趣味吸引受众，获得关注，还应具备该有的新闻价值，应将思想蕴藏在故事情节中，引发受众的思考，激发受众情感共鸣，开拓受众的眼界，让受众学到知识或受到教育才是一篇好的报道该发挥的作用。

2. 社会新闻的写作注意事项

社会新闻是受众阅读频率非常高的新闻类型，其内容长短不一，但其故事性和话题性都较强，因此新闻编辑在写作时要着重注意铺排故事情节，将事件的起因、发展、结果讲述清楚，呈现受众最感兴趣的内容，同时要做到真实、有趣、新鲜。

范例

上海"博学"流浪汉沈先生：网上走红不能改变我的命运

在上海车水马龙的街头，一名衣衫褴褛的流浪汉席地而坐，蓬头垢面但语出惊人。面对陌生人的镜头，他用标准的普通话讲《左传》《尚书》，谈企业治理，谈各地掌故，也告诫人们"善始者众，善终者寡"。

关于他的多段视频在网络流传，他甚至被网友称为"国学大师"。他到底是谁，是奇才还是网络炒作？

红星新闻记者多方调查核实，他真名叫沈巍，是上海人，已流浪26年，家中有一个弟弟、两个妹妹。

红星新闻分别联系到沈巍的弟弟和一个妹妹，但对方拒绝接受采访。

近7年，沈巍多在上海杨高南路地铁站附近栖身。附近一家酒店负责人告诉红星新闻，沈巍腹有诗书，谈古论今，未伤害过任何一人；只是他将捡来的废品堆在酒店门口的绿化带里，既有碍市容，又令过往行人不适。这位负责人称，他曾看到过沈巍的工资卡和身份证。

一位与沈巍相识多年的环卫工人向红星新闻介绍，沈巍的家人曾找过他，但他拒绝回去。他称赞沈巍读书多、脾气好，有时候会向他买废报纸拿回去读。

负责沈巍所在片区的一名城管称，沈巍的确博古通今，但在捡废品方面走进了死胡同，"我们的工作也很难办。"

红星新闻记者近日深度对话沈巍，还原他流浪背后不为人知的故事。

以下为他本人自述。

原生家庭如何？

我的父亲是我反思人生的样本。他是20世纪60年代的本科生，学的是航海专业，从江苏到上海后，他的人生遇到了挫折。

我出生在上海，和外婆生活在一起。但父亲和外婆的关系不好，不知何故父亲常迁怒于我。即使这个样子，我也没恨他。

我喜欢画画，也喜欢读历史之类的书，但他深恶痛绝。有时候，我卖了废品买了书，回家时，只能把书悄悄藏在被子里不让他看到。直到晚上，等他睡觉了，我才敢在被窝里偷偷把书拿出来看。

那时的语文老师说，我有压抑感。是的，我在父亲面前无所适从。

....

为何走上这条路？

我沦落至此，归根到底是理念的冲突。

我在艰苦的环境里长大，为了读书，从小就捡废品，橘子皮、碎玻璃，能卖钱的都捡，然后就去买书。

小时候，因为捡废品经常被同学们笑话，我也很难为情。但那个时候我就很纳闷，怎么讨饭的人不做事情，大家反而都同情他。而我付出了劳动，反而被大家讥笑。最有趣的是，我捡的橘子皮有专门的人收，为什么还遭人笑话。直到现在我都没搞懂。

....

每天的生活怎么样？

我有钱，不需要人接济。我的卡里目前约有十万元，其中部分是父亲的遗产。

我适应能力很强，在马路边一躺下就能睡着。冬天时，我会蜷缩着睡，但经常被冻醒。吃饭是最简单的事。现在的社会，吃是最好捡的东西，也是被浪费最严重的东西，是很多人不以为珍贵的东西。我一般只吃素食。

捡回来后，吃剩下的分拣开，给猫、狗或者鱼吃。

....

为何坚持捡废品？

我从小就捡废品，但我并不以此为耻。

这些年，我发自内心地就想为垃圾减量做点贡献。垃圾分类是源头治理，应该针对产垃圾的人。但在一个提倡垃圾分类的社会，我从小捡废品，反被嘲笑。

这个苦我吃了26年了，就好像一碗饭，我觉得挺好，为什么你们觉得不好。

....

真的，我什么都想看，我原本以为像我这样的人可以为社会作一番贡献，但怎么也没想到会沦落至此。

（红星新闻记者 王春　发自上海　编辑 冯玲玲）

点评： 这是一篇针对当时网上热议流浪汉的报道，导语部分概述流浪汉形象，并对当前网上针对这一事件的说法给出说明，接着对报道的采访背景做出介绍，通过实地采访，以采访对象口述内容为正文，为受众还原事实真相，最后自然结尾，既体现了新闻的真实准确，又有社会新闻的故事性和趣味性。

社会新闻原文

3.3.2　体育新闻

体育新闻是对最近的与体育相关的事实的报道，包括体育赛事、体育活动、体育人物等。体育竞技活动从古至今就是人们关注的内容，现如今随着人们物质生活水平的提高和媒体技术的发展，人们接收体育信息和观看各大赛事也更加方便，体育新闻也在人们查看的新闻类型中占据着不容忽视的地位。

1.　体育新闻的特点

体育新闻以体育运动为依托，向人们传递关于体育运动的最新消息，以满足人们的精神文化需求，传播体育文化。总的来说，体育新闻具有以下特点。

◆**全球性：**相比于其他新闻，体育新闻是一种跨国家、跨领域的共享讯息，大众都对它有很高的关注度，且体育新闻基本是全球同步的，国与国之间因为体育活动也产生了不少的连接，如奥林匹克运动会、世界杯、戴维斯杯等体育活动的举办，就会产生很多国际报道。

◆**普及性：**体育新闻是面向大众的，其受众覆盖面很广，是跨性别、跨领域、跨文化的，受到社会人士广泛关注的新闻类型，因此其普及性强。

◆**专业性：**在各大体育赛事中，常常会提到一些专业性词汇和比赛规则，这是普通受众难以理解的，因此，体育新闻报道有时还要对体育规则进行解释，方便受众理解和观看。如果报道中出现了外行话，则会降低受众的阅读体验，影响报道该事件的媒体形象，因此新闻编辑也要多熟悉与体育相关的专业知识，满足其准确报道的要求。

◆**动态性：**现在的体育新闻也不再局限于纸媒，随着新媒体技术的发展，体育新闻的形式越来越多样化。例如使用动态图片、视频、网络直播等，可以将赛场上的精彩瞬间立体地展现在受众面前，不仅传播及时、形象，还能让受众更直观地感受现场氛围，这对受众来说无疑是一种非常好的体验。

2.　体育新闻的写作要求

体育新闻内容多样，如以各大体育比赛为中心的赛事新闻，以及关于群众体育、学校体育、体育社会新闻、体育司法问题和体育人物的非赛事新闻；体育新闻的类型也比较多，如体育快讯、体育通讯、体育新闻报道、体育述评等。一般说来，体育新闻短则一句话，长则以新闻六要素的方式呈现。要想写好体育新闻，可以从以下5个方面考虑。

◆**宣扬体育精神：**体育新闻区别于其他类型新闻的一个重要特点就在于体育新闻宣扬体育精神，这也是体育新闻工作者的工作重点。

◆**体现趣味性：**体育运动很多都是高水平竞技，其观赏性、表演性、竞技性等都较强，因此其写作不要程序化，而是要呈现运动的趣味，并用有感情的文字表现出来，与观众共情，挖掘事实中蕴藏的道理，理趣并存，才更能打动受众。

◆ **适当的预测**：在某些赛前或赛中报道中，因为场地、环境、参赛人员身体状况、教练部署等可能会被记者知悉，所以新闻编辑可以做一些大胆的、合理的预测，这也是写作允许的。

◆ **注重时效**：体育新闻同样讲究时效，如果新闻编辑能够快速、优先报道，就能更好地抢占先机，获得更大的传播量与话题关注度。

◆ **形式多样化**：以前的体育新闻，描述性内容居多，除电视、广播外，报纸多是黑白插图，且受限于版面，图片很少。而现在的体育新闻表现形式很多，即便是一句话的体育快讯，也能插入多张图片供受众浏览，因此体育新闻要善用图片、短视频、直播等形式。

范例

中国垒球联赛总决赛

新华社南京11月29日电（记者王恒志）2023年中国垒球联赛29日在南京结束常规赛争夺，江苏南工大玉麒麟队在收官战中11：1大胜竞争对手上海队，并凭借胜负关系力压对手，与辽宁蓝鲨队共同晋级总决赛。

根据规程，常规赛前两名进入总决赛。最后一轮比赛前，辽宁蓝鲨队已锁定一个总决赛名额，暂居二三位的上海队和南工大玉麒麟队末轮狭路相逢，二者的直接对话将决出另一个总决赛资格。

本赛季此前两度交手，沪苏两队各胜一场。29日晚，坐镇主场的南工大玉麒麟队发挥神勇，在第四局连续通过安打得分，将比分定格为11：1。根据规则，在第四局领先10分即可结束比赛，南工大玉麒麟队拿下本场比赛后，积分追平上海队，胜负关系占优的她们最终反超上海队，获得总决赛资格。

联赛常规赛最终排名为辽宁蓝鲨队、江苏南工大玉麒麟队、上海队、广东奥龙堡队、四川终能队、河南队、浙江古越龙山队、陕西秦风汉韵队。总决赛采用三场两胜制，将于12月1日开打（文中插图已省略）。

点评：本篇体育新闻的第一段导语是对新闻消息的提炼，接下来补充背景，对导语进行补充叙述，最后一段是对比赛现阶段排名、总决赛信息等的说明，是典型的消息的写法。

范例

古城做伴 "陆游"水乡跑马

新华社绍兴11月27日电（记者曹奕博、胡佳丽）宋服飘飘，头戴乌纱帽，步履轻盈，26日，在镜湖旁挤满了马拉松跑者的绍兴市奥体中心，记者一眼便瞥见了"陆游"。

当然这不是真的诗人陆游，而是跑者金松伟扮演的。金松伟是绍兴市锡麟中学的党支部书记，同时在学校教美术，也是一位马拉松跑者，在得知2023年绍兴马拉松以"宋韵文化"为主基调，又以"陆游"作为名人元素后，老金便决定扮演这位"绍兴老乡"。

"陆游是南宋著名的诗人，存世的诗词一共有9000多首。"金松伟滔滔不绝地进行着"自我介绍"，"他活了85岁，在800多年前的南宋时期，85岁绝对是高寿，为什么高寿，就是强身健体，这和努力增强自己体质的马拉松精神非常契合，今年的主题又是'陆游'，我便扮演了他。"说着，金松伟将了将他在轻纺城买的古装，转过身，向旁人展示了他背后的一首陆游的诗词。

自2017年首次鸣枪开跑以来，绍兴马拉松已经成功举办了六届，六届比赛金松伟从未落下，并在往届多次扮演主题历史人物，成了赛道上的"文化担当"。

"第一届是抱着玩一玩的心态，扮演了一个海盗，后来我觉得应该把绍兴的文化底蕴、文化名人和马拉松结合起来。"金松伟说，他后来扮演过徐渭和鲁迅。

"（扮演）鲁迅那一次我养了40多天的胡子，假胡子黏着不舒服，12公里跑下来，汗很多会受影响。"金松伟说他此前没养过胡子，但为了在马拉松赛道上更好地还原鲁迅破了例。

老金的装扮并不显得突兀，反而成了主打"文化体验"的绍兴马拉松上的"点睛之笔"。

绍兴马拉松也称"越马"，名字取自绍兴古时旧称越州，42.195公里的"越马"赛道途经鲁迅故里、府山横街、仓桥直街、府山、越王台、鉴湖、柯岩等人文自然景观，将这座古城2500年的历史文化串在了一起，展现出了"水乡""桥乡""书法、名士之乡"的独特魅力。

"越马"的"文化属性"还反映在完赛奖牌上，2017年的奖牌是"越王剑"，2019年是王羲之的兰亭"羲之砚"，今年的奖牌呈现了陆游喜爱的梅花和具有江南水乡特色的水纹，背面以陆游的诗词名句为背景，人们耳熟能详的《游山西村》中的"山重水复疑无路，柳暗花明又一村"就是刻在奖牌上的名句之一。

金松伟介绍，曾有来自首都媒体跑团的资深跑者将"越马"称为"中国最具文化魅力的马拉松"，他也愿意借此鼓励继续在跑马的途中展示家乡文化。

令金松伟开心的是，他的努力已经引起了学生们对跑步和文化的双重兴趣。"我是教美术的，他们都以为我是教体育的。"金松伟说，"我会在大课间和学生们一起跑步，也会和田径队一起训练交流。"

每当绍兴的马拉松季来临，"金老师这回扮谁"就成了学生们的热议话题。"我有一次跑步因为中暑差点晕倒，我的学生们就说，金老师您下次扮成大禹吧，我问为什么，学生说扮大禹的话，可以把裤腿挽起来，就不怕热了。"金松伟笑着回忆道，"他们是在关注的。"

5小时14秒，金松伟在今年的"越马"上顺利完赛，这个成绩对他来说并不突出，但用老金自己的话来讲，"我已经50多了，不可能达到什么高度了，我跑马的理念就是快乐"。

"明年他会扮成谁来跑？"马拉松爱好者们要等上一年再来水乡绍兴才能知晓答案了（文中插图已省略）。

点评：本篇体育新闻聚焦于绍兴一位马拉松跑者，借此介绍绍兴马拉松的文化属性，并细致描述该绍兴马拉松跑者具备的体育文化意识、体育精神，既宣传了绍兴马拉松体育文化活动，生动展现了体育活动的趣味性，又在一定程度上激励大众享受运动，重视体育运动中的文化意味，传达了一种快乐运动的体育精神，引人深思。

3.3.3 科技新闻

科技新闻是对科学技术的研究发展进行报道，且向受众传递科学知识的一种新闻体裁，能让受众燃起对科学、对世界的探索和对未来的美好期许。科技新闻的知识性和科学性特征明显，科技新闻必须是真实的、有事实依据和理论基础的，传播出去能让受众获得知识上的提升。同时科技新闻的语言还要通俗易懂，要用受众能够接受，能看懂、读懂的表述去报道最近的科技信息。

1. 科技新闻的分类

科技新闻依据报道内容的不同，主要可以分为科技人物新闻、科技成果新闻和科技政策新闻3类。

◆**科技人物新闻：**关于在科技领域有所成就或从事科技研究的工作人员的新闻。这类新闻一般用于报道这些人物的科研精神、科研事迹和研究成果，主要是站在时代的、民族的高度去诠释科研和人生的意义，从而提高人物形象，抒发情怀。

◆**科技成果新闻：**关于科技研究活动中取得的研究成果的介绍与报道。这类新闻报道一定要体现所报道研究成果的价值和其带来的影响。

◆**科技政策新闻：**关于会给科技研究会带来影响的政策的报道，一般科技政策的发布会对科技的发展和科技活动产生影响。科技政策新闻主要起传播和科普作用，一方面可以让受众了解当前的科技研究环境，培养其认同感，另一方面能联合受众督促科技政策的落实情况。

> **小提示**
>
> 科技新闻能起到很好的宣传效果，如果受众认同当前的科技政策，不仅可以增强对国家科技实力、科技发展前景和空间的信心，提高民族认同感，还有可能会激发受众在科技研究方面的兴趣，甚至引导其身边人或下一代关注该领域，使其投身到该领域的建设中，为祖国的科技发展、繁荣昌盛培养后续力量。

2. 科技新闻的写作注意事项

科技新闻的写作要注意以下4个方面。

◆ **写作要及时：** 稿件完成时间越快，进入受众视野和获得关注的时间就会越早，传播效果也会越好。当然，及时完成稿件的同时也要注意以精简写作、短小精悍为佳。

◆ **要择取有新闻价值的内容：** 科技新闻最好选取新兴的、有价值的材料来报道。例如，新发明、新研究成果、新理论和发展突破等，或重要的科研活动，这样的新闻报道才有价值，才更能吸引受众的关注。

◆ **要注重科学性：** 科技新闻要以科学事实为依据，尤其是科研成果，只有经过专家的鉴定且经有关部门确认无须保密的内容才能报道。

◆ **语言要通俗：** 有些科技新闻专业性强，受众阅读比较困难，因此新闻编辑写作科技新闻时，最好用受众易于理解的方式进行表达，要求语言通俗，生动有趣，对文章中的专业词汇适当地做一些注释，降低受众的阅读难度。

范例

2027年我国人工智能服务器市场规模将达134亿美元

在29日召开的2023人工智能计算大会（AICC）上，国际数据公司IDC和浪潮信息联合发布《2023—2024年中国人工智能计算力发展评估报告》。报告预计，2023年中国人工智能服务器市场规模将达91亿美元，同比增长82.5%，2027年将达到134亿美元，年复合增长率达21.8%。

据悉，这是自2018年以来该报告的第六次发布。报告认为，人工智能正在加速从感知智能向生成式智能迈进，人工智能算力需求也因此快速增长。报告预计2022—2027年中国智能算力规模年复合增长率达33.9%，同期通用算力规模年复合增长率为16.6%。全球人工智能硬件市场（服务器）规模将从2022年的195亿美元增长到2026年的347亿美元，五年年复合增长率达17.3%；其中，用于运行生成式人工智能的服务器市场规模在整体人工智能服务器市场的占比将从2023年的11.9%增长至2026年的31.7%。

报告称，中国企业对生成式人工智能的接受度普遍较高。据调研，67%的中国企业已经开始探索生成式人工智能在企业内的应用机会或已经开始进行相关资金投入。中国企业尤其认可生成式人工智能在加速决策、提高效率、优化用户和员工体验等维度带来的价值，并将在未来三年持续提高投入力度；但与此同时，企业需要直面计算、存储等资源短缺，行业大模型可用性待提升以及投入成本高等问题带来的压力。

报告指出，中国人工智能技术正加速迈入全面应用时代，2023年人工智能的行业渗透度排名前五的行业依次为互联网、电信、政府、金融和制造，其中，电信从上一年的第四跃升至第二。报告显示，过去五年（2018—2022年），北京、杭州、上海、深圳、广州、合肥、苏州、重庆等城市在人工智能领域具有较为突出的表现。受到生成式人工智能、智能计算中心投入的影响，2023年中国人工智能城市评估排行榜发生变化，北京依然位居首位，杭州和深圳分别位列第二位和第三位。此外，位居前十的城市还有上海、苏州、广州、济南、合肥、重庆和成都。（记者 操秀英）

点评：本篇报道是针对2023人工智能计算大会（AICC）的及时报道，以会议上国际数据公司IDC和浪潮信息联合发布的《2023—2024年中国人工智能计算力发展评估报告》为核心，主要介绍该报告中关于我国人工智能发展的重要数据，有利于广大受众建立对我国人工智能发展现状和未来发展情况的大致了解。

3.3.4 法制新闻

在《中国新闻实用大辞典》中，有对法制新闻的定义："法制新闻是有关法律制度建立（立法）、执行（执法）、监督等的新闻"。在中华全国法制新闻协会编写的《法制新闻概述》中，法制新闻被定义为"法制新闻是新近发生的重要的民主与法制生活的事实报道，它是新闻大家族中的一个重要分支"。由此可见，法制新闻主要是对近段时间发生的、关于民生与法制的、具有新闻价值的客观事实的报道，它具有较强的政治性，可能涉及反腐倡廉等方面的内容。

现在常见的法制新闻有短视频新闻、图片新闻和头条文章等几种形式。如果是法制小故事，需介绍事情的起因、发展、结果等；若是长篇报道，正文部分则按照导语、主体、结尾、背景等组织材料，展开叙述。法制新闻范例如图3-6所示。

图3-6 | 法制新闻范例

3.3.5 娱乐新闻

娱乐新闻是根据人们的某种需要而生产出来供人消费的信息产品，它主要关注的是文化艺术和各类娱乐活动。娱乐新闻不同于其他类型的新闻，娱乐性和趣味性是其突出特征。娱乐新闻的受众十分广泛，它为受众提供消遣娱乐的同时陶冶受众的情操。娱乐新闻在写作上具有以下4个特点。

1. 趣味性与思想性并存

娱乐新闻是面向大众的、通俗的文化新闻，常涉及各类影视作品、演员事迹、趣味轶事等内容，因此其语言风格比较轻松活泼，事件比较通俗有趣，能让人产生愉悦感。有些娱乐新闻通过报道一些名人、企业的负面新闻或低俗内容来吸人眼球，这是不利于娱乐新闻的健康发展的，娱乐新闻同样需要高级趣味。因此新闻编辑创作娱乐新闻时，要注意价值取向，在满足受众娱乐需求的同时弘扬正确的价值观。

图3-7所示为一篇报道狗减肥事件的视频娱乐新闻，该报道从事件前因后果入手，讲述了一只因为过于肥胖而面临安乐死的狗在新主人和自己的不懈努力下成功减肥的故事。新闻最后借主人的话传达了人与动物之间的爱和人道主义关怀，只要自己不放弃自己，狗都能减肥成功，还有什么事做不了呢？

图3-7 | 弘扬正确价值观的趣味新闻

2. 避免新闻信息重复

在网上，一件事引发讨论后，总有很多的媒体号跟风报道，这样难免会有重复信息，从而导致受众产生阅读疲倦，忽略这些内容。因此新闻编辑在写作娱乐新闻时，如果不能抢占先机，建议换个角度进行报道，可以考虑报道该事件的边缘信息，例如，很多新闻媒体报道某新剧开播，就可额外添加剧情简介、主创阵容、发布会上的故事、导演创作意图等内容，这些内容也很容易引起受众的关注。

3. 叙述客观真实

在报道娱乐新闻时，不要捕风捉影、过分贬低报道对象，也不应过度吹捧，以免误导受众。娱乐新闻的写作也要真情实感，客观真实，这样才能打动受众。

4. 互动性强

娱乐新闻与体育新闻一样，受众广泛、关注度高，在网上传播力很强，且受益于新媒体技术，其娱乐互动性非常强，受众会就此进行讨论甚至形成话题，使之影响广泛。例如，故宫文创产品和《我在故宫修文物》纪录片的火热，引发了很多受众对北京故宫博物院院长的关注和喜爱，因此其退休一事被报道出来后，立刻在微博形成了话题并引发了广大受众的讨论，其新闻热度实际上是对文艺工匠精神的肯定与宣扬。

图3-8所示为某新闻媒体针对热播剧《繁花》的部分新闻报道，这是一篇娱乐新闻快评。该新闻报道以电视剧《繁花》使用沪语进行引入，论述了方言背后的历史文化与地方底蕴、方言在作品表达上的重要作用，以及方言在文化传承等方面的价值。语言活泼，有理有据，价值性、趣味性和话题性都很强。

东方快评|沪语版《繁花》引发追剧热：方言艺术"繁花"盛开

纵相新闻 原创
2024-1-3 16:24 上海 东方网纵相新闻官方⋯ 关注

🎧 听全文·约4分钟 8人听过了

"蛮扎劲额，一定要看沪语版！"近日，电视剧《繁花》相继在中央电视台和东方卫视推出，许多人打开了电视机，每天准时围坐追剧，围观"宝总"的故事和他们印象中的上海。根据相关收视榜单，《繁花》在连续数日黄金时段的收视率登顶央视收视榜，1月2日达到1.8042%。

电视剧《繁花》本身很具有话题性，不管是其拿奖拿到手软的原著，还是剧集里出现的让人惊喜的新面孔，还是"墨镜王"讲故事的特质。然而，对许多观众来说，更具话题度的还是沪语版《繁花》，他们纷纷表示，"看得很上头"。

有网友说，看《繁花》不看沪语版，就相当于去重庆的火锅店点清汤锅底；还有人说，

为什么沪语版《繁花》如此受关注？有人这样总结：相较于普通话版，沪语版更能展现出上海独有的历史文化与深厚底蕴，也能让观众沉浸在更地道的上海风情中，细品90年代上海当地人民的生活态度⋯⋯

方言是智慧的结晶，也是一种文化力量和文化模式。人们自幼习得了这种语言，把其中包含的文化观念、文化价值、文化准则、文化习俗深深融进了自己的思想和行为之中。于个体而言，方言是镌刻在其身上的独有印记，一句话，便能"暴露"他"来自哪里"，从而让人猜测到其可能会有什么样的品格。因此，方言背后，不仅是或豪爽或耿直或精明的个体，更是鲜活的生活、生动的历史、深厚的文化积淀，以及可能发生在这块土地上的故事。

除了荧屏上热播的《繁花》，上海话剧艺术中心最近正在上演沪语版《长恨歌》，同样是用沪语来表现发生在上海的故事，也引发了观众的热捧。有人无限感慨地说："上海话，才是这个故事的原味。"

着上海这座城市的基因密码，承载了这座城市的时代回音、文化血脉、历史记忆。看方言版，对熟悉这里的人来说，能产生强烈的亲切感和归属感，而对希望了解这里的人来说，又多了一个能直击城市灵魂、深入其肌理的渠道。

沪语版《繁花》的大受欢迎，也说明在互联网时代，方言依然具有强大的吸引力和生命力。除了电视剧，近年来，方言短视频、方言说唱、方言短剧、方言电影等艺术形式也很受欢迎，前段时间的"为家乡上分"系列短视频走红就是个很好的例子。

语言是国家的重要资源，方言是地方文化的丰富宝藏，有着鲜明的地域文化特征。保护方言，无论对中国文化的保护与传承，还是对语言生活的丰富、语言研究的推进，都有着不可估量的意义。

留住乡音乡愁，留下城市记忆，沪语版《繁花》的受欢迎，或许为方言的使用和传承又打开了一扇窗。

图3-8 | 娱乐新闻范例

 素养小课堂

娱乐新闻虽然相比其他新闻，更注重新闻的趣味性和轻松活泼，但新闻编辑写作时不能只考虑"爆料"、吸引力，还要增加新闻的厚度与深度，因为新闻也承担着培养受众审美情趣的作用，娱乐新闻在满足大众正常娱乐消遣需求的同时，应助力社会健康审美情趣的形成。

3.4 会议新闻与现场短新闻

在新闻的创作类型中，会议新闻和现场短新闻也是现在经常涉及的新闻领域，尤其是现场短新闻，在如今的资讯时代，其使用频率高、范围广泛，符合受众的阅读需求。本节将分别介绍这两种类型的新闻。

3.4.1 会议新闻

会议新闻是指报道会议上发生的事实、做出的决定，或与会议有关的新闻，通常可理解为报道会议的新闻。会议是一种非常重要的工作形式，因此会议新闻在新闻中占据了重要的地位，也是新闻编辑应重点关注的写作类型之一。会议新闻可报道的内容包括党政工作方面的内容，各行各业、各级、各部门的会议内容，报告会、文艺晚会、交流会、悼念会等方面的内容以及新闻发布会的内容等。

1. 会议新闻的写作方法

会议新闻主要围绕会议展开，新闻编辑在写作时要了解以下4种方法。

◆会议新闻取决于会议内容，而会议一般有很多文件资料和发言，因此新闻编辑需要认

真分析与研究这些内容，要学会精简内容、化整为零，将会议的重要内容概括出来。

◆会议新闻要注意介绍与会人员、时间、地点、主题和会议程序，有时这些内容也会成为报道的热点。

◆以会议文件为主要报道内容的会议新闻，如果文件长、内容庞杂，一般需分割成若干篇，一篇一个标题，一篇突出一个主题。

◆在介绍会议人员时，要注意主次之分，需要写清楚出席的领导的职称、名字，同时还要注意领导名字的排序。

小提示 会议新闻的提前准备和到场采访环节很重要，新闻编辑要摸清会议主办单位、会议宗旨、与会人员等，才能做出针对性的采访，写出现场细节，以及更有价值的、生动的内容。

2. 会议新闻写作的注意事项

在写作会议新闻时，要注意以下3个方面的注意事项。

◆忌"程序化"：某些会议新闻会按照会议的流程依次罗列内容，像流水账一样，不分轻重，非常程序化。但实际上，大多数受众对烦琐的流程并不感兴趣，因此新闻编辑写作时要以会议的重要事实为主干，将流程、会议等作为背景。

◆忌"概念化"：在描述新闻事实时，常会出现将会议讲话人说的话以及会议文件进行摘抄的情况，记录很多套话、空话。实际上，这种写法已经脱离了新闻写作的本质，会议新闻变成了会议纪要甚至宣传材料，因此会议新闻要更注重新闻价值，不要模式化、概念化。

◆忌"每会必报"：会议的规模、内容和形式多样，但这并不代表每场会议的内容都要报道，大会大报、小会小报，要根据会议的内容来决定是否报道，以及是否重点报道、报道篇幅多大等。总体来说，会议新闻要遵守简发、少发的原则，内容应尽量精简。

3. 会议新闻的写作要点

在叙述会议导语部分时，需概述会议情况和主题思想，包括会议时间、会议地点、与会人员、主持人和会议目的等，正文主要是根据报道的主题概括会议主要讲话人（一般为职位最高的人）的观点或讲话内容，然后是次要讲话人的观点。此过程中可以以会议流程为背景，通过提炼重要人物的讲话内容，达到突显本次会议主题、深化本篇新闻主要思想的目的。结尾则可以概括举办这次会议的意义，也可以是领导讲话。

范例

首届水利-农业高质量发展交流培训会召开

人民网北京8月25日电（记者王仁宏）8月24—25日，"第一届水利-农业高质量发展暨认证、检测、标准、计量交流培训会"在陕西省西安市盛大召开，来自水利、农业、市场监管等行业主管部门、协会以及企业家代表150余人参会。

水利部水资源管理司原副司长郭孟卓、原国家质检总局总工刘卓慧、陕西省水利厅一级巡视员魏小抗、中国灌区协会会长李仲斌、中国农业节水和农村供水技术协会秘书长吴玉芹、黑龙江水利厅原副厅长王铁、国家市场监管总局认证监管司调研员廖少冕等领导同志莅临会议并出席开幕式。

据悉，本次会议的主题是"搭建质量基础设施服务平台、助力行业企业高质量发展"，围绕认证、检测、标准、计量等质量基础设施建设开展培训交流，旨在深入贯彻水利、农业、市场监管等行业最新政策，分享管理和技术典型经验。

开幕式上，魏小抗介绍了陕西省贯彻落实《质量强国建设纲要》，推进大中型灌区节水改造和规模化供水工程建设管理工作成效，提出要加强水利标准、计量和认证工作试点布局，促进陕西水利高质量发展。

廖少冕充分肯定了中国水科院及其所属单位在做好相关认证工作的基础上，为制度建设科研支撑和技术支持作出的突出贡献。提出要综合运用标准、计量、认证检测等质量工具支持产业发展和节水事业。

中国水科院水利所所长李益农在致辞中表示，中国水科院及其所属公司要坚持"节水优先、空间均衡、系统治理、两手发力"治水思路，进一步强化标准研究，加强行业计量设施建设，提升检验检测能力，创新丰富认证制度，逐步打造具有行业特色和专业特点的基础设施，助力水利高质量发展。

本次会议得到了中国水利水电科学研究院、中国灌溉排水发展中心、中国灌区协会、中国农业节水和农村供水技术协会、农业农村部耕地质量监测保护中心、农业农村部工程建设服务中心、中国标准化研究院、中国计量科学院先进测量中心的大力支持，共邀请了10位水利、农业、市场监管等行业知名专家和4家优秀企业进行了专题报告、技术培训与经验交流。

此外，本次会议共有110多位企业内审员、检验员通过了培训，大会为通过培训的内审员、检验员代表现场颁发了内审员、检验员证书。

点评： 这次会议为首届水利-农业高质量发展交流培训会，第一段为新闻的导语，介绍了会议名称，会议召开的时间、地点和参会人员等信息。接下来介绍出席会议开幕式的领导同志、会议的主题，然后介绍重要参会人员的发言，即会议主旨和想要落实的事，最后两段介绍一些其他相关信息，包括会议得到了哪些行业组织机构的支持、培训结果情况等。整篇新闻结构清晰有条理，使得会议内容一目了然，值得借鉴参考。

3.4.2 现场短新闻

现场短新闻是新闻编辑在现场进行实时报道的新闻内容，其采访与新闻发布同步发生，是针对正在发生的事实的报道，具有很强的时效性。这种形式的新闻报道可以让新闻编辑随时捕捉新闻，受众也比较喜闻乐见。

1. 现场短新闻的基本要求

现场短新闻因为现场感和立体感很强，又被称为现场速写、目击新闻，因此其写作一般需满足3个方面的要求，即强现场感、报道精短和有较高的新闻价值。

◆**强现场感：** 现场短新闻要善于抓取现场细节，捕捉现场的动态场景，营造现场感强的画面，让受众有身临其境的感觉，这样能大大体现新闻的真实性和可信度，同时增强画面感和可读性。如下所示为某介绍棚室经济的报道，其对双鸭山农场的草莓园采摘现场进行了描述，让受众有一种身在现场的感觉。

2月20日上午9时，笔者走进双鸭山农场"果蔬王国"，一踏进草莓园，草莓的香甜味道就扑鼻而来，一垄垄的草莓苗绿意盎然，一颗颗熟透的草莓隐藏在绿叶间，煞是喜人。这里的草莓已进入盛果期。目前，正值销售旺季，前来采摘的游客三五成群，拎着采摘篮穿梭其中，棚内欢声笑语，好不热闹。

◆**报道精短：** 精短一直是现场短新闻的重要特点，现场短新闻要能将传播性和价值高的信息压缩在精练的文字中，做到短而不空、生动而有力度，这样才方便受众阅读。

◆**有较高的新闻价值：** 短新闻要是新的、受众关注的，要能表现出深刻的主题、思想或意义，要有传播价值、审美价值和宣传价值，这样，才能产生良好的社会效果。

2. 现场短新闻的分类

根据现场短新闻表现形式的不同，可以将其划分为动态式现场短新闻、故事式现场短新闻和特写式现场短新闻3种。

◆**动态式现场短新闻：** 动态消息式的写作形式，即以消息的框架为主要结构，以现场再现情景为内容，以叙述的方式来描写现场目击的事实，现场感很强。

◆**故事式现场短新闻：** 倾向于展现一个现场小故事的新闻报道方式，这种写作方式同样强调现场感。

◆**特写式现场短新闻：** 其区别于一般的特写的地方在于这种写作方式需要进行现场的目击采访，其内容必须来自现场，在用描写、记叙的手法写作主要新闻事实的同时要展示现场的动态场景，相当于现场性的新闻特写。

3. 现场短新闻的写作要点

新闻编辑在写作现场短新闻时，要注意以下4个方面的写作要点，以写出真实、生动的现场短新闻。

◆**以小见大：** 新闻编辑要学会透析现场，分析典型场景、人和物，并从中提炼出主题内容，挖掘主题意义。

◆**多感官描述：**新闻编辑要着重描述新闻现场人、物、环境、气氛、声音、色彩等内容，充分调动视觉、嗅觉、听觉等感官，这样有利于活灵活现地展示现场，增强代入感和目击感。

◆**选取典型细节：**现场短新闻的重点是再现现场新闻事实，进行场景重现，因此要选取能烘托现场气氛、展示新闻特征意义的场景，再通过细致的观察展示现场细节，并融入新闻编辑真挚的感情，这对典型场景的塑造是很有帮助的。

◆**抓住现场动态：**动态场景描写若能十分传神，就能牵动受众的心，因此现场短新闻要抓住现场事件的动态发展，再现人与物的动态情景。

> 现场短新闻的3个必备要素是"现场""短""新闻"，所以既要有现场事实，还要有新闻内容和新闻价值，且要简明扼要，一般为600~800字，这几个要素缺一不可。此外，新闻的主题不一定大，但一定要有意义，同时还要综合考虑新闻的体裁、内容是否适合被写成现场短新闻。

范例

欢快的锅庄跳起来

（新华网青海频道西宁8月18日电）傍晚，夕阳洒满大地，风筝起舞。省城新宁广场上，一群小伙子、姑娘哼着歌儿，愉快地忙活着：拉电线、找电源、抬音响。

19点整，音乐声渐起。

早早在旁边等待的人心领神会，跳起了相同的舞步；刚刚在工地上干完活的农民工也走进舞场，在人流里尽情旋转。小小的舞台根本不够他们驰骋，锅庄的热情豪迈可见一斑。

张大妈和女儿在一旁观看，从人群中伸出一双手，向她们示意："来吧，一起跳。"张大妈和女儿走入舞场，她们羞涩的表情映照在余晖中。

这个锅庄舞点在新宁广场上已有6个年头，发起人姓王，大家都叫她王阿姨。交谈中，她的目光始终追随着刚刚那几名做准备工作的年轻人，此刻，他们成了领舞人。王阿姨说，因为锅庄，她和这些来自青海民院、青海大学、青海师范大学的藏族学生结下了友谊。24岁的央措趁着间歇，接过王阿姨的话："不仅是我们，每一个在这里跳舞的人，都是因为这藏族特有的舞蹈结了缘。你看，这围成一个圈跳舞的一两百人，男女老幼，大家跳得多高兴。"

此时，王阿姨从口袋里掏出一个小饰品，她说："这是北京的舞友送的，一个星期前，他们慕名到这里参观，送给我这个有纪念意义的礼物。"王阿姨说，每天清晨，在北京日坛公园，也有不少人跳锅庄。发起人是青海人王建林。从今年3月底到现在，日坛公园锅庄点的参与人数由几人发展到了百余人。"北京人对锅庄特别感兴趣，这几个月我教了六十多套锅庄，现在，我们正在排练《吉祥的日子》，8月25日要在日坛公园演出。"

电话那端，王建林侃侃而谈。7月15至22日，因为锅庄而对青海文化产生浓厚兴趣的10名北京人，在王建林的带领下来到青海，他们在中心广场、新宁广场，以舞会友。

王建林说："因为锅庄，许多北京人对青海有了更多的了解。从这个意义上讲，锅庄在每一个舞者心里架起了一座桥梁，成了不同地区、不同民族群众交融的载体。"

点评： 这是一篇关于锅庄的现场短新闻，这篇新闻基本上是对现场场景的刻画和现场参与者的采访内容，表现了现场的欢乐气氛，是一篇典型的现场短新闻。

 思考与练习

1．消息有什么样的特点？

2．简述消息的分类，并说明不同类型消息的写作特点。

3．消息有哪些不同的写作结构？试说明沙漏结构的特点，并选取一篇新闻范文进行分析。

4．通讯可以分为哪些种类？

5．新闻专访有哪些写作要求？

6．新闻特写有哪些类型？在写作时应注意什么？

7．你认为深度报道的写作需注意哪些事项？

8．娱乐新闻有哪些写作方面的特点？

9．以你身边发生的新鲜事或风貌为例，分别写一篇消息和新闻特写。

（提示：可以以热门话题为内容蓝本，也可以以新闻联播、网络直播、纪录片和其他资讯频道的节目内容为蓝本）

第4章
网络新闻编辑与传播

　　互联网技术的发展，不仅加快了新闻稿从成稿到出稿的速度，而且使得新闻素材来源渠道和传播渠道也得到了拓宽，新闻形式进一步丰富，新闻的普及性和受众触达率也大大提高。现阶段，人们通过智能手机就能看到海量的、品类繁多的网络新闻，网络新闻也成为人们获取信息和了解世界的重要途径。然而，目前网络新闻良莠不齐，如何提高己方新闻稿的质量，使其在众多网络新闻中脱颖而出也成为新闻编辑亟须解决的问题。这就要求新闻编辑在网络新闻的编辑与传播上多下功夫，尤其是要关注网络新闻标题制作、网络新闻内容制作、网络新闻专题和网络新闻评论等几个在网络新闻中占比较大的类型，探索网络新闻的写作规律和特点，从而更好地了解与掌握网络新闻的写法。

4.1 网络新闻标题制作

网络新闻标题承担着新闻"窗口"的作用，具备浓缩内容与协助导读的双向功能。新闻标题与新闻是一体的，若标题不出彩，不能吸引受众点击，新闻就几乎没有价值。尤其在网络环境中，若受众不能点击标题超链接，新闻的传播功能就会失效。因此新闻编辑要抓住新闻事实中的一个或多个要素，通过恰当组合抓取"新闻眼"，创作出既生动又要素齐全的新闻标题。

4.1.1 网络新闻标题的特点

网络新闻标题既要精简，又要尽可能地承载更多信息，以吸引受众，并满足其通过网络获取新闻信息的需求。在特定的网络环境下，网络新闻标题有以下5种特点。

1. 单行为主

新闻标题在网络中常成列表式分布，简明扼要地将信息展示于主页面或二级页面上。在网络中，为节约空间、方便点击，新闻标题基本只有一行。

2. 字数有限

网页版面的整体布局是相对固定的，因此新闻标题的字数受到行长的限制，既不宜折行，也不宜空半行，一般是单行一句或两句的格式，如"人民日报钟声：谁在'为赋新词强说愁'"。网络新闻标题的字数应控制在一定范围内，避免出现需换行的情况。网络新闻标题字数根据需要和网站要求有所差异，大部分要求控制在30字以内，16~26字为宜。

3. 完整性低

很多报纸或电子报的新闻标题会使用多行标题来展示更多的信息，而网络新闻标题受限于表述空间，基本上只着眼于对最重要的、最新的或最本质的信息的提炼，更加突出某一点而不侧重于全面概括，相比之下，其内容的完整性更低、要素性更强。

4. 实题为主

在写作网络新闻标题时，出于揭示内容的需要，虽然多用实题，但还是会结合议论、抒情、设问等虚题一起提升新闻的表现力。实题主要叙述新闻事实，虚题可以是评价、要求或警示。使用虚题可以起到画龙点睛或锦上添花的作用。

网络新闻的内容则在其标题外的另一个页面，受限于标题长短或为了更好地揭示新闻的实质，新闻编辑会更多地使用实题直接揭露重要事项，以免受众看了虚题之后不得要领，影响新闻的点击率。

5. 语言通俗化

网络新闻标题为了适应年轻人想要快速浏览及获取信息的需求，会更注重表意要求，有些网络新闻标题的写作者会在不影响意思传达的情况下省略部分词语，如量词、介词，甚至主语、谓语、宾语。标题语言的表达也更加通俗化、口语化，如下所示。其中，第一则标题虽省略了主语，但通过"通车"一词，传达出较完整的意思；第二则标题表达比较通俗；第三则标题则使用了网络流行语"小姐姐"，这些标题都具有较强的吸引力。

今日官宣！计划明年通车

开往川西北的动车出发！3D解构+逛吃攻略来了

那个"挺厉害"的"小姐姐"，找到了！

4.1.2 网络新闻标题的功能

新闻的某一部分作用能否得到发挥，在于其功能是否实现，网络新闻标题的功能直接影响其点击率。一般来讲，网络新闻标题主要有以下4个方面的功能。

1. 评价新闻内容

网络新闻标题可用于反映新闻媒体对新闻事实的看法，不管是含蓄委婉，还是单刀直入，都具有一定的思想性，可以帮助或引导受众理解新闻内容。

2. 揭示新闻主题

网络新闻标题的显著作用就是揭示新闻主题，标题中将新闻中最重要、最有价值的信息揭示给受众看，让受众能快速获取关键信息，并且判断是否继续阅读。

小提示 | 为了引发受众的阅读兴趣，有些网络新闻标题会注重悬念性，隐藏不影响新闻事实判断的部分新闻要素，以激发受众的求知欲。

3. 吸引受众点击

如果标题中突出了有趣的、受众感兴趣的信息，或采取了优美的形式、生动的语言，就能有效吸引受众阅读新闻内容，提高新闻的点击率。

4. 链入正文

相比传统的新闻标题，网络新闻标题实际上是一种超文本链接，直接与新闻的正文相连接，点击标题之后可直接跳转到新闻正文页面，这是其独特的功能。

4.1.3 网络新闻标题的写作方法与范例

写作网络新闻标题要讲究一定的方法和技巧，下面结合范例介绍网络新闻标题的写作方法。

1. 句式要简单

网络新闻标题的句式应简洁精练，在有限的字数内尽可能清楚、准确地传达丰富的、有吸引力的信息。其中，单行一句标题和单行两句标题是常用的表现手段。

◆ **单行一句标题：** 抓住新闻的时间、地点、人物、事件、原因、结果等来组合新闻标题的手段，也称一句话标题。这种标题必须是实题，且能切中要害，既能吸引受众，又能让受众一目了然。示例如下。

历时一个多月，我的猫终于坐上了飞机

青丝变白发！空军退役女大校，大凉山支教10年

◆ **单行两句标题：** 在传达较多的信息时，将标题分为两句的表现手段。标题分为两句之后，表达空间更为广阔，所以单行两句标题在网络新闻标题创造中使用频繁。这两句话可以都是实题，也可以是虚实结合，类似于主题与副题或主题与眉题的组合方式。示例如下。

北京两座新水厂加入今夏供水保障 确保高峰时市民用水无忧

中国跆拳道队锁定4张奥运门票 步入备战新篇章

2. 巧用修辞

在网络新闻标题中使用修辞手法，可以使标题更加生动传神，常见的修辞手法有比喻、拟人、排比、设问、夸张、双关、对偶等。另外，在修辞的基础上准确表达新闻主题，可以让标题更加简洁鲜明、出神入化，达到言虽尽而意无穷的效果。示例如下。

"姚"到病除（双关）

"今日之中国"系列述评：直挂云帆济沧海（引用）

迪士尼童话的改编困境：颠覆还是复刻？（提问）

豆芽为什么这么"肥"？（设问）

听说 童话昨日回来过（拟人）

3. 融情入题

情感价值是新闻价值的有机组成部分，许多好的新闻的标题总能以情动人，充分调动受众的某种情绪、情感，增强标题的感情色彩与感染力，这样可以使标题更通俗易懂，更具有吸引力，而结合情感的表达将增加网络新闻标题的多样性。示例如下。

13岁男孩离家出走800公里，民警这波操作亮了！（好奇）

垃圾处理，岂能靠"甩锅"（谴责）

她们，获得中国史上首个世界篮球冠军！（喜悦）

广东一地火了！官方紧急提醒：别去！（警惕）

另外，在融情入题时，也要注意突出人文关怀，站在普通受众的角度，尊重他们的情感需求。例如，网络新闻标题《在流动的生活里，拼出值得守护的家 | 深度报道》就抓住了受众渴望理想生活的情感需求。

小提示　在写作网络新闻标题时，要注意区分动情与煽情，两相比较，动情是以真情感人，煽情则是以矫情诱人。而真正让受众产生情感共鸣的，一般都是真实的情感，而不是故意的煽情。

4. 生动活泼

网络新闻标题可以采用生动活泼的表达方式，如果形式优美、富有变化，还能为标题增色，甚至让人拍案叫绝。例如，从"费力不讨好"俗语改编而来的新闻标题"恋爱是件费力讨好的事"，将"九牛二虎之力"这一成语和工作人员想方设法搬走不愿意搬迁到新动物园的大象这一事件组合而成的标题"九牛二虎之力搬大象"，以及引用网络热词"安排"的标题"必须安排！13岁脑瘫男孩想当消防员，消防哥哥助其圆梦……"，会让广大受众有亲切感和熟悉感。这些都为标题增添了趣味性和灵动感，其他类似的标题如下所示。

西昌昨夜一箭送双星

千里赴蓉 只为活出个样来

但是，运用这一写作方法时也要注意分寸，避免因过于生动而使受众反感。例如，杭州女工因事故罹难使用的标题"女工二十七 惨死纺织机"，该标题故意追求韵律，反而让人觉得轻浮、反感。

素养小课堂

在写作网络新闻标题时，新闻编辑要充分开拓思维，设计出有吸引力的标题，例如，设置悬念，勾起受众的好奇心。但要避免成为"标题党"，即使用过度夸张、歪曲、恐吓、猎奇等手法来创作博人眼球的标题，以诱惑受众点击标题。

4.1.4　网络新闻标题存在的问题和对应措施

新闻编辑在写作网络新闻标题时，由于时间关系可能会比较仓促，无法细致琢磨遣词造句，因此难免会出现一些语法问题。下面介绍5种网络新闻标题存在的问题，新闻编辑在写作过程中应当对其引起重视并给出具体的应对措施。

1. 语意不清

标题语意不清就会造成歧义，使整个句意模糊，如果受众不知道标题要表达的意思或产生了错误理解，就会感到困惑，这会直接影响新闻的点击率。例如，一篇名为《××老师逝世，遗体告别仪式在八宝山举行》的报道，因"××"所从事的导演职业也使其被尊称为老师，且"人名+老师"的结构也容易让人联想成标题中的人即为去世的人，但其实去世的是其老师，这种写作手法就是对新闻内容的过度压缩，以至于语意不清。为了使新闻原意清晰，新闻编辑应将主语、宾语，以及标题中提到的人和事物之间的关系表述清楚，如将"××老师逝世"改为"××导演恩师逝世"，避免受众产生歧义。

2．词句不准确

现代社会，信息不是稀缺的，而是过剩的，稀缺的是人们的注意力。不管是哗众取宠，还是词意表达上的失误，标题词句失当都不符合新闻对准确性的要求，引起争议之后，还会损害网络新闻媒体的信誉。词句不准确的行为主要表现在以下4个方面。

◆**句子成分搭配不当：**句子中的句法或成分之间的搭配存在问题，如定语与中心语、主语和谓语搭配不当或违反语言习惯。

范例

搭配不当的标题

蒙面"劫匪"考验邮局防抢
武汉高校关于进一步搞活校产办集体企业有关政策的试行办法

点评： 第一句中，宾语是"邮局防抢"，但"考验"和"防抢"都是动词，明显不符语法规范，无法组成动宾短语，因此在"防抢"后加"能力"会更加合适。第二句"搞活"的宾语应是"企业"而非"政策"，这是动宾搭配不当造成的词句混乱。

◆**词语误用：**用错词句的现象，如词语与语境不符、用错成语、使用错别字，以及用了词义相近甚至相反的词等。词语误用在网络新闻标题中经常出现，这一方面是由于新闻编辑自己理解的偏差，另一方面则是因为输入语言时，输入了同义词或相近词，从而出现误用。

范例

词语误用的标题

韩辉病情平稳 关爱一如继往
灯火阑珊处——夜色中看大庆美丽的变化！
火车站站前大改造大快人心
权利下放：10类食品"准生证"不出区县就能办

点评： 这些标题中的"一如继往""灯火阑珊""大快人心""权利下放"等词语存在误用的情况。"一如继往"应为"一如既往"，"既"是"还是"的意思。"灯火阑珊"的意思是灯火暗淡、人烟稀少，新闻编辑显然是误把其当作"灯火辉煌"。"大快人心"的意思是坏人受到惩罚或打击，使大家非常痛快，而火车站站前改造是于广大市民有益、让市民高兴的事情，不符合此语境。"权利"与"义务"相对，一般体现为私人利益，"权力"则是一个政治概念，是一种职责范围内的支配力量，应改为"权力下放"。

◆**句子成分残缺：**在不影响句子的结构完整和意思明确的前提下，某些句子成分是可以省略的，省略不可以省略的句子成分则会出现句子成分残缺。常见的有中补短语、定中短语、动宾短语等某一成分残缺，造成句意不完整。下面示例中，如果缺了括号内的成分，则标题是有问题的。

南宁（一）小车冲入邕江 涉事汽车连撞两道护栏冲入江中

学校组织我们（观看）爱国主义影片

在这种情况下，新闻编辑就需要多注意句法和语法，在发稿之前仔细审核。首先标题语言要符合新闻原意，其次阅读起来要通顺，否则就需补足成分。当然，在不影响原意和整体句意结构的情况下，合理的词语省略也是可以的。下面示例中，括号内即为省略的成分，省略之后并不影响句意的表达。

男子背81（袋）麻袋现金买车，三年前背50多袋钱买过一辆了……

◆ **句式杂糅**：将两种不同的句法结构或几个意思混杂在一个表达式中，造成语句结构混乱、语义纠缠。例如，"我国一年错用抗生素造成极大的浪费和损失上亿元"这一标题即为句式杂糅的例子，其中包括"我国一年错用抗生素造成极大的浪费和损失"和"我国一年错用抗生素损失上亿元"两种句意。在前一句中"损失"是名词，是"造成"的宾语，而在后一句中，"损失"是动语，这样造成了杂糅，因此可以改为"我国错用抗生素，一年损失上亿元"或"我国一年错用抗生素造成上亿元损失"等简洁明了又能准确地表达意思的句子。

3. 题文不符

有些新闻编辑过于追求点击率，因此出于诱惑受众点击的需要，会违背新闻题文相符的原则，对网络新闻标题断章取义，故意采用具有争议性或故弄玄虚的写法，绞尽脑汁地追求诱惑性，即便标题与主页面新闻内容不符或与正文内容冲突，甚至没有关联，这种新闻标题在网络新闻中十分常见。实际上，这种故意制造噱头的做法并不会得到受众的长期关注，反而会让受众产生一种上当心理，对网络新闻的发展并无好处。

范例

大学生家门口掏鸟 16只卖千余元获刑10年半

大学生小闫发现自家大门外有个鸟窝，和朋友架了个梯子将鸟窝里的12只鸟掏了出来，养了一段时间后售卖，后又掏了4只。昨天，记者获悉，小闫和他的朋友小王分别犯非法猎捕和出售珍贵、濒危野生动物罪等，被判刑10年半和10年，并处罚款。（郑州晚报记者 鲁燕）

在家没事掏鸟窝，卖鸟挣了钱

"90后"小闫，原本是郑州一所职业学院的在校大学生。2014年7月，小闫在家乡辉县市高庄乡土楼村的小山村过暑假。7月14日，小闫和朋友小王发现自家大门外有一个鸟窝。于是二人拿梯子攀爬上去掏了一窝小鸟，共12只。饲养过程中鸟逃跑一只，死亡一只。

后来，小闫将鸟的照片上传到朋友圈和QQ群，很快就有网友与他取得联系，说愿意购买小鸟。小闫以800元7只的价格卖给郑州一个买鸟人，以280元2只的价格卖给洛阳一个买鸟人，还有一只卖给了辉县的一个小伙子。

再次掏鸟引来森林警察

7月27日二人又发现一个鸟窝，又掏了4只鸟。不过这4只鸟刚到小闫家就引来了辉县市森林公安局的注意。第二天二人被刑事拘留，同年9月3日二人被逮捕。2014年11月28日，新乡市辉县市检察院向辉县市人民法院提起公诉。新乡市辉县市人民法院三次公开开庭审理了此案。他们掏的鸟是燕隼，是国家二级保护动物。

2015年5月28日，新乡市辉县市人民法院一审判决，以非法猎捕、出售珍贵、濒危野生动物罪判处小闫有期徒刑10年半，以非法猎捕珍贵、濒危野生动物罪判处小王有期徒刑10年，并分别处罚金1万元和5000元。

新乡市中级人民法院二审维持原判。

2015年11月30日，小闫的家人透露，他们已替孩子请了律师，希望能启动再审程序。

点评： 这是一则在网络上引起了网友争议的新闻报道。有人认为其标题存在避重就轻的问题，有误导嫌疑。据判决书可知，首先，他们并非只是在家门口掏鸟窝，还去了树林里；其次，燕隼每窝仅产卵2～4枚，说明他们不止一次掏鸟窝，而是把掏燕隼的鸟窝当成挣钱的手段；再次，从他们在网上高价出售燕隼的行为可以看出，他们明知掏的不是麻雀等普通小鸟。依据我国现行法律法规，燕隼属于国家二级保护动物，非法捕猎、杀害、运输、出售10只以上即构成"情节特别严重"情形，应判处10年以上有期徒刑。最后有人指出，小闫是"河南鹰猎兴趣交流群"的一员，曾非法收购国家二级保护动物凤头鹰以牟利。因此此次判决是对这种明知故犯行为、数次犯罪的惩处。而这则新闻的标题使用了"大学生""鸟""家门口"等平常化的词语，避开"燕隼""惯犯"等重要词汇，将这种行为渲染成了一种略显无知的淘气行为，违背了客观事实，也误导了受众，这样的标题用词不当。

网络新闻标题应当题文一致，要做到这点，要满足以下两个方面的条件。

◆标题的论断在新闻中有充足的实际例证。

◆标题揭示的事实与正文内容一致。

4. 照搬纸媒标题

有些新闻编辑在将报纸上的新闻发布到网上时，并不会对其标题进行加工，要么是悉数搬运引题、主题、副题，要么就是直接省略引题及副题，只保留主题，若主题是虚题，就选择属于实题的引题及副题。这种做法在很多时候并不适用，不符合网络新闻传播的特点。因此，新闻编辑可以对原来的标题进行适当的处理。

在编辑网络新闻标题时，新闻编辑可以采用以下方法处理标题。

◆若是实题，需补足实题中缺乏的要素。

◆若是虚题，需重新编辑虚题。

◆重新阅读归纳，重新制作新闻标题，以满足网络新闻标题的要求。

在网络新闻中，还有一种新闻类型是电子报，电子报是纸媒的电子版形态，因此在电子报中，其标题和内容与纸媒可以是一致的。

5. 语言感情色彩导向失误

网络新闻标题难免会被新闻编辑增添一些感情色彩，给受众带来不一样的语言感染力，这种语言导向与"标题党"的作用类似。当使用的词汇发生变化、转向低俗或消极时，这种信息就是负面的，换个说法之后，又可能体现正能量，传达积极正面的感情色彩。

因此在处理网络新闻标题时，要注意使用的语言感情色彩方面的差别，例如，"昔日举重冠军沦为搓澡女工"这一标题明显就带有对搓澡工这种职业的歧视，将其视为"另类"，这不是新闻媒体该传达的价值观。

4.2 网络新闻内容制作

随着人们对网络新闻了解和认识的加深，网络新闻从最初的传统新闻的衍生形式，转变为崭新的面貌。网络新闻的编辑和传播已经具备一定的规模，网络新闻受到了受众的广泛重视，因此在创作网络新闻内容时，新闻编辑应当做好内容信息的编辑与处理工作。这可以从网络新闻的受众定位、创作形式、选稿标准、信息甄别和稿件梳理5个角度下功夫。

4.2.1 网络新闻的受众定位

新闻媒体的受众定位是指在分析媒介市场的基础上，对媒介产品的市场占位做出的决策。受众因性别、爱好、年龄、地域等的区别，对新闻的需求是不一样的，而这会直接或间接地影响到网络新闻媒体对内容策划和传播方式的选择。尤其是现在的媒介很多，新闻难以全部覆盖所有媒介渠道，一个媒介渠道也难以覆盖全体受众，而如果网络新闻媒体能选择更适合自己的目标受众，将会取得更好的传播效果。

对每个网络新闻媒体来说，明确受众定位是很重要的，这将有助于网络新闻的发展，使其吸引更多的目标受众，并间接促进整个行业的发展。

受众在网络上浏览信息时主要有以下8种情形。

◆为了寻找信息而进行网络搜索。

◆阅读时处于不耐烦的状态。

◆目的是以最快的速度找到想找的东西。

◆更倾向于浏览而非仔细阅读。

◆不喜欢过于花哨的页面，因为这会增加阅读的难度。

◆进入网站并没有特定的目的，只是被标题吸引而随意点击进来。

◆出于语言学习的需要，浏览信息来提升自己的阅读能力。图4-1中，人民网提供了
不同语种的新闻，并设置网页翻译，为受众提供语言学习的便利。

◆有阅读新闻的习惯。

图4-1 | 多语言报道

大部分受众的阅读心态会经常发生变化，且网络新闻的受众面十分广阔，要想更好地
了解新闻所面对的受众，可以做一些受众调查。目前有些新闻媒体已经有了这样的意识，
在受众登录新闻网站后，邀请其填写调查问卷。另外，网站也会搜集登录用户的数据信
息，分析其有关行为，如浏览偏好、停留时间等，以分析、判断受众阅读新闻的目的等。
这对网络新闻的编辑和发展有较大的促进作用。

新闻媒体的定位也会影响其目标受众，而受众的偏好也会影响新闻媒体。当然，主流
新闻媒体由于其深远的影响力，受众覆盖面很广、黏性很强；同时受众偏好对网络新闻的
影响也较为深远，如梨视频投受众所好，以短视频的形式播报一些趣闻，以欢快的音乐和
丰富的字体配色等带给受众新鲜感，有着不错的受众基础。又如人民日报受众广泛，超越
国界、民族，所以其官方网站设有日语、英语、俄语等板块，可见受众对网络新闻网站的
建设具有很大的影响。

4.2.2 网络新闻的创作形式

网络新闻的创作就是对新闻信息的处理，这种创作形式包括原创、转载、编辑加工和
聚合4种。

1. 原创

原创新闻就是新闻媒体的首发新闻，由新闻编辑以及评论员等撰写，是网络新闻中占
比最大的一种创作形式。原创新闻数量是衡量一个新闻媒体实力的重要标准，一般独家新
闻都是原创新闻。

2. 转载

转载新闻是网络媒体时代的一大特色。转载有两种表现形式：一种是由于某新闻媒体的网站建设不充分，没有专门的网络新闻编辑，因此粘贴自己的印刷版新闻稿件作为网络新闻的创作形式；另一种则是直接转载其他新闻媒体发布的网络新闻，如图4-2所示。

图4-2｜转载的新闻

转载有利有弊，其优点在于，一方面，媒体之间相互转载新闻能满足社会公众及时知晓重大社会事项的需求，另一方面，转载在某种程度上能扩大新闻的传播范围，提升首发媒体的影响力，从而为首发媒体带来更多经济效应和流量。但转载也会加重网络新闻的同质化现象，尤其是一些新闻媒体为了造成轰动效应、经济效应，盲目转载、不当转载，破坏媒体生态的平衡，这种现象会引起受众对新闻质量和新闻发展的担忧。同时，转载行为可能涉及一些法律问题，这也是需要新闻媒体注意的，如转载内容未经核实的新闻后被新闻当事人上告，会有涉及侵犯原作者的著作权、侵害摄影作品的信息网络传播权等风险。

3. 编辑加工

编辑加工也是新闻内容组织的一种常见手段，这是对网络新闻趋同性做出的一种转变，这种创作形式不是单纯地转载网络新闻，而是对转载的内容进行编辑与修改。它包括修改被转载新闻中的错字、语法错误等语言上的错误，纠正新闻在政策、法规、真实性方面的错误等，以提升新闻的准确性、可读性，保证新闻的质量。

另外，新闻编辑加工时还要重新编辑新闻标题，并处理将新闻发布到网络上之后的技术问题，使其符合网络阅读的需要。

4. 聚合

聚合是指对一个新闻事件、主题或话题的网络新闻进行整理，将其组合为更加完整的新闻内容。网络新闻的内容很多都比较分散，可能一条新闻报道事件发生，另一条新闻报道事件最新进展，还有一条新闻讲事件前因后果，这样呈现的新闻事实是不全面的，因此新闻编辑在写作时也会经常使用聚合处理的方式。聚合可以分为以下3种形式。

◆**以新闻专题的形式呈现**：新闻专题是多种主题的新闻集合，也是同一类型不同新闻的集合。其聚合力指向性很强，更容易引起受众的关注并帮助其获取更多、更全面的信息。图4-3所示为央视网的新闻专题，以"'桥见中国'媒体行"专题为例，单击该文本超链接后，可以看到诸多同属于该专题的新闻报道。

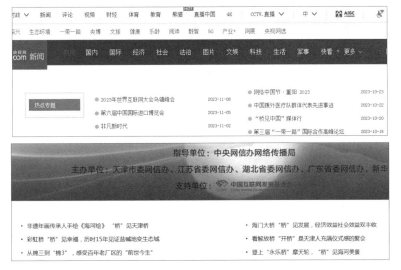

图4-3│新闻专题

◆ **以延伸阅读的形式呈现**：在新闻页面中添加"延伸阅读""相关新闻"或直接插入其他新闻的超链接等可以使受众获取其他有关内容，且用超链接进行新闻页面的跳转十分方便。受众在自主选择的同时，还可以查看该新闻媒体账号提供的其他同类或不同类型新闻，这为受众的阅读提供了更多可能。例如，央视新闻公众号发布了一篇新闻，在结尾后通过"往期回顾"提供了诸多同类型作品的超链接，方便受众点击，跳转阅读相关内容；南方都市报在某篇报道的正文也通过文本超链接植入了同系列的事件新闻，方便用户点击观看，如图4-4所示。这类延伸阅读的形式在网络新闻中非常常见。

图4-4│延伸阅读的多种形式

◆**在一篇文章中呈现：**将其他相关信息聚合在一篇报道里，在新闻内容中对前期有关报道或其他新闻媒体的相关报道进行说明、解释或引用，将其来龙去脉、前因后果以小标题的形式聚合在一篇文章中。其写作方式与深度报道类似，当然，这也意味着这样的聚合新闻多在事件发展后期出现。

4.2.3 网络新闻的选稿标准

网络新闻有不同的信息来源，如职业新闻编辑编写的新闻稿、网络媒体向各大通讯社提供的新闻稿、社会自由来稿等，其信息来源非常广泛，新闻编辑也有较大的选择空间。但任何网络新闻的选稿，都应遵循以下标准。

1. 依照国家法律、法规选择

很多新闻可能会产生好或坏两个不同面的社会效果，对国家政治、经济、文化道德等方面产生影响。因此新闻编辑选稿时要预先评估新闻可能产生的效果，确保其政治导向正确、符合相关政策要求、遵守国家的新闻宗旨和方针。

2. 依据网络新闻来源特点选择

网络新闻选稿必须满足新闻真实性、权威性的要求，这也是对网络新闻最基本、最重要的要求。

3. 依据新闻价值规律选择

新闻价值是凝聚在新闻中的社会需求，新闻对受众需求的满足就是新闻价值的立足点。一般来说，新闻价值越大的新闻，其含金量越高，受众的获取需求越强烈，引起的受众反响也越大，这样的新闻也越值得被选取并优先发布。

4. 依据网站自身需求选择

网络新闻的发布渠道有官方新闻网站和商业网站，两者的选稿风格有较大差异。官方新闻网站的新闻稿件的严肃性、专业性、周知性和权威性特征很明显，而商业网站有很多关于奇闻轶事的新闻。

4.2.4 网络新闻的信息甄别

信息甄别是指判断信息源提供的新闻材料的真伪，这是写作网络新闻的一个必备步骤，这方面的内容在新闻稿件的写作中也有所体现。下面对网络新闻信息甄别的方法做简单介绍。

1. 检验信息出处

网络信息的一个重要特征是信息发布的自由、开放，自媒体时代人人都是信息的受众，同时也都是信息的制作者、发布者。在这种环境下，明确并检验信息的出处，就成为鉴别信息真实度的重要手段。网络新闻的信息一般来自以下5个渠道。

◆**新媒体渠道：** 微博、抖音、小红书、微信、QQ或其他网站等都能成为网络信息来源，但重要的是信息的真实性，像微博、抖音中的信息就不容易判断其是否真实，而大型商业网站或正规新闻网站中的消息的可靠性相对较高，因此根据信息来源的渠道来评判信息的真实性是一种有效的手段。

◆**传统媒体渠道：** 来自电视、报纸等传统媒体的信息一般可以放心地使用，因为它们在被使用之前已经经过了系统的采集、编辑、审核，很多网络新闻媒体也常直接使用这些传统媒体的稿件。但凡事都不是绝对的，传统媒体的信息源可能也有疏漏之处，因此还是要秉持审慎的态度，细心确认信息是否有误。

◆**当事人证词：** 当事人主要是指事件的参与者、目击者，他们的证词是除物料之外，可信度非常高的信息来源，但当事人提供的信息由于其主观因素和个人利益也可能有失偏颇，因此最好通过当事人中较为权威的发言对象获取信息。总的来说，当事人证词也是切实可靠的信息的主要来源之一。

◆**政府方面的信息：** 来自政府的声音一直都是新闻日常传播过程中的主角。相比其他群体，政府发言人提供的信息更具权威性和可靠性，这样的信息无疑是网络新闻媒体搜集信息的重要来源。

◆**多方求证后的信息：** 多方是指在获取信息源之后，还能通过其他渠道去印证该信息，其求证方法与通过传统媒体甄别信息的方法类似。也就是得到信息之后，通过更可靠的信息来源证实，如经过目击者的证实后再报道该事件，这样的报道比捕风捉影、含糊其词、未能提供准确依据的报道更加可靠。

2．根据同类新闻媒体和受众反应判断

通常影响较大、关注度较广的新闻一经发布之后，同一时间会有多家新闻媒体报道，发布快的新闻媒体在发出报道的第一时间就很容易获得受众的反馈，而有些新闻媒体则追求稳而快，在兼顾速度的同时也看重受众的反馈。有些新闻来自网络，内容失实的新闻会引起受众的争议，因此即便某条新闻有多家新闻媒体转载，新闻编辑也要注重其真实性。如果有受众提出了不一样的看法，或其他同行媒体、竞争媒体采取了不同的对策，那么该事件的真实性可能存疑。

3．进行逻辑推理判断

新闻编辑在阅读整理新闻稿件的过程中，可以先审阅信息中的细节、叙述内容等，判断信息的真实性和准确性，例如，是否存在语言夸大、情节衔接有破绽、明显的知识悖论等，这些错误之处或有待质疑的地方都需要新闻编辑保持冷静的态度去谨慎处理，从而确保最后成型的内容是准确可靠的。

4.2.5 网络新闻的稿件梳理

新闻编辑在整理新闻稿件内容的过程中，也有必要对文章结构、信息、版式和页面等进行设计和梳理，可以参考以下方法。

◆同领域同天或同时期、时段发布的新闻，可在其排序上做文章，同一领域或主题的文章放于同一列表或板块中，在列表中将最新发布的、被认为更重要、更需要受众关注或点击率更高的放在最前端，做特殊处理，如图4-5所示。或在某篇报道的结尾下方设置有关新闻的超链接或其他重要新闻的超链接，为其他报道引流。

图4-5｜排于前列的新闻做特殊处理

◆根据提供的信息的重要程度选择新闻的组织方式，如简讯、特写或深度报道，这对信息详略程度的筛选和组织有很大影响，但不管采取什么方式，重点是要让受众快速获取信息。

◆在报道开头或文末注明新闻来源。

◆内容精简，段落分明，一段叙述一个重要内容。

◆将最重要的内容放在开头，以吸引受众目光。

◆以小标题的形式划分长篇报道，且小标题要突出显示，如图4-6所示。

图4-6｜突出小标题

◆网络新闻的关键字、词、句很重要，要突出显示，可以通过改变字体、字号等来实现。图4-7所示为部分新闻标题和新闻正文，其中就对一些关键词、句做了特殊显示的处理。

图4-7｜突出关键词、句

4.3 网络新闻专题

网络新闻专题是以网络为平台，运用各种媒体手段对特定的主题或事件进行组合或连续报道的一种形式。网络新闻专题是深度报道在互联网上的延伸，各大新闻媒体网站中几乎都设有专题，它可以将新近发生的某个或某系列有影响力的新闻事件以不同的网络报道形式集合起来，集各种报道形式的优势于一身，形成一个综合性的新闻报道集合体。

4.3.1 网络新闻专题的作用

网络新闻专题是整合网络新闻的一种重要方式，好的选题与角度、出色的专题制作，都是新闻媒体原创能力的重要体现。在网络新闻业务不断发展的情况下，网络新闻专题也成了网络新闻竞争的重要因素，可以起到报道最新动态、揭示新闻本质和整合各类新闻资源等作用，能提升受众的认知，提高新闻媒体的竞争力。

小提示：目前，网站的新闻采编权尚未完全开放，网站在未经国家主管部门批准时不得自主采编，因此有自主采编权的网站在网络新闻竞争中更占优势。

1. 更全面地呈现深度报道

网络新闻专题是具有网络特色的深度报道。利用网络的巨大容量和丰富资源，以及多种报道手段，网络新闻专题可以在多个层面、多个角度展开立体化的报道，将新闻事件或某一事实的前因后果、未来走向以及各方反应、各界评说等都一一呈现，以更好地满足受众对某个事件或主题在广度与深度上的信息需求。

2. 提升受众的认知度

网络新闻在新闻时效性和受众阅读需求的环境下，常常会随时更新，以方便受众阅读，但长此以往，新闻信息则相对零散，容易使受众产生信息过载感和时空迷失感。而网络新闻专题可以避免网络新闻瞬时化和碎片化的问题，尤其是好的新闻专题，可以通过对若干稿件的有机结合，使稿件之间紧密联系，加强它们之间的相互配合，使受众对新闻事件或新闻主题有一个更全面、整体的认知。

3. 可视作一种新闻整合方式

网络新闻专题是在独立采访权和首发权受限的情况下，不同于传统新闻报道的一种创新。拥有这方面资源的新闻媒体，就拥有更多的优势以形成特色专题。而且同样的主题，通过不同的策划方式予以整合也可形成不同的特色。

4. 方便受众阅读

网络新闻有报道、评论和网民议论，有文字、图片、音频、视频，丰富的表现形式能为受众提供更好的服务，能有效地避免因网络信息量大而造成的受众搜索阅读的不方便。

5. 扩大媒体影响力

网络新闻专题中包含网络新闻媒体发出的各类报道、评论等，能有效地代表该媒体的声音和观点，扩大媒体的影响力。

6. 体现媒体实力

大型综合专题会运用多种网络报道手段、互动手段及表现形式，需要采编、美编、技术及市场推广等环节的共同努力，只有实力强劲的新闻媒体才能非常好地做到这一点，因此网络新闻专题可以体现网络新闻媒体的整体实力。

▌4.3.2 网络新闻专题的类型

根据制作目的、制作方式、资料来源等方面的不同，网络新闻专题可以分为不同的类型。采用二分法对其进行分类，网络新闻专题可大致分为主观型专题和客观型专题、采访型专题和编辑型专题、事件型专题和话题型专题、动态型专题和静态型专题、全面集纳型专题与结构化解读型专题，如表4-1所示。不同的专题类型，需要不同的方式去组织实现，制作网络新闻专题的第一步，就是选择好合适的网络新闻专题类型。

表4-1 网络新闻专题的分类

分类角度	划分类型	具体说明
报道态度的差异	主观型专题	新闻内容具有针对性，讲究稿件之间的严密逻辑关系。整个专题像一篇报道一样进行谋篇布局，专题有时带有一定的主观评价色彩
	客观型专题	整个专题追求客观性与全面性，报道之间只是通过简单分类加以组织
新闻信息和资料来源的不同	采访型专题	由网站针对某一选题，组织力量采访与选题相关的人员，在此基础上编辑所形成的专题。这类专题中会有较大比重的首发和独家内容，直接体现网站的采访能力和资源运作能力，是网站重要的原创内容。其中，由国家主管部门认可的具有独立采访权的新闻媒体网站，在策划采访型专题时，在政治、时事方面比较有优势，而实力一般的新闻媒体网站，则会侧重选择体育、民生、商务、娱乐等领域的内容作为采访类专题的选题
	编辑型专题	由网站围绕某一选题，组织力量收集、整理相关的资料，以多种媒体形式对选题加以丰富和完善的网络报道形式。这类专题形式的主要内容不是由采访所得，而是根据选题需要，对已有资源进行筛选组织后形成的。相对采访所得内容，该专题内容缺乏首发和独家优势，但这种专题类型是市场上常见、易操作的类型。只要能保证编辑思路的创新、内容的丰富性和思想深度，照样能制作出优秀的专题作品，其比较考验新闻编辑的社会观察力、思考力及新闻素质

续表

分类角度	划分类型	具体说明
内容是否是突发事件	事件型专题	针对某个新闻事件来展开报道，通常时效性较强。不过这类新闻专题会较为被动，一般由外界因素决定，即当发生突发事件时才会有，如自然性重大突发事件或社会性重大突发事件。
	话题型专题	并不起源于某个特定的新闻事件，通常只有一个大致的话题方向，如教育、房产、就业、医疗、社会保障等。但是它在内容中也会涉及一些新闻事件，并不特别强调时效。如"两会"专题、"一带一路"相关专题等，图4-8所示为话题型专题
后续是否更新内容	动态型专题	对于动态事件，大多数专题会随着事件的进展而不断进行更新，专题始终处于一个开放的过程中，这类专题就是动态型专题。这种动态性可以更大程度地保证新闻的时效性
	静态型专题	一次性完成，一旦推出便不再更新的专题类型。静态型专题通常是一些非事件性专题。这类专题内容相对完整，线索清晰，但灵活性与可扩展性较差
内容安排的差异	全面集纳型专题	强调客观、全面，稿件之间仅简单分类，结构较为松散
	结构化解读型专题	更侧重对一个事件或话题在某一个特定的角度的报道，更讲求报道之间的逻辑关系

图4-8 | 话题型专题

■ ✐ 素养小课堂 ■

做主观型专题时要注意慎重选材，寻找适合进行主观评价的主题。评价时，需防止将网站意见凌驾于公众意见之上，或表达一边倒式的观点。对此，新闻编辑要具有较强的思考和判断能力，提出深刻、公正的观点，保持公允的态度，这样才能获得更好的意见表达效果，才可能创造出好的主观型专题。

4.3.3 网络新闻专题的编辑思路

网络新闻专题是利用网络媒体，在一定时间内通过文字、视频、图片等手段，使用消息、通信、评论等多种体裁，对某一新闻主题形成连续、立体的报道。新闻网站中的专题主要是以超链接的方式整合网站中与主题有关的信息，以方便受众浏览查看。要想做好网络新闻专题，在组织专题内容时还需满足以下要求。

1. 确保思路清晰

网络新闻专题制作同样要遵循新闻写作的一般原则，对主题及专题的方向要有明确的目标，有独特的或清晰的思路，这样才能有效整合新闻内容，制作出一个主题鲜明、结构清晰的优质新闻专题，呈现给受众全面、深度的新闻信息。

2. 展示新闻网站的特色和优势

新闻专题是体现新闻网站竞争力和实力的关键点，因此，新闻网站要重视新闻专题特色的挖掘。其专题策划不仅要为专题主题服务，还要充分利用与开发新闻网站的资源，展现本网站在专题策划上的实力与原创能力，并将这种原创能力转化为竞争力。

3. 克服新闻碎片化的缺点

对一个发展中的事件报道来说，网络新闻专题集实时性与延时性于一体，信息在不断更新，旧的信息很快被新的信息淹没，尤其是在连续报道时，受众即便在网络上搜索了相关内容，也很难搞清楚事件从爆发之初到发展过程中的所有细节，受众不可能一点不漏地全程阅读所有内容。因此利用专题整合消息，可以更好地使某系列新闻克服网络新闻碎片化的缺点，让受众尽快且全面地了解到想知道的内容。

例如，在专题中设置能反映基本发展线索的内容，如对事件起源的介绍，并将它们放在专题首页的显著位置，或将反映主题的报道放在专题的醒目位置；在整体栏目的设置上，可以时间线为索引，按时间顺序梳理事情发展的完整脉络，或者设置多个板块，对新闻主题进行多角度、多方面的呈现，让人一看就能发现所有新闻都针对一个核心主题，这样的整合方式能使新闻不显得零散。

图4-9所示为国际在线新闻网"新春走基层"的新闻专题，该专栏上半部分主要是新闻横幅图片，滚动显示与主题相关的重要图片超链接，以及与主题相关的视频与重要报道。下半部分则通过不同的类型分区对该专题的相关新闻报道进行了分门别类的梳理。

图4-9 "新春走基层"新闻专题

4. 深度拓展新闻内容

网络新闻专题虽然是以主题为中心的资源集合，但它并不是信息的简单堆积。网络新闻专题在为受众提供丰富而全面的信息的同时，也体现了自身的深度和广度，显示出近似于深度报道的新闻特质。在大部分网络新闻网站和商业网站都普遍存在罗列和堆积信息的现象之下，简单的"大而全"已经难以满足受众的需求，有深度的新闻专题更容易带给受众好的阅读体验，为受众揭示新闻背后的真相。

网络新闻专题的深度一方面要靠内容的选择来体现，另一方面要通过栏目的设置来体现。例如，通过新闻的层级结构，让受众看到各栏目新闻之间层层递进、相互联系的关系。

深度拓展新闻内容主要是对主题新闻的时空维度进行扩展。新闻编辑可以通过全面展示与剖析主题新闻的生成背景、影响和发展趋势，深刻地反映客观环境的最新变化与状态。

5. 体现信息间的关系与层次

网络新闻专题兼具集成性与延展性，一方面它不受储存空间的限制，可将与特定主题或事件相关的信息高度集成，形成一个整体性的集合；另一方面网络的超文本特性使网络新闻专题不孤立或封闭，可以向外传播更多的信息。因此，网络新闻专题在内容安排上要紧密相连，在延展的信息中体现层级式的信息架构，使核心信息、周边信息和辐射信息都得到相应的体现，让受众可以根据自己的阅读需求自主选择所需内容。

▌4.3.4　网络新闻专题的选题策划

在网络新闻专题中，选题策划是非常关键的，它对专题的整体效果起到十分重要的作用，也十分考验新闻编辑的专业技能。网络新闻专题适合于表现各种重大新闻题材，不同的题材在选题的策划思路上也有不同的考虑，主要有以下4种题材。

◆ **重大突发事件：** 网络新闻专题启动迅速，在应对重大突发事件上，可以凭借大容量、多媒体、多角度等优势，为受众提供更为全面、丰富的信息，满足受众各个层面的需求。但因为突发事件是现成的选题，其他网站也可能报道，所以容易导致同质化。因此在进行此类专题选题时，新闻编辑可以从事件进程的报道更新中，探寻事件的前因、背景，关注其社会影响、发展趋势等，以研究报道思路，进行内容策划，如缅甸热带风暴专题。

◆ **重要的话题或事件：** 新闻编辑在策划选题时，还可以开设一些针对热点或冰点社会现象或问题的新闻专题，这类专题通常能反映一些社会现象或问题，或具有重要的现实意义，即便是非事件性的报道，也是新闻媒体的重点关注对象。是否能针对社会问题策划出受众感兴趣的专题也是对新闻编辑选题策划能力的重要考验。一般在面对这类专题时，新闻编辑可以考虑从事件或类似事件的变化规律纵向延伸，或是从相似话题或背景材料中寻找横向拓展的角度，还可以分解主题，从子主题中寻找角度，或从零散的事件中提炼出一个更新的角度的选题来透析事件的整体关系及背后的原因。这些方法都能很好地帮助新闻编辑做好关于某现象和话题的选题策划，如针对股市、楼市、改革的专题。

◆ **可预知的重大事件：** 新闻编辑对某事件已经有所预估，因此在策划选题时，更多的是考虑报道的时机、规模、角度以及手段等，以让新闻更加出彩。是同步报道，还是提前发布专题，达到先声夺人的效果；是展现事件的全貌，还是选取某个局部集中挖掘等，都要考虑清楚。例如，荣获第16届"网络新闻专题"二等奖、由四川在线在红军长征70周年发布的"网上重走长征路"专题选题就是针对可预知的重大事件进行了全面的同步报道。

小提示

> 同步报道是大多数新闻媒体都会采取的手段，因此可能会造成多家媒体网站内容上的相同，难以显示出本网站的优势，这时可从专题的内容组织、设计等方面进行挖掘。

◆ **媒体自主策划的活动：** 在网络新闻媒体的行业竞争中，出现了一种现象，那就是新闻媒体为了做出独家新闻，产生社会影响，会结合当前形势，有意识地策划某些活动。网络新闻媒体作为活动的主体，也作为报道者，来组织整个活动。

4.3.5 网络新闻专题的角度策划

新闻角度是指新闻报道中发现事实、挖掘事实、表现事实的着眼点或入手处。对网络新闻专题来说，角度是使选题增值的一种方式。好的角度可以使大的选题落到实处，使静态主题呈现动态效果、抽象主题呈现具象效果，使新闻专题的相关报道变得立体化。专题的立足点需要有一定的社会价值，要既能扩散得开，也能聚合新闻相关的点。网络新闻专题的角度策划可以参考以下思路。

1. 利用自身优势挖掘特色

传统媒体和地方媒体都有自己独特的优势，如原创能力、媒体背景、地缘优势等。网络新闻媒体要注意利用自身的优势打造自己的特色新闻专题。

2. 通过典型时刻反映全貌

很多新闻事件都有一个较大的时间跨度，网络新闻专题可以通过某个时刻事件的一个侧面和多个角度的栏目集成，较为全面地反映其全貌或某个突出的局部。

3. 通过典型人物反映群体或事件

如果能找到具有代表性的人物，那么就可以形成反映同类人物的网络新闻专题。这种采用从人的角度出发策划选题的方式做成的专题报道也能引起很多受众的关注。

4. 通过透视背景来剖析事实

将眼光放到新闻事件发生之前，通过对事件发生的背景做深入、透彻的分析，能帮助受众更好地理解当前发生的新闻事实,这也是一种非常常见的网络新闻专题策划角度。

5. 以典型空间或环境为场景表现对象

任何报道对象,总会有它所依托的空间或环境,因此有些网络新闻专题也会从空间或环境出发进行专题报道,这样不仅有利于发现报道的特定角度,也便于运用多媒体形式。

6. 通过典型意见来反映事件的影响

将围绕新闻主题或事件形成的意见与争论作为报道的重点,也是常见的切入网络新闻专题的方式。它适合那些社会反响强烈且认识多元的题材。从这种角度出发进行专题报道,需要尽力做到客观、中立,尽可能呈现不同的观点,即使有些观点的声音很弱,但如果它们具有代表性,也应该给它们一席之地。在这类报道中,可以直接将网友的评论与新闻编辑组织的内容结合起来。

7. 通过典型数据勾勒全貌

在某些情况下,一个主题或事件的全貌,可以通过与之相关的典型数据加以反映,这也可以作为网络新闻专题的角度之一。

8. 以专业眼光审视大众话题

有些大众性的话题通过大众化的角度来报道,往往会流于平淡,难以取得突破。如果新闻编辑从专业的角度来加以审视,使报道超越普通人的认识高度,也能形成一个不错的网络新闻专题。

4.3.6 网络新闻专题的栏目策划

网络新闻专题的选题策划,最终体现在网络新闻专题的栏目设计,栏目设计决定了整个专题报道的结构和表现方式,勾勒出整个专题报道的内容框架。总体而言,新闻内容可以分为3个层次的信息,即核心信息、周边信息和辐射信息。然后新闻编辑可以根据报道角度来设置栏目,从而组织新闻材料,尤其是核心信息。栏目的整体安排可以从内容、结构、表现方式等方面考虑。

1. 栏目内容策划

根据报道角度的不同,栏目的内容策划也有所不同。例如,站在时间的角度,可以从事件的发展、当前状态、历史背景、未来趋势来设置栏目,安排栏目内容;站在人物的角度,则可以从人物重要事迹、人物感情状态等设置栏目;站在典型意见的角度,则可以从当事人意见、相关人员意见、专家评论、社会反响等不同方面设置栏目。当然,一个专题可以选择一个角度也可以综合多个角度,只要能体现专题主题,形成有针对性的专题报道。

2. 栏目结构安排

栏目设计需要有"结构"意识,即栏目之间要遵循某种线索或逻辑关系,这样才能形成一个更完整、更有条理的有机整体,而不是随意拼凑组合新闻材料。通常,网络新闻专题的结构有以下3种形式。

◆**平行聚合式：**每一个栏目反映主题的一个横切面或纵切面，多个角度的栏目聚合后，能较为全面地反映出事件的全貌。在平行聚合式结构中，各个栏目之间地位相对平等且顺序自由，其主要目标是完整地表现主题，它比较适合信息十分丰富、事件处于动态发展中的客观性专题。例如，央视网"2023年全国两会"新闻专题分为"总理记者会""报告会""记者会""采访通道""权威部门话开局""开好局起好步""我从基层来""世界看'两会'"等多个专题栏目，每个栏目从一个角度体现两会故事，从而实现了对"2023年全国两会"相关新闻事件全方位、多角度、多层次的展示。

◆**层层递进式：**各个栏目之间存在着逻辑上的先后顺序，前一栏目的内容是后一栏目的基础，后一栏目内容是对前一栏目的发展。这种递进包括时间递进、由表及里的认知递进、从全景到特写的视觉性观察递进等。

◆**观点争鸣式：**不同的观点成为划分栏目的依据。一些专题侧重于揭示事件或问题的影响，因此其栏目结构多以观点的冲突作为依据，即每一个栏目集成一个方面的观点，各方观点同时呈现。例如，搜狐曾采用"三只眼"作为专题栏目，其"左眼""右眼""第三只眼"分别代表"正方观点""反方观点""中立观点"。这种栏目结构内容集中，线索明确，能让人迅速抓住要点，但也可能忽略一些非典型观点。

■■■ ✎ 素养小课堂 ■■■

尽管网络新闻专题的内容策划有一些规律可循，但是在实践中，也需要新闻编辑尽可能多地使用创造性思维，敢于打破常规。只有这样，才能给网络新闻专题带来更多的活力。

3. 表现方式选择

网络新闻专题有多种表现方式，它们各有特色，发挥不同的作用，新闻编辑要根据需要选择最合适的表现方式来策划新闻专题的栏目，丰富新闻内容。

◆**文字：**文字可以用于评论、黏合各种素材，对其他媒体材料进行解释或提供背景知识等，能及时、全面地传递信息，进行深度分析，还能做好段与段之间的衔接，起到承上启下的作用。

◆**图片：**图片，尤其是图片超链接，需清晰准确，能体现主题，或提供旁证与比较，调整视觉对象，或能烘托气氛，为受众营造现场感。但要注意图片的质量，不能出现模糊的、没有表现力的图片，同时图片布局要协调，数量要适中。

◆**视频：**视频具有视听结合的优点，能生动再现具体情节，画面逼真，说服力强，但视频对网速有一定的要求。

小提示 现在的网络新闻专题页面多采用这3种表现方式呈现，再搭配线条、动画、超链接等设计。

4. 栏目设计

网络新闻专题的页面要比普通的新闻页面复杂。它需要将丰富的文字、图片、视频素材等按一定的形式组合起来，因此在栏目设计上要有明确的规划。通常情况下，网络新闻专题栏目可以按表4-2所示的内容来设计。

表4-2　网络新闻专题栏目组成及具体规划

栏目组成	具体规划
主题栏	位于专题顶部，包括专题标题及简要的新闻背景，并辅以图片、资料的形式充实整个页面，使整个新闻的主题一目了然，并简单介绍新闻背景，如图4-10所示
要闻栏	一般位于专题的上中部，可划分为多个小栏目，主要提供的是专题主题的核心信息，可设置如要闻报道、视频报道、图片专题、视频聚焦、独家报道、图文报道、"聚焦××"等多媒体类栏目。栏目内可设置"更多"链接，或设置跳转页码、选项卡，方便受众查阅更多信息。栏目既可以两栏并排，也可一栏排列
补充栏	一般位于专题的尾部，可设置高清图集、消息列表、滚动消息、"××概况"等多个与主题周边信息、辐射信息相关的栏目，其内容多为要闻栏未展示的消息汇总，以丰富专题信息

图4-10｜主题栏

事实上，网络新闻专题的栏目设计相对灵活，根据专题主题进行针对性设计即可，有时甚至不必特意区分要闻栏和补充栏。例如，央视网有的专题，仅有专题背景、视频报道和图文报道3个栏目；有的专题则包括背景、分析解读、视频聚焦、视频报道和图文报道5个栏目。设计重点是能对专题内容进行科学分类，安排好各个栏目的位置。

5. 其他注意事项

栏目的材料需要精心挑选，新闻编辑在策划专题时，要知道怎样使受众满意、怎样使专题内容丰满，进而全面地反映事件、现象、专题主题。新闻编辑在进行细致的策划、设计专题栏目时，还需要注意以下5个方面的内容。

◆栏目是页面结构的具体体现，设计栏目时要分清栏目主次，合理安排栏目位置并组织栏目内容。

◆栏目结构要讲究平衡与和谐，栏目的设计不该是随意的，栏目应该是遵循某种线索与逻辑组合而成的有机整体。

◆在栏目素材的陈列中，首页可以先给出关键的、整体性的信息，然后通过超链接给出其他信息。

◆专题栏目要尽可能设置全面，栏目之间的分类也要界定清楚。

◆专题栏目设置要体现新闻网站的特色和独创性。

在某一栏目中，使用选项卡的方式划分新闻栏目，可以进一步细分栏目内容，使新闻专题页面保持简洁，如图 4-11 所示。

图4-11 | 使用选项卡划分栏目

4.3.7 网络新闻专题的页面策划

网络新闻专题利用栏目将最新的事件进展、各方反应、事件影响等相关的文字、图片、音频、视频信息集成在一起，这体现的是其内容方面的要求；而另一个值得新闻编辑重视的方面，是整个专题版面的设计，包括页面设计和色彩搭配两个方面。

1. 页面设计

在网络新闻专题中，页面设计会给受众带来直观的、整体的印象，因此应该要体现出其美感。在整个专题页面中，专题栏应遵循醒目亮眼、语言准确的原则，页面的排版设计可以使用"日"型、"T"型、"门"型、"平行线"型等，使布局大方合理，其中需要注意重点栏目的设置，要保证重点栏目在页面的上半部分且较为突出。另外还要在版面中适当留白，例如，在横排布局中分阶梯状使用空白，将上下版面或栏目隔开；在竖排布局中使用一两个空白作为版面的间隔。

◆ **"日"型：** 主题栏位于最上方中央，各栏目名称紧跟在主题栏下，下面主体位置为最新新闻，然后依次是各栏目最新新闻。其中设置图片集锦将专题截断，形成视觉冲击中心，然后继续更新文字版最新新闻。周边信息和辐射信息分别位于屏幕两边，整体构图类似"日"字。

◆ **"T"型：** 页面分割成3个区域，主题栏位于屏幕右上方，屏幕左侧以图片为主，右下区域以文字稿件为主，各栏目自上而下依次排列，整体构图类似"T"型。

◆ **"门"型：** 页面分为四个区，专题栏位于屏幕上方，页面中间为主要文字内容，左右两侧为图片或相关信息及链接。

◆ **"平行线"型：** 页面按一定比例切割成两栏，除主题栏外，所有内容都在这两栏中，两栏内容平行。通常是左边栏为核心信息，右边栏为对应的周边信息与辐射信息。

小提示　移动端的新闻专题列表通常是在屏幕正中显示主题栏和各栏目名称，然后依次显示各栏目内容，每个栏目优先显示热门或最新报道，栏目内报道列表布局为左文右图、左图右文、大图显示（上文下一图）、多图显示（上文下三图）等形式。

2. 色彩搭配

在编辑网页版面专题时，要给受众以视觉上的平衡感，这种平衡除栏目版面面积的平衡和报道表现形式的平衡以外，还包括版面色彩的平衡。不同的色彩能带给受众不同的观感，新闻编辑可以根据专题内容和风格的不同运用多种色彩，从而突出专题的整体风格。可以从以下5个方面进行考虑。

◆专题的色彩搭配一般以简单为宜，过于花哨容易让人产生视觉疲劳。

◆色彩服务于文字内容，在使用鲜明、突出的色彩时，最好也能体现网站的特色，以区别于同类专题。

◆专题色彩在与网站整体定位和风格相协调的情况下，还需要与专题的内容风格相一致。

◆对一些特殊题材的专题，可以通过色彩的搭配形成强烈的视觉冲击，给受众留下深刻印象。例如，有些专题通栏的大标题和下面的新闻图片主要是暖色调，而周围的文字版面则是灰黑色、蓝色基调。这样就构成了一个冷暖和谐的整体版面。

◆硬新闻（指关系到国计民生和人们的切身利益，具有较强的思想性、指导性的新闻）的网络专题一般用白、灰做底色。

4.4　网络新闻评论

网络新闻评论是网络这一媒介与新闻评论相结合的产物，是一种新的评论形式。网络新闻评论是针对现实生活中的新闻事件、热点话题或重要问题进行评论和评价的一种文体，是新闻媒体的重要发声渠道，很多传统媒体都非常重视评论，以传播自己和受众的声音。当互联网由信息传播工具快速转变为媒体形态，可以迅速汇集、交换、传播大量意见以后，新闻评论的威力也得到了放大，网络新闻评论也越来越受到受众关注。

小提示 2001 年 3 月，人民网开设了"人民时评"栏目，被一些专家誉为"开创了网络新闻评论的先河"。

4.4.1 网络新闻评论的特点与作用

充分了解网络新闻评论的特点和作用，新闻编辑可以更好地了解其功能，进而更好地利用网络新闻评论，使其在新闻内容表达与传播中发挥积极作用。

1. 网络新闻评论的特点

新媒体时代的网络新闻评论既保留了传统新闻评论的特点，又因为承载媒介的变化而具备新的时代特色。其特点主要有以下7点。

◆ **交互性：** 网络的双向互动性使网络新闻评论也具备双向互动的特点，这种互动不仅表现在参与者相互交流的行为中，也表现在其所发表的言论中，因而具有舆论引导的价值。

◆ **时效性：** 网络新闻评论也是新闻的一种，其传播自然也要求时效性。网络新闻评论主要是有针对性地表达观点和意见，如果不能快速发表，其在引起受众共鸣与关注的效用上便会大打折扣。同时，网络时代发表新闻评论的操作便捷简单，这也是网络新闻评论的时效性强的重要原因之一。

◆ **开放性：** 网络新闻评论一方面能广泛吸纳不同受众的观点，为他们提供发表意见的渠道，另一方面，在行文上也更加自由，不再受文章篇幅和语言表达上的诸多限制，形成海纳百川、开合自如之态。

◆ **深入性：** 受益于网络庞大的储存空间和强大的搜索功能，受众可以查看网络中的各种评论，对新闻内容进行深度挖掘，进一步发表自己的言论。尤其是讨论度高的网络新闻评论，其受众参与度高，甚至受众还会从不同角度进行深入探讨，新闻媒体也会再进行评论，整个新闻事件评论的深度和广度就能得到有效的提升。

◆ **理论性：** 网络新闻评论属于议论文的范畴，行文习惯于议论说理，受众之间也常就一些观点或话题进行讨论、辩驳或论战，因此语言的理论性很强。

◆ **群众性：** 不管是电视、广播、报纸、新媒体新闻还是网络新闻评论，都是面向大众的，在传达受众意见的程度上，网络新闻评论往往优于传统的新闻评论，并且可以通过多个网络媒体与受众互动，能更好地了解大众的心声，传达受众意见。

◆ **动态性：** 传统的新闻评论在时间和空间上有一定的间隔性和滞后性，而网络新闻评论是一种连续动态的评论，可以吸引大量受众广泛参与，从而形成针对该新闻事件的连续、动态评论。

2. 网络新闻评论的作用

新闻评论承载着不小的社会功能，对舆论环境有着较大的影响。传统的新闻评论有监督社会、表达民意和引导舆论3个基本作用，而在多元化、开放性的网络环境下，网络新闻评论的作用呈现出强化趋势。现如今，网络新闻评论的作用主要呈现为以下5点。

（1）监督社会

网络传播为新闻评论提供了广阔的空间，也赋予评论主体更多的内容选择权，从外交风云到反腐倡廉，从经济科技到文化娱乐，各种与社会民生相关的事件和话题都在网络新闻评论的范畴中，各种社会现象都能得到新闻媒体的揭露，从而发挥好网络新闻评论的监督作用。

（2）促进沟通

新闻媒体是党和政府与人民之间相互联系的纽带与桥梁，既能在深入剖析和解读党和政府的相关政策和主张后将其传达给人民，也能将民意反馈给党和政府。例如，两会时评等内容就是对国家大事的解读，对教育改革、房价、疫苗、母婴出行等民生事件的评论则在传达民众声音。

（3）引导舆论

在网络新闻评论中，受众不仅可以看到同一件事不同人、不同侧面的观点，还能获得有一定深度的材料，这有利于受众吸收多方想法和意见，增加受众对事物认知的广度和深度，方便他们看清事物的本质。网络新闻评论也能在揭示社会现象的过程中帮助受众重塑认知，对其观点进行引导，使社会舆论往正向的方向发展。

（4）深化问题

网络新闻评论话题的广泛性，使新闻评论的范围向纵深发展。新闻评论针砭时弊的特性，使网络新闻评论可以将出现的矛盾整合出来，与新闻报道配合发表，深化报道的主题。

（5）辅助决策

网络新闻评论的交互性，消解了新闻舆论与社会舆论的界限，使网络评论成为参政议政的重要渠道。政府和新闻媒体也可以透过新闻评论及其下的受众反馈，倾听并搜集多数人的意见，根据民意考虑某些管理条例和政策内容。

4.4.2 网络新闻评论的类型

根据不同的划分标准，可以将网络新闻评论划分成不同的类型。下面分别以其载体和主体为标准，介绍网络新闻评论的不同类型。

1. 以网络新闻评论的载体为划分依据

网络新闻评论的载体就是新闻评论的呈现形态，按网络新闻评论的载体划分，网络新闻评论主要可以分为即时新闻评论和网络评论专栏两种类型。

◆ **即时新闻评论：** 网络为受众提供了一个自由发言、公共交流的空间，受众在阅读完自己感兴趣的新闻后，可以立即发表评论，进行回应，文章发表者也可以再回应受众，回应内容的长短不限。

◆**网络评论专栏：** 在不少新闻媒体网站中，其主页都设置了诸如"观点""评论""思想""问吧"等专题栏目，供受众阅览，而受众在网上发表了能独立成篇的评论文章后，也可以在自媒体账号或其他平台发表。这类评论文章围绕党和政府的工作重点、民众关注的焦点、重要的新闻事件、社会热点问题等就事说理，提出看法和评价。

2. 以网络新闻评论的主体为划分依据

这是比较常见的分类方式，按网络新闻评论的主体划分，可以将网络新闻评论分为网民评论、专家评论、编辑评论和专栏评论4种类型。

◆**网民评论：** 由网民发表的各种形式、各种方式的评论和意见，这种新闻评论在网络上数量很多。与编辑评论和专家评论相比，网民评论的权威性相对较弱，带有一定的随意性和自由性。从篇幅上看，网民评论既可以是一两句话的简短评论，也可以是上千字的长篇大论。

◆**专家评论：** 由网站特邀的各领域专家、学者在网络上就某个新闻事件发表的评论。专家评论由于内容的专业性、前瞻性，价值较大，其形式包括专家撰写的文稿、新闻编辑采访并撰写的文稿，以及专家与网民进行直接交流等，如在线访谈、聊天室嘉宾座谈或论坛互动等。

小提示　专家评论可分为独立式评论和互动式评论，前者为专家自主选题，完稿后提交到新闻网站，后者则是通过专家与网民、其他专家和网站记者等互动来生成评论。

◆**编辑评论：** 新闻网站编辑部的编辑、记者或新闻网站的特约评论员所撰写的评论，也可以称为网站评论。它代表整个新闻网站或网站编辑部的立场和观点，社论、评论员文章和专题评论等均属于此类。

◆**专栏评论：** 由个人投稿，不代表编辑部的主张，在各种专栏里发表的评论，如时评、署名短评（不署名短评则代表编辑部发言）。这类评论形式灵活，一般是个人署名、定期刊发，写法介于评论和杂文之间。

4.4.3　网络新闻评论的写作要求

网络新闻评论评述的对象是当前具有一定迫切意义或引导作用的选题，新闻编辑既要充分考虑选题依据，做好选题与立论，又要在语言风格上体现网络特色，让这篇新闻评论更加出彩。网络新闻评论的写作要求主要有以下4点。

1. 找好评论由头

目前，广泛而深刻的社会话题以及中央的决策精神、宣传部署等内容都是网络新闻评论的选题来源。这些选题背后都有可以发挥的空间，而网络新闻评论的价值也在于关注重大的社会现象或其背后的重大命题，尤其是这些命题贴近受众生活和社会热点时，其论述更能获得受众青睐，这也是网络新闻评论的立意所在。评论的由头好，才能有的放矢、言之有物。

2. 观点鲜明

新闻评论有引导舆论的作用，且整篇文章都以论点作为支撑，文中内容也以论点为中心展开论证和说明，因此网络新闻评论必须观点鲜明，这样才能使论点贯穿文章始终，增强文章的说服力。

3. 把握分寸

新闻评论要用事实与逻辑说话，而网络新闻评论的言论相对自由，这意味着评论容易得到受众的关注，也更容易对受众造成误导。因此新闻编辑在写作网络新闻评论时要从理性出发，把握说话的尺度，尤其是在评论诸如国际争端、学术争论、事态不明的突发事件时。

4. 论述精简

网络新闻评论具有导向作用和深化作用，虽然说理力度大，但这并不意味着其语言拖沓。实际上，在写作网络新闻评论时，最好开门见山地将意见传达给受众，直截了当地摆明观点，力求简洁明快、陈述有力。

素养小课堂

网络新闻评论叙事讲究说理性、新闻性、政治性和群众性，选题要具有思想价值、时代价值、责任价值、社会价值等，因此，新闻编辑应具有敏锐的观察力和理解力，有深入独到的见解，加强自己的职业道德建设和政治素养，做到内知国情、外通世界，发表的作品做到"思想有高度、内容有厚度、语言有力度、理性有深度"。

4.4.4 网络新闻评论范例

范例

新华网评：运动是最好的游戏

马上要到"六一"儿童节了。这几天，最快乐的人要属小朋友们了，而他们的父母肯定很忙，忙着给孩子送礼物，忙着陪孩子做游戏。但是再忙，父母们也要抽出时间陪孩子运动，因为运动是最好的游戏。

运动让人身强体健。生命在于运动。对久坐的人来说，每天哪怕只活动一小会儿，也会降低与久坐不动有关的疾病的发病概率。身体是革命的本钱。有了健康的体魄，将来跋山涉水时才会更有劲，梦想的翅膀才会更强劲有力。

运动让人快乐。快乐是运动的真谛。做健身操的快乐，在于舒筋活络，唤醒因久坐而快要睡着的身体；慢跑的快乐，在于呼吸新鲜空气，静下心来的同时还能欣赏沿途风景；

打一场球的快乐，在于紧张刺激，体验大汗淋漓的痛快……同时，快乐可以传染，一个热爱运动的人也很容易将积极的情绪传染给其他人，大家共同分享快乐，传递健康理念，共同营造崇尚运动的氛围。

运动让生活充满阳光。热爱运动的人热爱生活。运动不仅给一个人带来身体上的改变，还有精神状态的改变，人们因此会变得更加自信、更加强大，从而遇到一个更好的自己，过上更有质量的生活。在我们身边，这样的例子比比皆是。在运动中获得的好心情、积蓄的正能量，也会在生活中继续保持，人们会用微笑对待身边的人和事，用健康向上的心态走好成长成才之路。

作为父母，"六一"儿童节不妨陪孩子运动，督促孩子运动，培养孩子热爱运动的良好习惯，让他们懂得积极运动、坚持运动，把自己身体练得棒棒的，以实现自己的梦想，为国家建设出力。

运动是最好的游戏。今天，你运动了吗？

点评： 这篇网络新闻评论针对"六一"儿童节展开，主要通过3个分论点论证中心论点，阐明运动的好处，并鼓励父母多陪孩子运动，是结构非常清晰的网络新闻评论。

范例

儿科就诊量激增：要分流，更需加大投入

近期，全国多地多家医院报告儿科就诊量激增，有的儿童专科医院出现人满为患的场面。社交平台上的信息显示，有的儿科诊室动辄数百名患儿在排号等候，就诊时间已经被排到了24小时之后。有的家长甚至带着露营椅、小帐篷在医院里过夜。

据中国国家流感中心网站发布的监测周报，2023年第46周（2023年11月13日至2023年11月19日），南、北方省份流感病毒检测阳性率持续上升。怎么一同渡过这个难关，缓解当下儿科集中就诊紧张？

11月23日，国家卫健委有关负责人对此回应，已指导各地加强统筹调度，落实分级诊疗制度，建议症状较轻的患儿首选到基层医疗卫生机构、综合医院儿科等就诊。国家卫健委还特意提醒家长，当下大医院人员密集、等候时间长，交叉感染风险较高。

国家卫健委从分级诊疗的政策出发，建议疏导、分流目前的儿科就诊高峰。此外，还需要加大儿科医疗资源的投入，在近年生育放缓的大背景下，儿科医疗资源短板问题容易被忽视。

儿科任务重、回报少，儿科医生很难成为医学生的首选，基层、偏远地区医院的儿科更难招到合格的人才。随着近年新生人口的减少，一些医院不再开设儿科，或者不愿意加大对儿科医疗资源的投入，认为这些资源投入会没有"效益"。2022年，我国每千名儿童床位数是2.2张，尽管较2015年增长了0.27张，但距离发达国家的水平仍有差距。相比成年人，儿童对疾病的抵抗能力弱，在传染病流行季更容易产生集中就诊的需求，儿科医疗

资源应留有余量，并实时动态调整。

当下儿童呼吸道疾病暴发，也反向提示了，充分保障儿科医疗资源，是打造生育友好型社会的应有之义。孩子病病恹恹，小脸通红，高烧不退，大哭不止，又排不上号，打不上点滴，这太折磨人了，哪怕只是换季时节的暂时性现象。

《中共中央 国务院关于进一步完善和落实积极生育支持措施的指导意见》特别要求，推进基层医疗机构儿童保健门诊（儿童保健室）标准化建设，提高乡镇卫生院、社区卫生服务中心专业从事儿童保健和基本医疗服务的医生配备水平，促进优质儿科医疗资源下沉和均衡布局。"十四五"期间，中央预算内投资支持开展10个左右儿科类国家区域医疗中心建设项目。儿科医疗资源短板不能够拖了建设生育友好型社会的后腿。

加强儿科力量配置应成为一项持之以恒的工作，让患儿更方便地获得专业医疗服务，为家长卸下求医问药的重担，应成为全社会的共同努力方向。

点评： 这是澎湃新闻发布的一篇社论，社论的评价对象是重大新闻事实和新闻时政。这篇社论以当前重大新闻事实——流感盛行且儿科就诊量激增一事展开论述，结合儿童医疗相关背景依次提出应对方法，即分论点。行文庄重严谨、观点鲜明。

4.4.5 网络新闻评论的管理

新媒体时代，主流媒体掌握话语权的现象被打破，观点趋同的传播模式消减，受众可从不同立场、角度较自由地发表意见，网络评论门槛较低。这导致网络新闻评论存在内容杂乱、管理困难等问题，如不对网络新闻评论加以规范、任其紊乱无序地发展，将会严重影响到社会舆论环境，因此网络新闻评论需经受严格科学的监管。

1. 专门管理机构的组织管理

网络新闻评论的监管并不轻松，随着互联网的发展壮大，国家也给予了重视。例如，中共中央宣传部、国务院新闻办公室、工业和信息化部、文化和旅游部等多个国家部委相互协作和配合，加强网络监管等，以协调、解决互联网的重大问题，制定具体的管理办法等。中华人民共和国国家互联网信息办公室也专门针对网络信息安全进行监督、管理，维护新媒体平台上的良好舆论环境，维护网络新闻评论的健康性。

2. 建立规范的互联网法规和制度

网络环境的开放性，使受众可以自由发表言论，但这种过于开放的环境自然而然会形成一些弊端。例如，部分新闻媒体偏离事实、虚假报道；部分受众信口开河、大放厥词或进行言语侮辱、网络暴力等。对此，很多新闻网站、平台针对言论设置了举报功能，这在一定程度上促进了良好网络评论环境的形成。此外，国家相继出台了《互联网信息服务管理办法》《互联网跟帖评论服务管理规定》等多部互联网管理法规，监督与规范网络信息的发布。总之，网络新闻评论需要进行有效监管，需要有相关的监测机制和制度对其进行约束、规范。

3. 受众的自我管理

受众的自我管理是指受众进行自我约束，在网上讨论或发表意见时，要注重方法、方式和尺度。在开放的新媒体平台中，受众才是真正的主角，可以说，网络新闻评论的整个氛围，是由受众的整体素质决定的。没有受众的积极参与，网络新闻评论将不再完整。因此，受众要进行自我约束，文明发言、科学上网，共同构建和谐的网络环境。

 ## 思考与练习

1．综合所学知识，总结网络新闻标题的写作技巧。

2．将以下标题改为合格的单行网络新闻标题。

（1）卯足干劲 在新时代砥砺奋进

（2）风雨之中不言弃，同甘共苦渡难关（主题）

　　"矿嫂"朱群照顾患病丈夫的故事（副标题）

（提示：第一则标题用词有误；第二则标题不能照搬主题，可据副标题进行改动。）

3．简述网络新闻专题有哪些选题策划思路。从中选一种思路，结合时事制作一个网络新闻专题，参考网络中的网络新闻专题设计，将你设计的专题在一张草稿纸上排布完成。

4．任选一篇网络新闻评论进行分析，谈谈其是如何行文的，并完成一篇网络新闻评论。

（提示：网络新闻评论由论点、论据、论证组成，一般结构是回溯事件引出总论点，然后提出分论点和相关论据，结尾进一步拔高升华，呈总分总结构。）

5．试分析网络新闻评论的现状，并提出一些改进方法。

第5章
网络新闻直播

　　随着互联网技术的快速发展、移动互联网5G技术和虚拟现实技术等的普及，新媒体产业得到蓬勃发展，一系列直播App如雨后春笋般涌现，借助移动互联网平台的网络直播兴起。在新媒体时代，新闻直播扩展到互联网平台，发展成为网络新闻直播，凭借自身丰富立体的报道方式、高效的生产流程、较高的传播速度以及身临其境的阅读体验，网络新闻直播受到广大受众的青睐，新闻也以更具创新性的姿态、更便捷自主的形式走入人们的生活。

5.1 网络新闻直播概述

网络新闻直播是一种利用简便且实时性强的技术来生产新闻内容的新闻模式。早在2012年11月，中央电视台新闻中心官方微博账号"央视新闻"在微博正式上线后，传统新闻媒体对网络业务的挖掘就逐渐深入。经过不断的发展，新闻报道的信息传播形式也进一步丰富，网络新闻直播作为一种新的新闻传播形式已逐渐深入人心，新闻媒体利用网络进一步拉近了与受众之间的距离，并由此赢得了更多受众的喜爱。

5.1.1 网络新闻直播的现状

网络新闻直播是新闻生产者利用互联网技术和移动端网络直播平台，在受众参与、协同、评论、社交的环境下，通过文字、图片、音视频等形式进行的双向现场发布的新闻报道。在当前时代背景下，因数字技术、卫星技术和互联网技术的飞速发展，网络新闻直播仅靠网络和智能手机，就可让任何人在任何时间和地点自由地向社会发布任何信息，让广大受众能接收到更加生活化、时效性更强的新闻内容。

> **范例**
>
> ### 拍客+后端解说，让直播更便捷
>
> 2020年，京广线湖南永兴塌方事件发生，新京报第一时间开放直播窗口，依靠在现场的拍客组成了一场独家直播。拍客通过专业记者视频直播软件传回手机画面，手机画面进入新京报的直播设备，再配以后方记者对拍客的拍摄指导，以及采访和解说，一场实时的网络新闻直播就形成了。

点评： 在网络时代，人人都能成为第一手资料的发布者，而新闻媒体与拍客的协助，使得受众也能第一时间看到现场消息，这极大地保障了新闻的及时性与时效性，而且也揭示了在当前的时代背景下，个体也能成为新闻生产环节的重要部分。

传播主体的多元化让受众能更多地参与到新闻生产中，不仅信息传播过程被简化，受众参与也更便捷。数据显示，G20杭州峰会期间央视新闻微博48小时不间断直播，观看人数达到2139万人次，同时8家央媒和浙江本地媒体共计直播45场。2023年福厦高铁开通运营直播特别节目《丝路如虹 跨海向洋》，经人民日报、新华社、央视频等60多家媒体平台同步转播，全网点播量超2356.6万次，点赞、评论、转发、社群互动量超10万次。由此可见，网络新闻直播的影响力之大、受众普及范围之广。与此同时，新技术的发展，也让网络新闻直播的内容形式更加丰富多样，配合AI、VR、手机App，让人们仿佛身临其境。

范例

冬奥会新技术创新网友直播新体验

在传统的认知里，似乎只有成为现场观众，才能拥有最真实的观看体验。然而在2022北京冬奥会期间，央视频依托中央广播电视总台"5G+4K/8K+AI"战略布局，为广大受众打造了"视觉+听觉"的全方位超高清沉浸式体验。

在这次比赛直播中，央视频推出"8K VR 沉浸式观赛"服务，受众只需戴上指定设备，即可通过VR应用享受超80小时的沉浸式现场直播/点播，体验北京冬奥会8K超高清信号内容，让受众即便身在千里之外，也能"见到"各位运动健将比赛时的矫健英姿，让受众观看多项精彩冬奥赛事直播，如图5-1所示，实现自己做导播，自由选择观看视角。此外，央视频的"数字雪花"打造了全新互动模式，受众参与活动生成属于自己的"数字雪花"形象，飘进冬奥会开幕式。通过运用前沿科技，央视频借助AI手语数智人主播"聆语"实现了对特殊人群的观赛照顾，彰显了深厚的人文关怀底蕴，其服务人次超216万，实现金牌赛事100%覆盖，取得行业首次大型赛事翻译的圆满成功。

通过全程直播、资源集聚与观看体验的创新等，央视频为全球广大受众提供了精彩的观看体验，收获了8亿次总播放量、4亿次App累计下载量、1.4亿累计激活用户数……给受众带来了沉浸式的观看体验。

图5-1 | 利用VR看比赛直播

点评： 5G时代下，人们对观看视频的需求从"看得清"向"看得真"转变，各种新技术在新闻直播领域的融入，也让人们得以享受更丰富的视听体验。当前，网络新闻直播的发展非常智能化、多样化，而随着科学技术的进一步发展，网络新闻直播将呈现更多元、更具创新性的发展态势。

当然，由于现代技术的发展，以及新闻媒体与受众关系的拉近，新闻直播内容语态也从侧重重大、权威转变为向轻型、平等发展，即在不同场景和不同受众的连接中，传播语境更为多样化。例如，2023年3月，浙江之声推出系列直播《春天里的小店》，以第一人称带领受众沉浸式体验美食、美景。在直播过程中，不仅将询问、点单等接近普通群众生活状态的过程全部呈现，主播甚至使用了生活化的、接地气的语言，如"在这一家吃饱了，下一家吃不下了怎么办"等，与受众分享自己的真实感想，力求贴近广大受众，还原大家线下真实的逛街和吃饭的场景，这强化了受众的体验感，提升了与受众的亲近感。

但技术的发展同时也引发了一些问题，包括新闻真实与创新性难保障、互动性体验淡化新闻核心内容、媒体采访中新闻伦理缺失和直播数据造假等。例如，当报道河南省某团伙购买二手名车与保险业务员勾结故意造成车祸骗保的新闻时，大量不理智的发言和攻击性的语言几乎淹没了整个评论区，许多观看直播的人似乎不再关注直播的内容，而是深陷与网友的互动之中，导致新闻想要传达的内容被忽视。此外，网络新闻直播还有直播内容未经提炼导致新闻信息分散、有效信息密度降低，受众留存时长不足，部分选题难以通过直播达到满意效果，新闻选题与呈现模式同质化，可选项增多，受众被分流等问题，这些问题也对新闻媒体行业提出了挑战。

素养小课堂

现今的网络新闻直播固然存在一些问题，但如果新媒体新闻从业者能锐意进取、开拓创新，做到真实、准确表达，正向舆论引导，坚守新闻从业者的初心，那么必将营造一个美好的网络新闻直播环境。

5.1.2 网络新闻直播的特征

随着互联网的发展，网络新闻直播因其受众参与感强、直观即时、新闻报道内容丰满、临场感强等特点而受到各大新闻媒体的喜爱。

1. 受众参与感强

网络新闻直播的过程，是一个由信息传递和信息反馈组成的双向循环流程，受众在观看新闻的同时可以发表自己的评论、观点，实现实时互动。中国青年报社会调查中心曾经做过一个调查，数据显示有超过四分之三的受众会在观看视频时注意弹幕，有近一半的受众表示自己愿意参与到弹幕的实时交流中。网络新闻直播不仅完全满足了受众在观看视频时参与互动的心理需求，还弥补了传统新闻在信息反馈上的不足，通过双向交流，打破了传统新闻单一、封闭的状态，有效避免了单向传播导致的舆论失衡，并真正实现了传播形式由单向到互动再到共动的转变。

2. 直观即时

开展网络新闻直播通常是因为有重大事件或突发事件，需要为受众提供准确、及时的信息。直播可以使受众同步看到事件的发生、发展与结果，第一时间反映现场的状态，为受众了解信息提供直观、即时的方式。特别是对投票、资讯、发布会等内容的直播来说，可以在介绍最新进展的同时，邀请受众同步参与互动；另外在展示灾后现场、追踪报道时，直播也能发挥很大的作用。

3. 新闻报道内容丰满

在当前人人都能成为内容生产者的媒体时代，网络传播呈现出去中心化的特征，这一点反映到新闻领域，体现为新闻直播的内容丰满。因为新闻事件具有不确定性，所以当事件发生的时候，专业新闻媒体可能来不及及时跟进，这就会使其错过最佳报道时机。而网民自发的新闻直播将弥补这一缺陷，新闻目击者通过智能设备发布的新闻直播将成为专业新闻媒体报道新闻的重要补充，让新闻媒体及其他受众得以第一时间掌握第一手真实信息，从而对新闻事件有更全面、清楚的了解。

4. 临场感强

网络新闻直播在一定程度上消除了传统镜头带来的摆拍感，其通过受众的第一视觉来呈现内容，可以让受众直观地感受到现场氛围，实时接收信息，产生自己仿佛亲临现场的体验。

> 直播的特性使得受众与新闻主播一起成为新闻事件的第一见证人，这虽然满足了受众获取第一手信息的需求，但也对网络新闻直播提出了更高的要求，即新媒体新闻从业者要注意直播镜头位置的选择与设备的维护，避免出现直播失误，如未能准确拍摄到被摄物体，以免引发受众担忧或不满等情绪。

5.1.3 网络新闻直播的要素

目前，网络直播新闻默认为是以互联网的直播平台为载体开展的全面深入的新闻报道。它与传统媒体直播相比，具有不受媒体平台限制、参与门槛低、直播内容多样化等优势。网络新闻直播包括场景、人物、事件3个要素。

1. 场景

场景指整个事件现场，这是网络新闻直播的要素之一，即展示真实画面与场景，让受众有亲临现场的感觉。

2. 人物

人物指直播的主角，可以是主播或直播嘉宾。

3. 事件

事件指直播的主题，也就是要直播的关键内容。任何一场直播都要有内容，而且要有足够重要的内容，如人物访谈直播、互动提问直播、会议直播、活动现场直播等，重点在于要让受众获得重要信息。直播时间一般较长，如果没有事件支撑，那么将难以继续下去。

5.1.4 传统新闻直播与网络新闻直播的对比

与传统新闻直播相比，网络新闻直播因当前新技术的发展，在成本、传播效果等方面都与传统新闻直播有显著不同，二者的对比如表5-1所示。

表5-1 传统新闻直播与网络新闻直播的对比

对比内容	传统新闻直播的表现	网络新闻直播的表现
内容来源	通常由电视台或广播电台制作和播出，内容主要来自专业记者和编辑团队的采访报道	借助互联网平台传输信息，内容可能来自全球各地的公众、社交媒体和独立的新闻机构
成本与便捷性	从前期策划到播出，需要品质良好的设备和一批训练有素的工作人员，需要耗费大量人力与财力	直播设备成本低廉，在有网络的地方，只需一台智能手机即可，且人人均可成为主播
传播方式	单向，受众无法真正参与新闻讨论、直播活动过程	双向循环，受众可以发表评论，与主播实时互动
内容角度	受播出时间、电视栏目安排、离事件发生地远近等因素限制，播出内容有限，内容角度稍显单一	时长不受限、新闻发布主体多元化，新闻事件可得到多角度的挖掘、全方位直播，播出内容更丰富
内容的及时性	传统新闻直播在播出前会对内容进行审核，受制于播出时间，可能会出现直播迟于事件发生等情况	网络新闻直播可以第一时间将新闻事件呈现在受众眼前，让新闻生产和传播同时进行，确保新闻的真实性与及时性。而且播放的内容通常没有经过剪辑与修饰，与事件发展同步
传播效果	受众在短时间内往往只能了解现场部分情况，现场报道的新闻效果受一定程度的影响	新闻传播的完整性和感染力较传统新闻直播强
可信度与质量控制	通常由专业的新闻机构负责制作和传播，具备一定的可信度和质量控制	存在着较多的信息来源，信息真实性和可信度需要受众自行判断
参与度与互动性	收看依赖于电视机，不能随时随地观看感兴趣的直播，受众参与度低、互动性弱	收看便利，可随时随地通过移动设备联网观看，且受众互动性强，参与度高

5.2 网络新闻直播的形式

现代技术的发展，使得网络新闻直播的形式越来越多样化，各种新技术的运用，也促进了新闻媒体在直播领域的探索，广大受众的直播观看体验感大大提高。

5.2.1　直播+传统媒体

2016年前后，虎牙、一直播、斗鱼、花椒直播、快手、抖音等直播平台的崛起，让直播快速融入人们的日常生活。为了获取更多的流量，同时贴近人民群众，众多传统媒体开始入驻直播平台，二者的融合，也成为当前网络新闻直播的主要形式之一。

传统媒体在发生突发、重要事件时，也会进行电视直播，保证事件的时效性，但在紧急情况或环境较艰险的地方，网络新闻直播则更加便利。一方面，电视直播设备使用起来不如一台可直播的智能手机方便，另一方面，通过直播平台或社交媒体的直播功能进行网络直播，新闻媒体可以获得第三方平台积累的巨大受众流量，从而更快速地触及更多受众。

另外，网络直播还可以帮助传统媒体创新新闻报道方式，满足受众的跨屏互动需求，与受众建立即时互动的传播关系，使传统媒体能及时全面地获取受众反馈，提升受众黏性，也为舆情监测提供重要渠道。此外，网络直播还可以帮助传统媒体探索更多业务方向，如将直播与财经、体育、农产品"带货"等垂直细分领域结合，从而帮其提高传播力、影响力和竞争力，并实现多元内容的变现。

传统媒体本身便具有专业化的团队和资源，拥有网络新闻直播所不能比拟的话语权和权威，这使得其在新闻内容制作上有着专业的水准，有效保证了新闻报道的质量，再搭配网络新闻直播在推广和技术方面的优势，便可以实现优势互补，合作共赢，相互促进发展。

例如，腾讯和人民网曾联合进行两会新闻的报道，人民网负责两会期间新闻的资源和生产制作，腾讯则通过技术来为人民网提供新闻直播的保障，从而为广大受众提供高质量的报道内容，准确地为广大群众解读两会精神。在欢庆中华人民共和国成立70周年大会上，以腾讯视频为代表的网络视听平台通过硬核科技、布局全渠道、打造贯通线上线下的全民参与互动等方式，为这一盛事的呈现和传播做好了后援保障工作，进行了全景式、立体化、多视角的直播，并创造了当时视频网站直播最高同时在线人数纪录——2730万。在2023年5月30日（第7个全国科技工作者日），央视社教开展的《了不起的科技追光者》直播活动全网直播观看量超550万，其中，央视频直播播放量135.7万，其余数百万观看量来自微博、抖音等网络平台。

5.2.2　网络直播矩阵

进入网络时代后，为了迎合受众的阅读与观看偏好，更快更高效地为受众播报具有可视性和时效性的新闻内容，提高自身新闻品牌的传播力，不少新闻媒体开始积极搭建自己的直播网络，形成融媒体矩阵。

所谓融媒体，是当前流行的一种新型媒体宣传理念，可以简单理解为媒介融合，也就是将新媒体与传统媒体的优势进行巧妙融合，在人力、内容、宣传等方面进行全面整合，以实现"资源通融、内容兼融、宣传互融、利益共融"，从而产生更好的媒体传播效应。

在信息时代，大部分新闻媒体不仅将报刊、广播、电视等传统媒介融为一体，同时还整合了社交平台、短视频平台、直播平台等新媒体平台，构建了报、刊、网、微、端、屏同频共振的全媒体传播格局。

例如，2021年，内蒙古自治区统计科研宣教中心融合了现有的纸媒、网络及新媒体资源，打通了国家统计局、内蒙古日报社、内蒙古广播电视台和自治区政府网站的资源通道、人员通道、技术通道，推动全链条策、采、编、发流程再造，实现"一次采集、多种生成、全媒体传播"的宣传方式，形成了"报、网、微、端、屏"5位一体协同传播的全媒体矩阵。又如2022年7月，滨州市新闻传媒中心建成了市级全媒体传播体系，推动了原集团各媒体在新闻渠道、采编流程、组织架构、内容运营、创新形式、安全出版等各个工作环节的协同演进和相融发展，实现了滨州电视台、滨州日报、鲁北晚报、各市级电台、滨州传媒网、滨州网和微信、微博、户外大屏等媒介人员的完全融合，对新闻稿件尽力做到了一次性采集、多媒介多渠道呈现和发布等。

不少官方新闻媒体通过客户端、公众号、抖音号、视频号、快手号、人民号、央视频号、今日头条号、日照网及微博等平台，聚集数千万受众，凭借媒体矩阵彰显出强势品牌效应，建起全域覆盖的内容生产传播生态圈。例如，在中华人民共和国成立70周年阅兵直播中，中央广播电视总台不仅搭建了一个电影史上最大的直播系统——1个总系统、6个分系统，共88个机位，另有约50个微型摄像机安装在受阅装备和群游队伍中。在直播过程中采用多种特种设备全方位、多角度表现各支检阅方队。而且早在9月29日，央视就开始了70小时不间断的直播，栏目由70多路记者、90多个机位、30多个特殊视角无人值守机位、1600多个镜头精心为受众随时播报阅兵庆典的各方面情况，并且还各平台发力、多矩阵同频，由央视网、央广网、国际在线通过PC端、手机央视网、移动客户端、IP电视、手机电视、海外社交平台等6个终端及平台同步直播阅兵，这都体现了新闻媒体在直播矩阵搭建上的有力探索。

▦ 🖋 素养小课堂 ▦

融媒体发展的背后，是我国信息通信技术的不断成熟，是我国各项科技的飞跃发展，如5G技术、物联网、人工智能、数字孪生、边缘计算等，这些技术丰富了新闻内容的时代化表达、艺术性呈现，能够帮助新闻媒体讲好中国故事，将中国文化传播至全世界。

▌5.2.3　新闻全息直播态——现场新闻生产模式

随着移动互联网、物联网、大数据与云计算等新技术力量在传统媒体领域的渗透，新闻的生产模式也发生了改变，传统媒体开始有条件、有能力给受众更接近现场、更能清晰感受现场的体验，由此，新华社率先提出了"现场新闻"的概念。

现场新闻是一种基于移动互联网的新闻直播生产方式，旨在运用最新的移动网络技术，在新闻现场实时抓取尽可能多的现场要素，通过各种报道样式，把新闻现场实时地、全方位地、全息化地呈现给受众。

传统媒体在新闻采集和编辑加工上存在时间差，且文字、图片、视频的采集与加工往往分属不同部门，文字记者、摄影记者、摄像记者各司其职，而为了应对新媒体冲击，传统媒体利用现代先进技术，构建了功能完善、便捷易用的移动采编发机制。在新闻直播现场，通过智能终端，便可以实现便捷的多媒体采集，宽带网络使现场信息能够实时回传，大数据、云计算的运用使新闻现场能够得到全景式、多维度真实再现，而采集和展现都可以通过一台联网的智能手机来完成。

与此同时，新华社还推出了服务全国媒体的新闻在线生产系统——现场云，为各媒体机构开放"现场新闻"应用功能，促进国内媒体融合发展。现场云为入驻媒体提供"客户端+后台"两种操作界面，客户端简便快捷，能快速实现对现场新闻要素的采集、上传和签发；后台功能强大，能实现指挥调度、视频加工、素材管理、流量监控、报道排序、安全防护等全流程操作。这些技术免费向媒体用户开放，新闻直播的研发、运维等成本均由现场云承担，媒体用户借此快速跨越技术和运营门槛，直接享受现场云的技术红利。

通过该系统，用户可以注册账号进行素材的采集与同步回传，后方编辑部可实时进行在线编辑和播发，这使得报道的全时性和即时性大大增强。而作为一个独立公有平台，现场云的媒体用户发起的现场新闻既可在自有终端展示，突出自有的品牌标识，也可进入新华社客户端"现场新闻"专栏，这意味着地方媒体的报道资源可直接进入国家通讯社的传播平台，加工后的优质内容可以由新华社进一步分发。

基于统一平台，现场云实现全国新闻媒体的源头数据采集、入驻记者信息统一存储，逐步构建起对记者资源统一管理的大数据分析系统，进而探索跨媒体、跨平台的现场新闻生产组织模式，开创了一个开放、协同、高效的互联网式采编作业机制，推动了新闻直播的社会化生产。截至2023年6月，加入现场云的机构用户接近5000家，覆盖了全国省级、地市级、县级媒体，日均发起直播1000多场。

5.2.4 体验式直播新样态——"AI+XR+3D+新闻"

近几年，元宇宙技术、AI技术、数字技术等的发展，让新闻节目的形式更加活泼生动，虚拟主播、真人嘉宾、虚拟场景、真实场景的多样结合，开创了直播的新形态。

2023年，全国两会期间，央视网推出两会先锋谈话XR（扩展现实、虚拟现实、增强现实、混合现实等技术的统称）直播节目——《中国神气局》，启用数字虚拟主播"小C"，邀请全国人大代表、不同领域的专家学者等，伴随全国两会进程，在央视网新媒体平台就大国科技实力、人工智能前沿和职场就业话题等开展了三场直播。在XR实时虚拟制作技术和数字人驱动技术的加持下，节目完成了真实和虚拟的完美结合，为受众带来了观感极强的访谈直播体验，引发众多受众的热议。图5-2所示为XR直播现场和虚拟主播。

图5-2 | XR直播现场和虚拟主播

小提示

在技术上，《中国神气局》节目采用 InFisionXR 虚实融合演播系统进行全流程虚拟制片，通过架设在四周的高分辨率红外动捕相机，同步捕捉摄像机上的标记点，基于立体视觉算法确定摄像机的位姿，并实时传递给渲染服务器进行虚拟场景实时渲染，在摄像机镜头之前与现实所拍摄的画面进行合成。

与此类似的还有《元曦跑两会》节目，该新闻节目也利用AI虚拟主播与虚实结合技术完成与真人的访谈，增强了受众的体验感，其视频总传播量过千万。

如果手捧支持裸眼3D技术的计算机、手机、平板电脑，那么受众即便不佩戴3D眼镜，也能看到2D片源利用AI自动转制技术实时生成的3D片源。为了更好地迎接2023年的杭州亚运会，亚运会官方通信服务合作伙伴中国移动面向亚运会构建了丰富的3D内容，打造了业界首个全系列3D观赛体验平台，受众可以通过比赛地现场布置的裸眼3D专区观看比赛，通过支持裸眼3D技术的计算机、平板电脑感受亚运会3D直播。虽然现在的裸眼3D技术还以单向的观影观赛业务为主，但随着移动终端的普及和各领域对裸眼3D技术不断地探索应用，将来该技术或将迎来新的突破。

小提示

2021 年，中央广播电视总台携手百度制作了总台首档移动端 4K 直播节目《百度世界大会 2021》，其通过 XR，打造了多个沉浸式场景，生动展现了人工智能在出行、生活、产业、自主创新等领域的新突破，带受众体验了裸眼 3D 的舞台效果。在 2023 年第 19 届杭州亚运会开幕式上，也有对裸眼 3D 技术的运用，例如，连接古临安与今杭州的采用裸眼 3D 技术构筑的拱宸桥、通过双人 3D 威亚实现的双人空中舞蹈表演等。亚运会线下由智琮打造的首个元宇宙 3D 展厅"印记亚运元宇宙"运用 Web 3D、实时渲染、虚拟现实等技术，让游客无须下载，通过网页即可开启一场"传统文化 + 亚运 + 科技"的探险之旅。此外，新闻中对裸眼 3D 技术的运用还包括 3D 还原案发现场等。

5.3 网络新闻直播的类型

传播技术的演进推动网络新闻直播形成泛社会化的趋势，主流媒体通过三微一端（微博、微信、微视频和新闻客户端）可以进行网络直播，不少自媒体也开启了网络新闻直播模式。新闻直播变得常态化，受众黏合度也变得较高，其内容多集中在新闻节目直播、热点及突发新闻直播、慢直播、策划类直播等领域。

5.3.1 新闻节目直播

通常，各大新闻媒体都有一些特有的直播节目，例如，安徽经视便有每天通过新媒体号进行直播的3档节目——《经视1时间》《帮女郎 帮你忙》《第一时间》，还有由东方广播中心和融媒体中心合力打造的融媒体新闻直播节目《民生一网通》等。受众可以通过分别进入不同的新媒体直播间、微信视频号直播页面等，发起评论互动，有机会被实时解答疑问。中央广播电视台也有诸多新闻直播节目，如《新闻直播间》《新闻联播》（部分素材是录播），以及一些体育赛事的直播、大型节日联欢晚会的直播等。

5.3.2 热点及突发新闻直播

热点及突发新闻事件一直是全国各头部媒体角逐的重要内容，而在诸多关于热点及突发新闻事件的产品中，针对这类事件的直播成为各头部媒体提升账号影响力的重要手段。针对这类新闻，不同新闻媒体的应对方法有所差异，常见的有以下3种。

◆ **与其他媒体号合作：** 在直播中，与其他媒体号的合作也成为常态。例如，当省内发生热点及突发新闻事件时，有些新闻媒体会派记者前往现场进行直播；而面对省外发生的热点及突发新闻事件时，部分新闻媒体会依靠协作单位新媒体号的资源优势进行直播报道。

◆ **与拍客合作：** 有些新闻媒体在应对热点及突发新闻事件时，会选择与拍客合作，第一时间快速开启直播，同时新闻编辑也立即奔赴现场。

◆ **与当事人连麦直播：** 有些新闻媒体的主打直播品类是连麦直播，直接对话热点及突发新闻事件的当事人，进行人物专访。

有些电视台还会做热点解读类的新闻直播，例如，贵州电视台的民生直播节目《百姓关注》在2022年2月23日开启了第一场大型的热点解读类直播，在网络上引起持续发酵。之后，该栏目开启了解读直播元年，并在旗下推出衍生节目《零度会客厅》，就热点事件进行直播解读，2022年推出的热点事件解读类直播有23场，《百姓关注》推出的专题直播超1700场。

5.3.3 慢直播

慢直播是指借助直播设备对实景进行超长时间的实时记录并原生态呈现的一种直播形态，形成与快直播相对应的一种直播样式。慢直播是一种即拍即播、无人为干预、自然态记录的长视频报道形式，通常没有主持人、没有解说字幕、没有音乐，只是用监控探头或固定机位拍摄来更加真实地展现事件现场，从而给受众提供一种独特的参与感和沉浸式体验。

早期我国慢直播在互联网上的实践有央视网与四川大熊猫基地合作的"熊猫频道"（也叫"iPanda"），通过28套摄像头24小时直播大熊猫的生活状态。2017年后，央视新闻移动网接连推出"'两会'云镜头"系列直播及《陪你一起看流星雨》《港珠澳大桥》等长时间、跨区域的大型网络新闻直播节目，进一步推动慢直播的发展。这种直播打破了时间和空间的限制，让人们可以在不间断的直播中随时看到事件的进展，为用户提供了更随心、节奏更慢的观看体验。之后许多新闻媒体也开始了慢直播的实践，例如：新华社的抖音账号新华每日电讯曾做了一场历时3.5小时的升旗慢直播，吸引了近800万人观看；四川观察24小时直播成都环球中心附近车流；多家媒体用慢直播的方式呈现月全食与天王星的"千年邂逅"等。

而为了提升慢直播的吸引力，一些新闻媒体还尝试让慢直播"动"起来，这为慢直播的发展提供了更多可能。例如，塔瞰齐鲁慢直播频道开启景观轮动专题慢直播、慢直播互动玩法，以及将慢直播与热点联动等；2023年五一劳动节期间，澎湃新闻打造了《山海再相逢，五一"24小时直播"》，从东海日出到珠峰日落，从早市到夜市，从港口到车间到乡村，实现了移动互联网时代下首个5×24新闻类大直播，总计实现1.3亿人次观看。

范例

慢直播的创新尝试

"塔瞰齐鲁"是齐鲁晚报·齐鲁壹点联合中国铁塔股份有限公司山东省分公司在齐鲁壹点客户端推出的慢直播频道，以全天候慢直播的形式展现齐鲁大地之壮美。然而固定机位的拍摄有让人看腻的风险，因此塔瞰齐鲁频道适时做出了调整，在2021年大年初一推出名为"追光"的专题慢直播。从早上6点开始，利用布设在全国多个省份通信塔上的摄像头，展现不同地区的日出景象。慢直播的镜头由东向西逐步切换，从东海之滨到内陆高原，带受众领略不同的自然人文景观，欣赏牛年第一缕曙光。整个"追光"慢直播时间长达3小时，跨越5个时区，受众既欣赏了壮美瑰丽的祖国风光，又在主持人的介绍中学习到了丰富的文化知识。

之后，塔瞰齐鲁频道选取了若干优质慢直播线路，隐去景点名称后形成竞猜直播链接，开启"看直播，一起猜美景"互动玩法，吸引了超过了4.2万人次的互动参与。2022年，虎年新春的大年初一到大年初六，齐鲁晚报·齐鲁壹点联合多家单位在位于山东齐河县境内的欧乐堡梦幻世界举办了"翼齐打卡，祈福新年"慢直播打卡活动，让受众从镜头

158

中找到自己，从而使其更好地参与到慢直播中，并为参与活动的单位实现引流。综合各平台情况，该慢直播打卡活动累计观看量近100万，参与留言、点赞、线上线下打卡的人次有1.5万人次。

卡塔尔世界杯期间，受限于赛事版权问题，许多没有得到授权的国内新闻媒体很难做好赛事直播，但"齐鲁壹点塔瞰齐鲁"微信视频号却联合中媒汇，利用海外的慢直播资源，推出了多场卡塔尔世界杯主题的慢直播，从球场周边环境来传递现场气氛，观看人次累计超过51万，成功实现了视频号粉丝数的翻倍增长。

点评：通过多镜头切换、慢直播打卡互动以及与热点联动等，慢直播的活力得到了进一步激发，这也让塔瞰齐鲁慢直播频道变得更有吸引力。

慢直播的发展也助推了云旅游产业的升级，如"慢直播+电商模式"的开发，提高了"云游者"购买特色文创和特色农产品的兴趣。广州市荔博园推出的"从花苞待放到果红枝头，慢赏从化荔枝100天"的慢直播，打造了荔枝定制的销售模式。

5.3.4　策划类直播

策划类直播是网络新闻直播中非常常见的类型，每逢节假日或有特殊意义的日子，一些媒体机关就会策划一系列直播活动，以达成某种宣传推广或拉近与受众距离的目的。例如，中秋赏月直播、海内外"云"赏端午直播、"长城之约"15省（区、市）广电新媒体联动大直播、八里河捕鱼节活动直播、文化和自然遗产日宣传活动直播、暑期特别策划《走进扬州文汇阁》直播、《金声计划》直播月活动等。这些策划类直播不仅锻炼了团队的专业能力，增加了受众的黏合性，也为开展进一步的商业合作提供了可能。

范例

文化和自然遗产日策划类直播

2023年6月10日"文化和自然遗产日"，为进一步提高人民群众非物质文化遗产保护意识，传承弘扬中华优秀传统文化，营造非遗保护良好社会氛围，文化和旅游部决定以"加强非遗系统性保护 促进可持续发展"为主题，集中开展非遗宣传展示活动。

2023年6月10日上午9点，由黑龙江广播电视台极光新闻发起，联动北京广播电视台BRTV北京时间、华商传媒集团二三里资讯、新疆日报石榴云、宁夏广播电视台红枸杞客户端、郑州报业集团正观新闻、新黄河客户端、广东广播电视台触电新闻、浙江广播电视集团1818黄金眼、江西广播电视台都市频道、福建日报社东南网、广西广播电视台都市频道，推出大型直播《文化和自然遗产日|守护·传承 藏在非遗里的美好》，以直播形式

展现各地非遗保护传承的丰硕成果，从文化、历史、可持续等不同角度，弘扬口技、何家营鼓乐、《江格尔》、济南皮影戏、曹素功墨锭制作技艺、景德镇传统手工制瓷技艺、南音、六堡茶制作技艺等非遗的时代价值，展现非遗的时代风采，带领受众一起领略中华优秀传统文化的魅力，寻觅藏在非遗里的美好。

此外，其他各省市也积极展开相关宣传活动，并同步进行线上直播。据统计，仅陕西省，便开展1391场活动，其中线下135场、线上1256场；昆明市2023年"文化和自然遗产日"非遗宣传展示主会场活动暨昆明市"非遗乡村旅游节"则在云南公共文化云直播（受众可通过云南公共文化云微信公众号观看）；四川省成都市举办的2023年文化和自然遗产日主场城市活动开幕式也在人民日报客户端、新华社客户端、"学习强国"学习平台、中国网文化视频号、川观新闻客户端等媒体平台，以及国家文物局视频号、中国文物报视频号等进行全程直播。

点评：策划类直播一般都是一些有温度、有意义的选题，如上述案例所示，这是新闻编辑在考虑策划类直播时需要注意的。此外，策划这类直播也可以适当考虑与相关产业的商业合作，在宣传推广文化的同时拓展业务。

5.4　网络新闻直播创新策略

要想打造高质量的网络新闻直播，获得广大受众的喜爱，就要讲究一定的创新策略，当前有不少新闻媒体已经做出了创新性的直播尝试，值得其他媒体人取其精华，为己所用。

▍5.4.1　重视内容创新

新闻创作一直强调内容的质量，传统媒体时代，在内容质量上更多强调的是作品题材的新颖度、对新闻点的准确把握，以及新闻要素的齐全。而在当前的融媒体时代，随着新媒体渠道的丰富与内容生产的多元化，新闻报道更要重视内容的创新，在关注内容本身的前提下，使内容在语态、形式等方面迎合新媒体渠道受众的观看偏好，这意味着在运用网络新闻直播这一形式时，新闻媒体要尽量做到以下5点。

- ◆**内容深度挖掘：**重视报道内容的深度挖掘，保障新闻内容的高质量，将最有价值的内容呈现给受众。
- ◆**发掘小众选题：**网络新闻直播也要注意实现"长尾新闻"，即策划多样化、差异性的内容选题，这要求网络新闻直播在选题策划上要进一步发现受众的小众需求，能针对受众心理、热点等进行发散思考，找出容易被忽略的选题。
- ◆**注重UGC与PGC的结合：**传统新闻直播较少关注受众反馈，而网络新闻直播要注意实现UGC（User Generated Content，用户生成内容）和PGC（Professional Generated Content，专业生成内容）的有机结合，即让受众及时通过实时评论或弹幕等参与活动，完成UGC，保障网络新闻直播必不可少的社交属性。同时，新闻主播也要有过硬的专业水准，为受众提供专业、详尽的报道内容，完成"专业内容生产"，即PGC。两相结合，受众便能获得一场高品质的直播体验。

- ◆**语言接地气：**网络时代，受众更喜欢接地气的语言，因此，许多新闻主播在节目中也适当使用了一些轻松、诙谐的表述，如"真是太酷啦"，甚至分享自身实际经历等，让不少受众看到了严肃的新闻行业的转型，觉得新闻变得更亲切、更有趣了。

- ◆**内容形式要多样：**有时候，虽然直播报道内容精彩，但平铺直叙的展示可能并不能吸引受众。如果在直播时用上高端的现代技术，如AI数字人、VR技术等，对报道内容进行全景化的呈现，则能增强新闻的现场感和吸引力，提升受众对新闻内容的关注度。

网络直播虽然转变了人们接收和传播信息的方式，提高了信息的时效性，但其内容输出的本质没有变化。因此，网络新闻直播仍需要将内容和呈现方式的创新作为自身发展的根本和发展的核心价值，通过合理规划内容，从受众角度思考内容呈现方式，增大有效信息密度，提升直播质量。与此同时，也要建立起一套规范的直播生产机制，将选题、编审、岗位、技术方案、应急处置等方面的标准细化，既将创新机制纳入生产流程，又为播出安全提供保障。

5.4.2 短视频与直播互动引流

当前各大新媒体平台上，短视频内容非常多，广大受众观看短视频的情况也很常见，因此与短视频协作是实现新闻直播"破圈"的一大利器。在开始重大新闻事件直播前，新闻媒体可准备一定数量的相关短视频，发布在可插入短视频的各大融媒体渠道，进行直播预告和引流，吸引受众预约直播或直接通过短视频页面的链接跳转至直播页面。而这些短视频也可在直播期间用于应急插播，以应对突发状况。直播结束后，还可将直播过程中的一些精彩画面剪辑下来，制作成短视频进行二次传播，这既能帮助受众回顾精彩的直播内容，也可以激发进一步的网络讨论，还可以吸引一些未看过直播的受众观看直播回放、关注直播频道，提升直播内容的热度，帮助直播"出圈"。传播时，主流媒体可以结合自有矩阵和传播资源，发动合作媒体机构联合发布，并通过受众社群进行分发。

在2022年新春，东莞广播电视台联动 9 个城市的广电媒体，策划推出《在莞过年——乡情、乡音、乡味》大型跨城全媒体直播。为推广网络新闻直播，制作团队联系在莞各地同乡会、商会，提前拍摄十余条方言贺年视频、特色年俗活动视频，并将其统一包装，在直播前通过各视频平台、同乡微信群、微博等渠道进行分发，为直播引流。相关短视频也在直播中播放。在当期直播结束后，制作团队还将直播内容剪辑成短视频进行二次传播。

范例

央视冬奥会期间直播与短视频的配合

2022年北京冬奥会前后，随着开幕式及比赛在各大网络平台的播出，中央广播电视总台新闻新媒体平台根据赛程进展情况，快速反应，累计制作冬奥新闻短视频和精品视频200余条，总播放量破百亿人次。例如，前期在网上发布的《我们的乐事》《一起向未来》《当冬奥遇上武侠》（见图5-3）等宣传预热短视频，引发广大网友对赛事的关注及热议，视频也获得了较大流量。

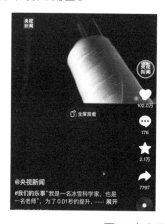

图5-3 | 宣传预热短视频

在运动员夺冠瞬间，总台连续发布多条时长短、节奏快的短视频产品，单条突破6000万播放量的产品就有10个以上，总播放量超12亿……其制作的短视频将我国运动员披荆斩棘的夺冠瞬间，浓缩在2分钟甚至30秒之内，极具感染力和表现力的画面，使得奥林匹克精神冲破屏幕，直抵人心，充分调动受众们昂扬激动的心情。这个赛事过程中，总台一直都有紧跟比赛发展的优质上乘的短视频产出，其"人有我优"的独家短视频和自制特色内容矩阵，使其成功博得了广大受众的喜爱。超30条短视频在抖音、快手播放量超千万，15条在视频号单条播放量过百万，多个话题阅读量过亿。图5-4所示为央视新闻发布在各媒体渠道的精彩短视频的截图。

图5-4 | 精彩短视频的截图

短视频的火热也让更多的人了解了冬奥赛事的情况，同时让视频账号获得了极为亮眼的传播数据。最终，带动新版央视新闻客户端新增下载量创历史最高，App累计下载量突破4亿，累计激活用户数超1.4亿。

点评：直播与短视频的结合，可以获得非常不错的宣传推广效果。而与冬奥会相关的诸多短视频在网上引发的热度，良好的传播效果带来的后续成效，即新闻客户端新增下载量与用户数的积累，更是凸显了这一点。

5.4.3　打造新闻"网红"

在网络时代，"网红"具有相当大的影响力，他们通常与受众的审美等心理相契合，身上聚焦着受众极大的关注度，可以说是大流量的代表词。网络上媒体打造的"网红"造成的社会影响有好有坏，但主流媒体打造的"网红"记者、"网红"主播则需要有非常高的职业素养，能代表新闻行业的高水准，这样的"网红"，才能为广大受众接受，带来积极而显著的舆论传播效果。

例如，中央广播电视台的"央视boys"（由4位央视知名主持人组成）就为人所津津乐道，他们的主持风格各具特色，主持能力出众，且博学多才、才华横溢。凭借优秀的主持表现和独特的个人魅力在网上红极一时，其关注热度的背后是深厚的文化底蕴和个人能力的支撑。这意味着"网红"主播要有专业的新闻素养和综合素质，如能制作生产精良的新闻产品、对新闻事件能进行专业的报道和解读、能有针对性地口播和出镜、能充分调动受众参与积极性。同时，其要有自己独特的人格魅力，能树立有感染力的主播形象。

素养小课堂

自媒体时代滋生了许多新闻"网红"，其针对热点新闻发表评论，但质量却参差不齐。新闻"网红"作为专业的新闻人，必须有良好的思想政治素质、较高的职业道德素质、非凡的业务素质、一流的法律素质和卓越的创新素质。不能为了热点、流量哗众取宠，或进行主观解读，打着客观正义的旗号带偏社会舆论，否则必定会被广大受众批评。

5.4.4　借助融媒体创新发展

党的二十大报告指出，"加强全媒体传播体系建设，塑造主流舆论新格局"，为我国主流媒体融合发展指明了方向。现如今，新闻媒体进行网络直播主要借助两种渠道：一是自建直播平台进行网络新闻直播，如中央广播电视台建立的央视频、四川日报移动新媒体平台川观新闻等；二是借助用户量大的网络平台进行直播，如微信视频号、抖音、哔哩哔哩、今日头条、微博等。这种几乎全媒体铺设传播渠道的做法不仅促进了直播内容的传播，达成了对直播平台资源的充分利用，还将直播与媒体能提供的政务服务相结合，极大地推动了新闻媒体进入人们的生活中，塑造了主流舆论新格局。

例如，四川日报就在积极进行全媒迭代，推动媒体融合向纵深发展，从而提升其媒体的影响力与竞争力。其全媒体包括四川日报、川观新闻、四川在线、四川云、川观智库、三方平台账号矩阵、川观号等7个成员，并在发展中突出不同成员的特色功能，强化传播优势，包括突出四川在线在全媒体中的协同功能、突出四川云在全媒体中的驱动功能、突出川观智库在全媒体中的服务功能、突出三方平台账号矩阵在全媒体中的增量功能、突出川观号在全媒体中的共生功能，以打造四川综合新闻第一新媒体平台。同时其还积极对接天府融媒联合体，为天府融媒联合体成员单位提供传播、技术、人才方面的赋能，合力进行高效高质量的融媒产品生产和传播。

例如，四川日报的融媒体作品《三星堆国宝大型蹦迪现场！3000年电音乐队太上头！》将三星堆文物原创手绘动画与最新发掘现场视频结合，搭配幽默四川方言的电音歌曲，一经发布便在网上引起较大反响，作品发布6小时内，川观新闻视频号首发的MV点赞、转发量均超10万，被新华社、人民日报等数百家媒体和各类机构账号转载，获得有关部门肯定。至视频发布月底，全网曝光量超7亿，该报道也荣获第32届中国新闻奖融合报道类二等奖，由此体现了媒体融合带来的创新力量。

此外，直播媒体也在通过融媒体为用户提供便利，努力开启沉浸式智能社交传播。2023年元旦，川观新闻数字人"小观"参与《新闻里的中国——48小时跨年直播》，在直播间与受众积极互动，发送元旦福利。此外，川观新闻经过10.0迭代之后，小观还可以作为智能助手，在客户端24小时提供不间断的智能交互服务，通过与用户进行语音对话，根据用户发出的指令，判断用户搜索意图，并反馈有关数据，自动为用户进行相关操作等，如图5-5所示。并且，仅川观新闻，就有20个数字记者（见图5-6），其还计划通过内容共创、引入三方优质资源等，搭建主流新闻共创平台。

图5-5｜发出指令及根据指令出现的结果展示

图5-6｜川观新闻数字记者

5.4.5 增强受众体验感

在直播愈加普及的今天，与受众互动深度的增强、与受众连接黏度的加强无疑是一场优秀的直播必须做到的事。对此，新闻媒体必须从多方面做到增强受众的体验感，让其有更直观、享受的观看体验。

具体来说，新闻媒体在增强受众体验感方面可以采取的措施包括：加强与当地通信运营商的合作，保证信号的稳定性和画面的流畅；在技术上，使用更超清、更先进的直播设备，让节目呈现更好的播放效果，如受众可以通过滑动手机，调整观看角度，沉浸式观看报道事件现场；鼓励受众在直播期间评论互动，参与直播内容，如新闻主播向受众提问或回答受众问题，与受众一起探讨，共同采集新闻信息，并通过互动提高受众留存率；提供受众彼此之间互动的渠道，如受众通过慢直播，在评论区就报道事件聊天互动、分享感受等；新闻直播提示受众参与话题聊天或有奖转发，让受众在转发直播间时附带自己对直播内容的评价和解读等。

思考与练习

1．简述网络新闻直播的特征。

2．简述传统新闻直播与网络新闻直播之间的不同。

3．简述网络新闻直播的不同类型。

4．你如何看待当前网络新闻直播的多种形式？这些形式中有哪些让你觉得惊奇？

5．综合所学知识，谈谈你认为当前的网络新闻直播中存在什么问题，你能就此提出哪些应对措施？

6．针对优化网络新闻直播的传播效果，你能提供什么建议？

第6章

新媒体平台新闻编辑与传播

新媒体平台是现在受众经常接触的新闻传播渠道，能够为受众提供各类新闻资讯。不同新媒体平台的新闻，其新闻编辑方法、写作特色与内容运营模式也有所差异，包括以短信、彩信为传播方式的手机报，由新闻媒体自己搭建平台的手机新闻客户端的新闻，依托第三方平台的社交媒体平台新闻，这些都是新闻在新媒体平台不同方向的发展运用。

6.1　手机报

手机报又称拇指媒体，指依托于手机，由报纸、移动运营商和网络运营商联手搭建的信息传播平台，是一种受众可以通过手机浏览当天发生的新闻的信息传播业务。在移动互联网时代，随着智能手机的普及，手机报在传播主流声音、服务人民群众、引导网上舆论方面有着先天优势。

▎6.1.1　手机报的发展现状

2004年7月8日，《中国妇女报》推出了全国第一家手机报《中国妇女报——彩信版》，手机报这一以短信、彩信为主的传播平台开始走入人们视野，逐渐成为主流媒体在移动端建设中不可或缺的组成部分。之后，多地移动公司和报业集团合作推出手机报，各地手机报呈现出百花齐放的态势。虽然在多元传播上，手机报不及新闻客户端、微信公众号的海量，在排版布局上也不如其他网络新闻美观，但凭借内容生产的"短、平、快"及传播渠道的"精、准、稳"，手机报仍拥有一定的市场份额。图6-1所示为四川手机报，其通过短信触达受众。该手机报为国内发行量最大的省级手机报之一，截至2022年年底，其用户数为12 338.91万户，受众数（含付费产品订阅用户数和免费产品覆盖受众数）超过7116.7万户，在全国手机报业务中处领先水平。

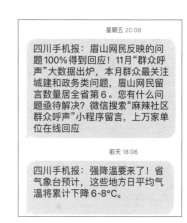

图6-1｜四川手机报

随着5G技术的进步，传统手机报开始向5G融媒手机报升级，手机报新闻以5G 消息的形式发送至受众，呈现出一幅5G时代的新面貌。5G具有通信大带宽、高容量、低功耗、低延迟等特性，使信息传输方式变得丰富多样。2020 年，中国移动、中国电信、中国联通携手11家合作伙伴共同发布的《5G消息白皮书》指出，5G 消息支持丰富的媒体格式。现有的5G消息突破了传统短信对每条信息的长度、大小的限制，实现了文字、语音、图片、表情、视频、文件、位置等信息的有效融合，同时还支持社会化互动体验。受众不仅可以通过产品配套的H5页面看视频、听语音读报，还可以基于5G融媒手机报提供的聊天机器人（Chatbot），享受人工智能技术带来的全新人机交互模式，完成内容访问、信息查询、智能客服等实时互动，实现消息即互动。这意味着新闻媒体可以通过文字、语音、选项卡等富媒体方式向受众输出个性化服务与资讯。

接收5G融媒手机报也无须下载App，也不需要二次跳转和关注，只需要一部联网的智能手机，即可实现听、看、读沉浸式体验。目前，国内有不少主流媒体开始了5G融媒手机报的探索，例如，川网传媒推出了5G手机报《5G彩屏》、环球网和咪咕数媒联合推出了5G融媒手机报《全球趋势透析》。媒体以5G消息、视频短信形式报道全省两会、冬奥会精彩内容等。

图6-2所示为中国移动手机报的升级产品——5G融媒手机报的消息页面，其创新打造集"5G超高清视频头条新闻+AI语音+大数据+内容精编/特色定制"于一体的沉浸式阅读体验的资讯服务融媒体产品，更符合当下融媒体发展的需求，是当前新闻发展的一种新模式。使用手机号登录5G消息，可进入5G融媒手机报，选择订阅手机报后，打开短信收件箱即可查看新闻头条。

> 5G消息是5G时代三大运营商联合手机厂商推出的平台型应用，5G消息借助于手机内置功能——短信作为入口，以富媒体消息为媒介，点对点精准投放、即时一对多快速投放，用户只需要点开短信即可阅读，为用户提供便捷、实时、精准的新闻信息。5G消息也并非5G手机或必须开启5G网络才可收、发，以中国移动的5G消息为例，5G手机可根据图6-3开启5G消息，非5G手机可通过短信小程序开启，上文的5G融媒手机报即为5G消息应用号。5G消息还能打破应用孤岛和数据壁垒，实现多媒互动，其基于场景的数字化应用能使用户顺畅享受数字生活。

图6-2 | 5G融媒手机报的消息页面　　　　图6-3 | 开启5G消息

6.1.2　手机报的现实意义

手机报作为传统媒体利润链条的延伸，呈现传统新闻传播进入新技术领域的新业态，对推动新闻的发展具有重要的社会意义。

1. 适应互联网发展的需要

手机报与手机新闻客户端和其他新媒体网络平台一样，都是移动互联网的手机新闻资讯端口，是在互联网发展基础之上的新闻传播形式。手机报节约了印刷、发行等方面的成本，其信息处理和发布方式更契合网络发展的需要。

2. 对舆论、宣传有积极作用

对重大事件如地震、山洪、台风等消息，手机报可以在交通瘫痪、电力受阻的情况下打破空间地理的限制，将最新消息、新鲜时事以短信、彩信的方式快速传达给受众，且不会花费受众太多的时间精力。而且手机报在及时传达信息的过程中，不仅能提高受众对重大事件的关注度，还能获得受众的反馈，加强双方的沟通。

另外，当有危害公共安全的事件发生后，有受众可能存在过激行为，这时手机报可以直接触达受众，更好地宣传爱国主义和社会主义核心价值观。

3. 具有"信息管家"的职能

不少手机报都是由党报集团创办的，相比网络上真假难辨的信息，手机报的信息把控更加严格，个性化、针对性更强，它可以针对不同地域的受众推送信息，这在管理上来说更到位。由此可见，手机报具有"信息管家"的职能。

4. 能在国家建设中发挥重要作用

手机报中有不少涉及社会情况、人民生活、服务资讯的内容，包括党报、政府发布的民生宣传报等，这让手机报能服务于大局。尤其是与网络运营商的合作，使手机报的覆盖范围更广、消息接收更方便，其对国家某些政策、方针的宣传也更有力。例如，中国联通甘肃分公司积极响应建设社会主义新农村的号召，开发惠及"三农"的特色信息化业务，推出新农村手机报业务，将通信服务与农村生产经营融为一体，满足在社会主义新农村建设中广大农民对各种信息的需求。

6.1.3 手机报的编辑策略

手机报相对于传统媒体，具有成本低廉、传播快速、时效性强、随时随地接收等特点，如何更好地呈现手机报的内容，满足受众手机阅读的需求是新闻编辑应着重关注的话题。在手机报的编辑中，新闻编辑可以采取以下策略。

1. 导读要精要

因为手机报报道长短不一，所以不管是普通手机报还是5G融媒手机报，许多新闻信息发送给受众时，多以一段经过提炼的关键内容作为导读，配合详情超链接呈现，但若导读太长、没有重点、吸引力不够，受众不会有耐心继续阅读。因此，手机报导读内容要提取正文重点信息，做简短化处理，做到精练扼要，富有吸引力，并尽量在"一屏"内显示，甚至在手机中显示2～6行即可，方便受众快速获取关键内容。如下所示为部分手机报导读，可见其内容简短精要。

近日，中国载人航天工程办公室发布神十七航天员在"太空菜园"收菜的画面。据了解，太空种植蔬果使用的"太空菜园"装置是新设计的第二代空间植物栽培装置，"太空菜园"最大的特点是实现了轮番、多批次的种植，为未来大规模的太空种植奠定了基础。（附链接）（选自《全球通》专刊手机报）

防范培训机构"卷款跑路"！四川全面推行培训"先学后付"支付模式（附链接）（选自四川手机报）

2. 单篇适当精简

新媒体时代，许多受众倾向于通过订阅主流媒体的微信公众号阅读长新闻，或者通过微博、抖音等社交媒体查看生动的新闻简讯，通过手机报阅读精简的新闻。许多手机报可以在一屏内显示一条完整新闻或多条简讯，甚至不用添加正文超链接，如图6-4所示。

3. 内容丰富多样

有时，单一的文字并不能满足受众的阅读需求，因此可以在手机报的导读部分及正文中插入一些图片或者视频，丰富内容形式，提升受众的阅读体验，如图6-5所示。

2023厦门海沧半程马拉松赛鸣枪开跑	12月6日，2023世界智能制造大会在南京开幕。本次大会聚焦"智改数转网联、数实融合创新"主题，来自全球10个国家和地区的390多家展商参展，其中世界500强和行业代表企业超过40家，展示智能制造领域最新成果、前沿技术和高端产品。	【魅力福建】
近日，2023厦门海沧半程马拉松赛鸣枪开跑，本届赛事规模为20000人，其中有15000人参与半程马拉松赛，5000人参与健康跑。	■ 我国货物外贸进出口连续两个月同比正增长	厦门集美来了只"迷你鸭"，属国家二级保护野生动物

图6-4｜一条手机报一屏显示一条完整新闻或多条简讯　　　　图6-5｜置入图片

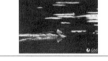

同时，有些手机报并不会一次仅报送一条新闻，而是一次报送多条关于出行、外交、纪念日活动的时事新闻，受众可快速浏览今日要闻。这种方式抓住了受众一次性获知今日新鲜事件的心理，写法值得参考。

例如，5G融媒手机报的《新闻早晚报》会每日推出一条手机报，以2023年12月12日的内容为例，其中有："今日热点"，内容涉及南水北调工程贡献、国家公祭日、船舶操作系统、俄罗斯硬质小麦出口新政等；"今日话题"，为一篇北京今冬首场降雪所引发问题的有关报道，报道名为《雪后摔伤患者增多 专家提示雪天老年人尽量不出门》；"今日人物"，介绍云南省昆明市公安局呈贡分局吴家营派出所的一位社区民警；"大美中国"，介绍江苏省无锡市。整体内容丰富、精练、有趣。

小提示 手机报往往也会以与新闻相同的版式提供广告业务，以促进营收增长，这也是手机报商业模式之一。

4. 加强服务信息的发送

在当地新闻手机报的编辑中，可以提供天气、优惠政策、交通动向、行业态势、旅游相关等服务类信息，为受众提供实实在在的服务。这一方面凸显了新闻媒体的责任，另一方面也满足了受众生活的需要，这对当地居民来说十分有用，对其生活也能起到一定的帮助作用。

 素养小课堂

如同手机报在5G技术环境下的创新一样，虽然当前融媒体手机报还未得到全面大幅的普及与推广，但新媒体新闻从业者要学习与培养这种前瞻眼光和探索精神，根据现代社会技术变革和潮流，抓住新闻革新的机遇，不断进行纸媒在媒体融合方面的创新突破，以促进新闻的持续健康发展，使其能永葆强大生命力。

6.2 手机新闻客户端

移动互联网的发展和智能手机的普及，促使不少报刊、门户网站都开始着力抢占新闻市场，开发手机新闻客户端。2014年，中共中央通过《关于推动传统媒体和新兴媒体融合发展的指导意见》，媒体融合上升为国家战略。不少新闻媒体开始寻求跨界融合、多元发展、资源整合的媒体融合路径。2016年发布的《中国传统媒体新闻客户端发展报告》显示，主流传统媒体的新闻客户端数量已达到231个。2023年发布的《2022—2023报业融合发展观察报告》显示，考察的1330家主要报纸自建客户端达570个，开通率达42.9%，还有13家报纸的客户端新增下载量超过千万。仅报业领域，新闻客户端搭建数量就如此庞大，可见我国媒体新闻客户端建设的进程之快、体量之大、效率之高。而新闻客户端提供的丰富新闻内容，及其定期推送、个性定制、政务一体的功能服务，实现了新闻的个性化、专业化和便民化传播，大大刺激并满足了受众的使用需求，手机新闻客户端也赢得了庞大的用户规模。

6.2.1 手机新闻客户端的分类

手机新闻客户端是智能手机新闻资讯类应用程序，是向用户提供包括政治、经济、娱乐等各个方面实时新闻资讯的应用软件，也被称为新闻类App。在移动互联网时代，手机新闻客户端已经成为受众获取新闻资讯的重要渠道和"超级链接"。经过十多年的发展，我国手机新闻客户端大致形成了以新闻传统媒体、商业门户网站和聚合类平台为主体的3种类型。

1. 新闻传统媒体类

新闻传统媒体类手机新闻客户端是传统媒体与移动互联网融合而部署的新媒体终端产品，由传媒集团，报业集团或党、政、军机关等打造，其借助移动互联网时代的传播技术，结合自身的采编优势，生产出适合手机客户端传播的适销对路的内容，以扩大内容影响力。这类手机新闻客户端非常多，如：中央广播电视总台推出的手机新闻客户端央视新闻（见图6-6）；上海报业集团依托旗下《东方早报》打造的手机新闻客户端澎湃新闻；人民日报社推出的手机新闻客户端人民日报；新华社打造的移动终端旗舰产品新华社；北京日报报业集团打造的新媒体龙头产品北京日报新闻客户端；四川日报报业集团打造的移动新媒体平台川观新闻；等等。

图6-6｜央视新闻客户端

以央视新闻为例，其聚集中央广播电视总台遍布全球的报道资源，平台内有诸多央视号（地方媒体、机构等自主注册成立的地方性垂类账号）入驻，建立了央视号矩阵，打造全媒体传播平台。受益于完备、精准、高效的新闻采编系统，其手机新闻客户端拥有专业的新闻工作者，有高度的公信力，因此有许多权威解读、深度报道等高质量原创内容。用户可以看到不同地域官媒发布的及时、权威消息，平台内容专业化、精品化特征明显，针对用户的定制化内容较少。在内容上，央视新闻依托5G+4K、AI（人工智能）等技术带来了AR新闻、VR新闻、人工智能主播等新产品，体现了高技术与高质量发展。该手机新闻客户端还能实现"融屏共振"，可一键连电视，实现大小屏互动。

2. 商业门户网站类

商业门户网站类手机新闻客户端是由搜狐、新浪、网易等综合门户网站开发的新闻客户端，如腾讯新闻、搜狐新闻、新浪新闻、网易新闻等，里面聚合了网站自研新闻、部分自媒体原创新闻和转载自其他媒体的新闻。这类手机新闻客户端缺乏新闻的直接采编权，只有转载评论权，因此，为了避免新闻内容的高度同质化，不同网站通过转载内容和新闻解读的方向，形成差异化的内容定位。不过由于这些门户网站几乎是随着主流媒体的网页端一起发展经营的，因此其新闻客户端也具有一定品牌效应和权威性。

以新浪新闻客户端为例，其主要是与微博App通过双端协调打造新闻生态系统，根据2022年艾瑞咨询发布的《新浪新闻生态聚势营销价值研究报告》，新浪新闻作为专业的新闻资讯媒体平台既具备了媒体的权威性，又具备了MCN机构专业制造内容的能力。内容创作者多为面向公众的官方媒体与专业机构，也有专业新闻工作者、各领域专家。从自身产品内容形态的角度来看，新浪新闻客户端更加注重公域的内容发布，满足受众深度内容消费需求。但因为新浪新闻依托微博这个大型的社交媒体平台，借助微博全网均衡覆盖的流量池、热点话题挖掘、运营能力和内容矩阵资源，所以其可以广域覆盖忠诚用户，打造兼具轻度、碎片化的泛娱乐内容和重度精品化的专业内容，覆盖不同用户内容消费场景，实现多圈层人群的分发。

图6-7所示为新浪新闻客户端页面。用户可以通过该客户端关注新闻热榜、短视频、时政类资讯等相关内容，甚至还可以"刷"微博，进行社交分享，可见新浪新闻客户端能照顾用户不同的使用习惯。

3. 聚合类

聚合类新闻客户端是指互联网科技公司研发运作的，聚合传统媒体时事新闻内容源和自媒体平台用户自生成长尾内容源，根据用户兴趣和浏览历史记录，基于用户主动个性化搜索、个性化订阅等站内操作，对全平台内容进行个性化推荐的产品形式。相比商业门户网站类新闻客户端，这类新闻客户端自己不生产新闻，所有内容来自大数据，是新闻的"搬运工"。

在新媒体语境下，聚合类新闻客户端层出不穷，如今日头条、ZAKER、一点资讯等。它们的内容来源于全网各大平台的新闻资讯，通过机器学习、数据挖掘以及爬虫等多种自动化方式在互联网海量的内容中抓取真实有效的信息，通过算法实现有效聚合，然后在平台进行分发。以今日头条为例，作为国内具有代表性的聚合类新闻客户端，其以大数据为支撑，采用个性化推荐机制、机器算法与编辑互动的双重运营模式，以信息筛选和过滤技术为产品特色，实现多媒体、多渠道的资讯整合。用户注册之后，今日头条会收集用户的年龄、性别、所在城市等基本个人信息，形成标签；然后通过算法系统分析标签，对用户形成初步的了解，在冷启动的时候实现推荐，为实现进一步的精准推送打下基础。今日头条首页（见图6-8）会为所有登录用户推荐一些热门快报与资讯，这些内容是由机器和人工合作挑选的，先由机器筛选出一批具有热度的新闻，再由新闻编辑挑选出值得推荐的内容，这能够突破用户自身的信息茧房，提高用户对重大公共事件的参与度。通过对"关注""推荐"等板块的信息流进行"不感兴趣""屏蔽"等操作处理，以及选择自己感兴趣的频道，如生活娱乐、体育财经、科教文艺、党媒推荐等，用户可以获取自己感兴趣的内容，并通过推荐机制获得个性化、定制化的阅读体验。

> 小提示　一些研究者认为，个性化推荐机制虽然为用户省时省力，让其能用更短的时间获取自己感兴趣的内容，但这也会让其了解的内容领域越来越窄，加重信息茧房效应，导致群众极化。因此算法的使用应慎重，需持续更新、迭代。

图6-7｜新浪新闻客户端页面　　　　图6-8｜今日头条首页

> 小提示　现在市场上的许多手机新闻客户端都融合了都市类资讯和时政类消息，有一定的同质化倾向。为了精准聚焦用户，厘清自己的发展轨迹，先"垂"下去再融合，重构新矩阵，不少新闻媒体在发力深耕金融、房产、旅游、健康、教育等垂直领域，打造垂直类新闻客户端，如新浪财经、财联社、华尔街见闻等专注财经金融的新闻资讯App。一些新闻媒体正在尝试垂直细分，打造垂直类融媒账号，如三农周刊、江南房产，通过垂直赛道推进媒体创新、探索盈利之路，这有助于促进报业的多元化产业发展。

6.2.2　手机新闻客户端的内容生成方式

纵观各大手机新闻客户端的新闻资讯可以发现，现在手机新闻客户端的内容生产方式主要是"专业生成内容（PGC）+用户生成内容（UGC）"的方式。

早期新闻主要依靠专业记者生产内容的手工模式，随着网络的发展，继而出现了UGC模式，许多受众可以自己生产各种内容，自媒体出现，新闻生产开始转变为"PGC+UGC"的模式。随着人工智能技术的逐渐成熟，机器人的计算能力和学习能力不断提升，新闻生产走向全产业链运作。人工智能可以参与到新闻生产到发布的全过程中，算法新闻也在这个过程中产生，这是建立在算法、人工智能程序平台以及自然语言衍生技术基础上的新型新闻生产模式，其主要特征是新闻的文字及部分视觉内容可由算法直接自动生成。学者吴锋认为，"算法新闻就是运用智能算法工具自动生产新闻并实现商业化运营的过程、方法或系统，它包括信息采集、储存、写作、编辑、展示、数据分析及营销等业务的自动化实现"。在新闻生产和传播领域，基于自动生成的人工智能算法已渗透于新闻线索搜集、采写编发、传播实践与事实核查等各个环节，赋予了新闻生产新动能。

今日头条是我国目前颇具代表性的算法新闻平台，其能够满足不同用户对新闻信息内容的差异化需求。例如，今日头条通过搜索引擎来获得用户喜爱的新闻内容，将全网的新闻抓取之后用算法为用户做个性推荐，也是手机新闻客户端领域的主流趋势之一。新闻客户端的一些AI数字人参与的直播，借助智能化新闻生产系统加工、生成新闻素材的操作，包括生产环节用算法工具生成内容，分发环节引入推荐算法等。不过算法对新闻的参与有利有弊，有些算法生成的内容还需要人工辅助，强化筛选，优化加工。

素养小课堂

算法新闻体现了新闻发展的数字化趋势，对此，新媒体新闻从业者一方面要注重对相关知识的培训学习，另一方面要加强对自身职业道德素质的培养，避免对算法过度推崇。因为有些新闻，如一些"新黄色新闻"（对鸡毛蒜皮的小事进行夸张、刺激、煽动式的报道，其特征是新闻要素不全、粗制滥造、生活化痕迹明显、传播主体范围广、点击率或播放量高、活跃于短视频传播渠道、趣味性与娱乐性强、基本不具备新闻价值）可以由AI生产，其生产周期短、制作简单、收益大，但其内容低质、缺乏价值，甚至是假的，这是需要警惕的。

6.2.3 手机新闻客户端的内容运营

内容运营是手机新闻客户端得以正常运转的重要手段，如果手机新闻客户端能获得传统媒体的优势资源，实现新旧媒体的资源共享、优势互补，打造出内容定位精准、应用技术超前、功能齐全的聚合性新闻客户端，就能在当前激烈的竞争中占据优势。手机新闻客户端的内容运营呈现出以下特征。

1. 打造优质内容

对手机新闻客户端而言，凭借内容优势来赢取用户才是上上之选。因此，新闻媒体要在客户端打造优质原创栏目和报道内容。以江西日报社为例，其手机新闻客户端打造了江西首个移动端评论栏目《红土评论》，不到一年时间，即获评全省优秀网评栏目，并形成了稳定的评论员队伍，后续其又打造了一批知名栏目，不断提升其品牌影响力。

2. 丰富内容形式

在当前的网络时代中，新闻媒体在运营手机新闻客户端时，同样要具备用户思维，关注用户体验，因此，手机新闻客户端通常具备海量、及时、互动、可视化等网络特征，部分新闻的趣味性、个性化特征得到增强。借助新媒体技术优势，新闻的内容形式也往多样化方向发展，例如，新闻不再是简单的文字、图片形式，还增加了音频、视频，打造了直播、长图、H5等形式，提升了用户的观看体验。例如，川观新闻等手机新闻客户端设置了"小观数字人"入口，该主页综合运用5G、AI、AR/VR等技术，给用户提供耳目一新的内容体验。

3. 个性化选择与推送

现在的手机新闻客户端很多使用了算法，在海量信息的基础上，可以根据大数据和人工智能技术，为用户建立专属阅读信息库，根据用户喜好智能推荐阅读内容。另外，新闻客户端的界面设计也很人性化，用户可以根据界面板块设置和自己的阅读习惯、喜好，在分类频道、栏目、专题中自主选择自己感兴趣的内容阅读，还可以个性化设置界面展示的专题频道，以满足自己的个性化阅读需求。

4. 多端融合

现在，许多新闻媒体在打造融媒体矩阵，涉及视频号、抖音号、新闻客户端、微博、门户网站、央视频号、今日头条号、快手号、人民号等，这可以使其获得众多受众，提高受众触达率，形成多点开花、全域覆盖的传播格局，并实现媒体共赢。而通过对大数据的分析研判，新闻媒体可以实时捕捉全网热点，明晰创作生产方向，打造优质原创内容，这种内容也是手机新闻客户端的重要新闻。这些多端融合还丰富了手机新闻客户端的板块内容，例如，央视新闻的手机新闻客户端支持看网络直播、电视新闻频道及听音频节目等。

5. 多元发展

不少手机新闻客户端开发了比较多元的服务，包括"新闻+购物""新闻+政务""新闻+广告"等。如今日头条支持购物，其应用中还插入了许多广告，样式与其推送的新闻资讯相似，隐藏在信息流中，有"广告"标识，以促进平台盈收；央视新闻支持一键预约博物馆；川观新闻支持问政；绍兴市通过越牛新闻客户端陆续发放5亿元消费券等。单一的新闻信息的获取不再是新闻客户端的唯一功能，打造差异化（如强化移动问政窗口、深耕本土新闻）、寻求多元合作、促进营收也是现在手机新闻客户端运营的重要方向。

小提示：推送广告获取盈利以维系手机新闻客户端发展无可厚非，但若广告内容与客户端定位不符，广告推送时间不当，引发诸多用户的不满，不仅无法达到好的广告效益，还会影响自身品牌形象和口碑。

6.3 社交媒体平台的新闻编辑

社交媒体平台因其包容度高、受众多、互动性强，成了新媒体新闻传播的重要阵地，这也是新闻编辑孕育新媒体内容的重要领域。新闻媒体在微信、微博等新媒体平台上的新闻创作，尤其值得新闻编辑了解与掌握。

6.3.1 新闻媒体的微信推文

由于微信是我国具有强大影响力的即时通信应用，具有庞大的用户基数，因此有诸多新闻媒体入驻微信，通过公众号和视频号，向受众推送新鲜新闻资讯，以增强受众黏性，提高受众忠诚度，提升自己的影响力。而新闻媒体在微信平台发布的推文内容也不单是社会事件、新鲜时事的报道，有时会夹杂一些科普性和趣味性较强的文章，甚至是情感文章或广告，相对手机新闻客户端、抖音端等平台的报道内容来说，趣味性、商业性有所增强。

 近几年，微信的视频号也非常流行，主要用于发布短视频形式的内容，用户可以在手机屏幕上滑或下滑以切换不同的短视频，也可以在短视频上点击相关按钮，点赞、分享或评论该视频号内容。视频号内容通常由一段文字描述和视频组成，文字辅助视频的表达即可。视频形式的新闻主要在下一章讲解。

根据一次发布推文数量的不同，微信推文分为单图文推文与多图文推文，如图6-9和图6-10所示。不管哪一种推文，几乎都包括4个主要内容，即封面图、摘要、标题、正文。其中，多图文推文由于推文数量更多，基本仅显示推文标题与封面图，而不显示摘要。

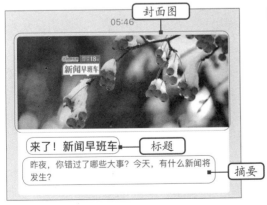
图6-9 | 单图文推文

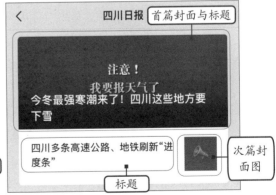
图6-10 | 多图文推文

1. 封面图

封面图起到吸引人的视线的效果，因此一般要求图片精美，与内容有一定关联，引发受众的阅读兴趣。微信公众号文章的封面图有两种尺寸。第一种是单图文推文封面图和多图文推文首篇封面图，它们的长宽比为16∶9，图片像素建议为900像素×500像素，格式支持JPG、PNG和GIF，大小不超过5MB；第二种是多图文推文次篇封面图，其长宽比为1∶1，图片像素建议为200像素×200像素。

为了优化封面图的展示效果，新闻编辑可以着重设计单图文推文封面图和多图文推文首篇封面图，如选择设计好的海报，或者添加充满设计感的文字，揭示主题等。多图文推文次篇封面图尺寸较小，做到图片简单直观即可。

2. 标题

微信推文标题在写作风格上比较多变，既可严肃简练，又可活泼俏皮，其标题写作皆可以采用前面章节介绍过的写作方法，同时也要有一定的发挥空间。如使用数字，增加事情的可信度，符合新闻事件对细节和真实的要求，如《突发！河源一大桥今日凌晨突然坍塌，2车落水，救起1人》；使用话题热词，增强受众的亲切感，如《安排！国产大飞机新机型要来了》；活用符号，如"｜""——""→""【 】"等标点符号和表情符号等，优化标题的表现形式，赋予标题年轻化、个性化气息。微信推文标题示例如图6-11所示。

图6-11｜微信推文标题示例

3. 摘要

微信推文的摘要就是推文封面图下面的一段引导性文字。在小屏幕的手机屏幕范围内，它可以快速引导受众了解文案的主要内容，或提出具有吸引性的问题，以吸引受众点击推文，或揭示主旨、点明主题，目的在于辅助标题的表达，增加点击量和阅读量。

摘要一般可选择设置或不设置，对设置好的摘要，单图文推文页面中会显示，多图文推文页面中则不会显示。当任意推文被单独分享出去后，设置好的摘要将被显示在分享页面，未设置摘要的推文则自动显示其正文前几句文字作为摘要，无法有效吸引受众，因此新闻编辑可根据需要恰当设置摘要。通常推文摘要的字数不宜太多，两行（40字）左右即可。

4. 正文

微信推文正文的写法与网络新闻、新媒体新闻的写法基本一致，也与传统媒体新闻的写法大致相当。一般来说，在报道常规新闻事件时，多采用倒金字塔结构，先写重要的，再写次要的。微信推文由于需要受众先订阅才能得到有效推送，因此微信账号的引流较为重要。受众查看未订阅的信息主要有两种方式，一是通过朋友的分享链接，二是通过微信搜索栏搜索。而要想吸引受众订阅，增加订阅用户数量，新闻媒体需要做到内容为上，以优质内容打造自己的口碑，从而获得更多强黏性用户。通过对某些主流新闻媒体的观察，可以看出微信推文大致分为以下4种类型。

◆ **时事推文：** 新闻本身以向受众传递时事为主，作为其主打职能，这部分内容在微信推文中最为常见。

◆ **商务推文：** 新闻媒体也是有业务需求的，因此新闻媒体也会发布一些产品推文，推广自己的报刊产品、生活娱乐产品，或与其他企业合作进行文章推送，如图6-12所示。

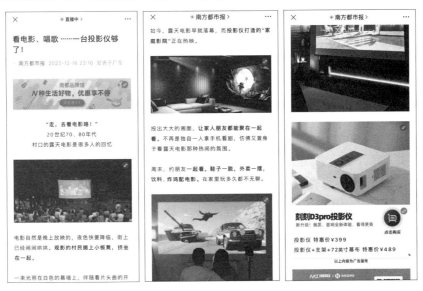

图6-12 | 合作推文

◆ **知识性推文：** 新闻媒体在推送时事的过程中，也会写作科普性、知识性推文，为受众"扫盲"，凸显作为一个公众媒体的教化和引导作用。图6-13所示为央视新闻微信公众号发布的推文，介绍文物"晋公盘"。

图6-13 | 知识性推文

◆**专栏推文：**专栏推文的类型多种多样，可为受众提供更多的新闻内容，这体现在微信公众号的菜单栏中。如人民网微信公众号的《学习二十大》《总书记报道集》《一见》《讲话数据库》栏目，央视新闻微信公众号的《夜读》《相对论》栏目，中国日报微信公众号的《学习有方》《围炉漫话》《起底》栏目等。

小提示 有些微信中的新闻媒体为了吸引受众并增加互动，在推文正文中会附带福利，如赠书、赠门票等，吸引受众留言互动，以有效增强受众黏性。

6.3.2 微博新闻写作和账号运营

微博是微型博客的简称，是一个基于社交关系进行简短信息的获取、分享与传播的广播式社交网络平台，属于博客。微博作为当今较受欢迎的社交平台，在线注册用户的类别广泛，活跃用户多，信息刷新速度快，符合新闻时讯特点，受到了许多新闻媒体的重视。

1. 微博新闻写作的要求

微博是一个新兴的新媒体传播媒介，继承了博客一对多互动、动态更新的特点，具备便捷性、极速性等适合新闻生产、传播的优势，因此新闻媒体在进行新闻报道时，越来越注重微博新闻的写作。微博新闻通常需满足以下要求。

（1）短小完整

微博新闻基本都是导语式写作，即交代最重要的新闻事实，虽然微博已经取消了最多只能发布140个字的限制，但微博在信息交流的过程中通常只显示140个字，在手机显示屏上为7行左右的文字，剩余的文字则会被隐藏起来，但会在显示的句子末加上"显示全文"的提示，点击后可查看微博全文。因为受众第一眼只能看到前140个字，所以微博新闻同样要求新闻编辑用尽量少的字数尽可能完整地叙述。因此，在新闻的叙述过程中，交代清楚新闻必备的"5W"显得格外重要。

（2）真实新鲜

真实是新闻的第一要素，而微博受众群庞大、新闻传播快速，要求新闻编辑必须践行这一要求，否则不实新闻的传播会造成受众恐慌或产生其他不良后果。另外，微博新闻必须"新鲜"，一方面是内容要新鲜，要是新近发生的事件，另一方面是形式要新鲜，要让受众乐于接受，并能吸引其眼球，这样的新闻才更容易得到传播。

（3）标题精练

微博新闻本来就十分简短，因此其标题内容更加受限，一般为一句话，将核心内容浓缩到其中，字数不宜太多。在涉及某些名词时，该用缩写的地方可以用缩写，但不能引起歧义，也不能违反相关规定。

（4）形式多样

点击微博首页右上方的●按钮，可以看到微博支持图6-14所示的多种表达方式。新闻编辑要合理运用它们来丰富新闻内容，如对视频、图片和直播的运用，就可以多元化地展示新闻事件，使新闻的表达更加立体化。

微博新闻可以使用音视频、图片来增强新闻表现的效果，但使用这些形式时要注意合理组合搭配，如一般不会出现"新闻正文+图片+视频"的形式。在编辑视频时，根据页面提示设置内容即可，如图6-15所示，点击视频上的"修改封面"字样后，可以设置视频封面，通过"视频截取"和"本地上传"两种途径选择更能表达新闻内容、吸引受众关注的画面作为封面图片。

图6-14 | 微博支持的表达形式

图6-15 | 编辑视频

2. 微博新闻写作的重要元素

微博新闻可以通过微博用户的转发、评论和点赞等互动行为来进行传播，以提升热度。微博新闻工作并不是简单的文字编排，微博新闻与其他新媒体平台的新闻一样，也可以利用多媒体技术进行编辑，甚至可以适当地添加一些微博特有的元素。恰当使用以下4个元素，能使微博新闻的内容更加丰富，更具微博特色，从而扩大其传播范围。

◆ **标题符号"【 】"：**微博新闻多以段落为主，因此在编辑过程中，常用"【 】"内的内容作为标题。标题通常位于段落开头的第一句，这个位置的内容既能充分表意，又能吸引受众的注意力。

◆ **话题符号"# #"：** "# #"代表参与某个话题。在新闻中添加话题后，若新闻获得了受众的广泛关注，就更容易成为热门话题新闻。另外，新闻内容将自动与话题链接，可以让新闻被更多查看话题的受众搜索到。一般微博新闻的话题为新闻内容的简单概括，或作为一个标签使用，如下所示的"#国家一级保护动物紫貂现身长白山#"属于新闻内容的概括，而"川西林盘仿佛穿上了彩色摇粒绒"和"#被色彩偏爱的成都彩林#"则更多的是作为标签而存在。

【好可爱！#国家一级保护动物紫貂现身长白山#[哇]】近日，吉林长白山，有网友拍到国家一级保护动物紫貂。它从洞里探出头来，十分可爱！网友：#紫貂探头出来的瞬间我心都化了#！（吉林日报）

【层林尽染 #川西林盘仿佛穿上了彩色摇粒绒#】初冬，成都市都江堰朱家湾林盘披上了彩装。#被色彩偏爱的成都彩林# 黑石河从朱家湾的林间穿过，河畔两岸水杉树变成了红色，与周围的红绿黄色植物相间，大地像打翻的调色板一样色彩瑰丽，将川西乡村林盘的美景展露无遗。（@川观拍客 刘陈平）

◆ "@"：有些新闻媒体会在微博新闻中以@形式给出专家、企业、新闻当事人和其他媒体账号的微博账号，受众点击即可跳转至该账号微博个人页面，有助于受众进一步了解所报道事件涉及的对象。

素养小课堂

新闻的图片中常常会出现"@××（原博主）"的水印，表示该新闻出处，因此新闻编辑在转载其他新媒体新闻时，为了避免出现版权问题，最好不要随意去除原图水印。转载新闻需明确注明出处，可@新闻第一发布者，或在新闻正文中标注。

◆链接：将链接放置在微博新闻中，能丰富新闻的内容和表现形式。新闻一般要求有理有据、图文并茂，而文章全文链接、视频链接、音频链接以及连接其他微博新闻的链接形式等，能有效提升新闻的表现能力，促进受众尽可能多地了解新闻内容，因此链接也是微博新闻的有力武器。

图6-16所示的微博新闻就运用了标题符号"【】"、话题符号"##"、"@"和文章链接，点击文章链接后，将跳转至人民网相关报道首页，这是现在常见的新闻呈现方式。

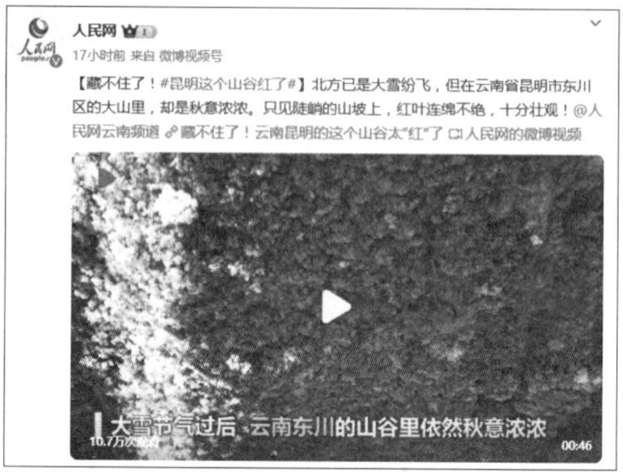

图6-16 | 微博新闻

3. 微博新闻内容的编辑

作为一个新闻媒体，首先要确定自己的内容定位，是要满足受众的阅读需求，宣传、传播信息，还是要介绍本地相关资讯，这会影响不同新闻类型在发布内容中的比重。一般受众使用此类大众媒介，多是为了获取各种资讯，因此对一些传统媒体或部分地方报媒而言，其主要目的是满足受众了解时事的需求，故新闻内容的要闻比重大。而有的地方性、政务性媒体，更趋向于介绍本地、本领域相关事件、相关规定和事情的发展动向等内容。微博新闻内容的写作类型多样，包括时事资讯、生活百科、评论文章、节日活动、专题展览、心灵鸡汤、舆论引导、历史纪念、日常话题等，由于新闻媒体在微博中一天要发很多信息，因此其内容的写作类型并不单一，一般一个微博账号一天可以发布多种类型的新闻内容，数量一般在10～25条，视实际情况而定。

4. 微博新闻媒体账号的运营策略

适当的运营策略，可以帮助微博新闻媒体账号更好地维系粉丝，扩大自己的影响力。新闻编辑可以参考采用以下4种常用的运营策略。

（1）提升可视化效果

现如今，微博新闻的可视化特征已相当明显，大多数新闻都配有短视频或者精美的图片，这些视图信息直观、简单，受众接受度很高。

（2）抢拼第一

微博的资讯更新快、传播广，这也导致微博新闻不仅要"新"，还要"快"。为了使新闻尽快进入受众视野，获得受众的支持，新闻编辑一定要尽快完稿发布，时效快一点，传播效果就可能放大很多倍，要打造速度优势。

（3）提高受众参与度

微博是一个互动性、社交属性很强的平台，新闻媒体在策划内容时，如能增强与受众之间的互动，对自身的发展是有利无害的。例如，在策划专题时，让活动更加开放，积极提高受众的参与度，这能强化与受众之间的联系，加大传播力度。

例如，某年春节期间，为了营造过年气氛，呼吁人们过年回家，人民日报制作了一系列视频、图片和H5等微博内容，号召受众进行互动，这些活动实则是在引导广大受众表达对母亲的爱，文案内容也很容易引起受众的情感共鸣，活动获得了受众的广泛参与，掀起了传播热潮。

（4）"蹭"热点

不仅企业品牌官方微博和其他电子商务企业账号需要借助热点进行营销推广，新闻媒体也可以借热点进行宣传，提升自己的影响力，增加受众黏性。微博热点一直是微博受众关注的焦点，所以借助节假日、近期热门事件来编撰微博内容也是新闻编辑常用的一种新闻内容编辑方式。高考一直是热门话题，因此每年的高考期间及其前后，都会有不少的新闻报道，在任何粉丝数较多的新闻新媒体账号中搜索这一关键词，就能出现诸多内容，例如，在2023年高考前后，不少新闻媒体就借这一热门话题策划和拟写微博新闻，如图6-17所示。

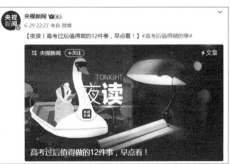

图6-17 | 与高考相关的微博新闻

▌6.3.3　政务新媒体的消息报送

现在，不少政务部门在新媒体快速发展的前提下，为认真践行网上群众路线，已成功入驻新媒体平台，打入年轻人和广大人民群众的"内部"，构架起双向沟通的桥梁。

1. 政务新媒体概述

政务新媒体是指各级行政机关、承担行政职能的事业单位及其内设机构在微博、微信等第三方平台上开设的政务账号或开发的应用，以及自行开发的移动客户端等。2011年，政府和公共机构开始大量使用微博，政务新媒体开始有所发展；次年，政务微信开始出现。到了2014年，政务移动客户端被大量开发使用，政务新媒体发展获得了显著的发展效果。根据中国互联网络信息中心发布的第51次《中国互联网络发展状况统计报告》，截至2022年12月，经过新浪认证的政务机构微博为14.5万个，我国31个省（区、市）均已开通政务微博。《2022联合国电子政务调查报告》显示，我国电子政务水平在193个联合国会员国中排名43位，是自报告发布以来的最高水平，也是全球增幅最大的国家之一。政务新媒体账号推送的消息也成了受众信息接收不可或缺的一部分。

当前，政务新媒体已然成为关乎我国互联网舆论格局与走向的重要环节，政务新媒体众多，如四川省成都市的微博政务媒体就有先锋成都、天府发布、成都共青团、文旅成都、品质崇州、给力都江堰、法治成都、清廉蓉城等。许多政务新媒体十分注重其在互联网平台上的内容发布，致力于扩大宣传和塑造形象。

2. 政务新媒体的消息推送要求

政务新媒体代表该政务机关在受众面前的形象，在传播党和政府声音、进行政策解读、回应公众关切等方面发挥了积极作用。对政务机关而言，其在消息推送方面，需满足以下要求。

（1）传播"政"能量

政务新媒体本就与"政"挂钩，带有行政性质，因此在推文中理当对政策、战略、方针等进行宣传与追踪，且政务机关身兼"发声"和"服务"责任，更应聚焦时政热点要闻，随时向受众传递地区发展新动向。

▨▨ ✎素养小课堂 ▨▨

政务新媒体与受众的沟通十分重要，国务院办公厅印发的《2017年政务公开工作要点》就在信息公开、政策解读、回应关切、制度机制建设、公众参与等方面提出了新思路、新要求。因此政务机构的政民互动一定要畅通，政务新媒体要为受众提供留言评论、征集调查、咨询投诉和即时通信等功能，并及时给出回复与反馈，不断提升答问效率和互动质量，引导受众依法参与工作管理。做好政务新媒体，才能有效扩大信息张力，提高政府"网络问政"的工作效率，促进政务新媒体健康运行。

（2）创新内容

政务新媒体作为官方媒体，要和广大受众打成一片，要接地气、聚人气。因此对涉及面广、社会关注度高、实施难度大、专业性强的政策文件，要制作成便于受众知晓理解、便于移动端传播的解读产品，积极运用多媒体技术，如视频、直播、图解、问答等受众喜闻乐见的方式，通过政务新媒体进行发布，增强政策解读效果。

同时，在栏目和内容创作上也要有所创新，政务新媒体账号的新闻编辑可以根据地区特色去构思内容，进行创意策划、美编设计等，形成能代表当地人文特色的原创栏目。例如，共青团山东省委"青春山东"按照省委和团中央工作部署，坚持"青年在哪里，阵地就建在哪里"理念，积极进驻互联网空间，充分运用新媒体手段，持续打造"青春山东"品牌矩阵。截至2023年8月初，其已入驻微信、微博、抖音、快手、B站等12个青少年聚集的网络空间，凝聚粉丝2500余万人；创新推出全媒体思想引领栏目"青年三说"，即《新时代·青年说》《百年百人·理响青年说》《青春这young说》，在学习强国、抖音等20余家媒体平台播发，累计点击量超过2亿次；联合大众日报发起《青年山东说》短视频征集，为各行业青年展示面貌、推介家乡提供平台，已发布40期，阅读量9200余万；推出原创歌曲MV《鸿鹄》《在路上》，其中《鸿鹄》累计播放量超1400万，并在团中央2023五四网络展播活动中播出；累计联创联发《夜中灯火》《秋水丹心》等新媒体作品50余个，总阅读量5.9亿次；策划推出"青春心向党　学史砺初心""悦读悦青春"等专题，打造#了不起的青春# #踔厉奋发 强国有我#等23个阅读量过亿的网络互动话题；在打卡地济南大明湖超然楼前举办第五届"中国华服日"山东分会场"锦绣华夏·海岱华裳"活动，以华服为带动，融合齐鲁名士、礼仪、非遗、手造等内容，吸引30余万人线上线下共同参与体味，引导广大青年坚定文化自信……其微信公众号月均发文130余篇，订阅用户达1290余万人，常年位列山东政务微信影响力第一位。微博发布内容10万余篇，粉丝数达287余万，阅读量累计6.65亿，转赞评超1000万，连续数年获评"全国十大团委微博"。

（3）紧扣地方

政务新媒体的针对性、现实性和地域性特征明显，一般是对当地实际情况的采访，因此在政务新媒体的推文中，一定要落实对当地情况的介绍，将本地、本账号情况作为最大、最基础的报道对象。例如，成都发布这个政务新媒体账号以成都作为报道对象，都江堰发布则以都江堰地区的相关消息作为报道内容，如图6-18所示。

图6-18 | 成都发布和都江堰发布的微信推文

小提示

作为政务新媒体，在推送文章的同时也要注重新媒体新闻账号的内部功能设置，尽可能地为受众提供便捷服务，提升受众体验。利用新媒体平台相关功能，尤其是微信、微博界面底部菜单中的菜单栏，可以为受众分门别类地设置不同的栏目菜单，提供更便捷、更细化、更深度的服务。例如，四川发布微信公众号的菜单栏，有"政策解读""政务服务"两个子菜单，如图 6-19 所示。前者提供了"省政府公报""政策文件""政策解读""微访谈"等多个政策解读的子菜单，后者可以通过点击"@国务院""办事服务""政民互动"等子菜单超链接，分别进入国务院客户端小程序、四川发布小程序、四川政务服务网，满足受众的部分查询及办事需求。

图6-19 | 四川发布微信公众号的菜单栏

 思考与练习

1. 打开央视新闻客户端的一篇报道，将其以短信手机报的形式编辑。

2. 谈谈你对当前手机新闻客户端发展的了解。

3. 手机新闻客户端是如何进行内容运营的？

4. 简述政务新媒体消息推送的要求。

5. 在人民网随机搜索一篇报道，将这篇报道整理设计成微博新闻的样式。

（提示：可参考微博新闻的写作方法，综合利用话题、链接、图片、视频等元素）

第7章
新媒体音视频新闻制作与传播

　　新媒体时代，播客的兴起、智媒技术的发展及智能手机的广泛运用，为音视频的快速发展打下了基础。越来越多的新闻媒体涉足音视频新闻，诸多影音视听App崛起，发展到今天，音视频新闻已成为人们日常生活中的重要组成部分。

7.1 新媒体音频新闻制作与传播

音频新闻是利用声音手段对新近或正在发生的事实进行的报道。它是对传统广播新闻的继承与发展。相比其他形式的新闻，音频新闻并不需要受众分出太多的注意力，而且其使用场景多样，受众可以在上下班途中、吃饭、打扫卫生、跑步、散步等做其他事时收听，它解放了人的双手和眼睛，成为阅读时代的另一种信息传达方式，这是音频新闻所具备的独特优势。

7.1.1 新媒体音频新闻的发展

移动互联网的发展，"互联网+"商业模式的出现，使"声音"迎来了第二春，我国的在线音频产业实现了较快发展。赛立信媒介研究数据显示，2022年在线音频用户规模已达到6.92亿人，平均月活用户3.3亿人，全网渗透率超过30%，市场规模突破310亿元。研究还指出，智能化收听已成为主流收听方式，受众收听习惯明显从广播收听工具向在线音频迁移。每周收听5天及以上的用户接近60%，每次收听时长集中在30～60分钟，用户黏性较强，音频与受众生活场景深度融合，在7:00—9:00、17:00—19:00、21:00—23:00形成三大收听高峰。利用各种智能设备收听音频新闻，也成为人们生活的常态。

例如，在微信中，就已经出现了音频新闻的模式，通常将音频植入新闻中，用户不愿意或不方便阅读的时候直接点击音频收听。而诸如喜马拉雅、蜻蜓FM等常见的新媒体音频平台，则是专业的在线音频平台，它们作为大型的内容聚合平台，拥有丰富的新闻资讯，同时还有有声书籍、音频课程等知识付费产品。这类音频平台容纳了从脱口秀到电台节目等各个领域的内容，将不同专业、年龄的受众吸引到了一起，且其新闻资讯时长较短，一般时长控制在5分钟左右；而少则10多秒、多则10分钟左右的内容，可以方便受众利用碎片化时间接收信息，因此这种形式的新闻受到不同年龄层受众的喜爱。在新闻资讯方面，很多新闻媒体账号提供的新闻内容都是免费的，这也对获取受众产生了积极影响。根据2023年12月20日喜马拉雅年度发布会上发布的信息，截至2023年第3季度，喜马拉雅全场景音频月活跃用户数达3.45亿。

以喜马拉雅App为例，点击其首页的"今日热点"按钮，即可查看当前新闻热点并定制自己的热点列表，以"新闻"为关键词在首页搜索栏中进行搜索，可以看到不少与新闻相关的账号的音频播放量已上亿，订阅用户数量也多，新闻媒体账号已形成了自己的用户群。图7-1所示为喜马拉雅App的"今日热点"页面（进入该页面将自动弹出"选择感兴趣的主题"菜单，在其中可以选择自己感兴趣的主题）、新闻媒体账号情况和某新闻媒体账号的音频播放量。音频平台的用户只需订阅自己喜欢的媒体账号，然后点击自己所订阅的账号收听节目。

图7-1 | 喜马拉雅音频新闻情况

在内容上，以喜马拉雅为例，其主要的模式是"PGC+PUGC（专业用户生成内容）+UGC"，旨在打造从专业生成内容到长尾用户（个人所拥有的、能够支配的资产规模较小的用户，群体总数庞大）生成内容的全方位覆盖机制。PUGC模式，是以UGC形式，产出的相对接近PGC的专业音频内容。即"PGC+UGC＋独家版权"模式与付费阅读、打赏等功能的结合，既保护了内容生产者的版权，也增加了生产者的收入。虽然从《2023国民收听趋势白皮书》公布的趋势来看，目前喜马拉雅用户更偏爱有声书、人文国学、代播影视剧等方面，但音频新闻仍有不小的市场潜力。

除了通过手机App之外，受众还可以通过小米、华为、阿里巴巴、百度等打造的智能音箱产品，或者车辆的车载系统，收听新闻资讯，通过其搭载的智能语音助手，受众可以进行语音交互，了解音频新闻。以阿里巴巴集团天猫精灵AI智能终端品牌推出的智能蓝牙音箱产品为例，受众可以通过"天猫精灵，听新闻""天猫精灵早上好"等语音指令唤醒该智能音箱并收听新闻。天猫精灵通过与不同地区的新闻媒体（如沈阳晚报、华西都市报和都市快报等）合作，让受众获得优质智能的"听报"体验。天猫精灵这样集整合与提供地方性服务信息和新闻资讯的平台是音频新闻传播的有效渠道，它能帮助传统媒体重构商业模式和盈利模式。同时，音频新闻增强了新闻可听化的特点，相比其他新闻载体来说，也更具有性价比优势。

音频新闻本质上属于播客（Podcast），播客是 iPod（便携式数字音乐播放器）与 Broadcast（广播）的合成词，指可以下载或订阅的分集数字音频，国内外有不少专业的新闻媒体在进行新媒体音视频新闻方面的探索，计划将其作为数字时代推动自身转型升级和增收的业务点，在声控智媒这个风口，让音频、视频的应用场景进一步拓展。例如，网易云给音频开辟名为"播客"的一级页面，喜马拉雅、蜻蜓 FM、荔枝 FM 等一线音频平台持续加码播客产品。目前新闻播客种类繁多，综合国内外相关节目，包括每日新闻与时事、即兴脱口秀与访谈、单主题系列报道、多主题音频纪录节目、有声长篇播报等，具有一定影响力，普利策新闻奖也自2020年起开始颁发"音频报道奖"。新闻播客近年来也逐渐显现出使用第一人称与主观叙事、受众深度参与的特征，有些调查性播报充满"人情味"，将播客中出现的人物情感表露无遗，引发情感共振，让听众可以随着叙事者的讲述，完成对故事的沉浸式体验。同时聚集在各地的受众还可以通过网络提供与报道主题相关的线索，对主播在节目中提供的线索和迹象以及多元化观点进行批判性解读。

7.1.2 新媒体音频新闻的运营平台

要达到良好的音频新闻传播效果，选择一个合适的音频平台十分重要。目前音频平台有很多，如喜马拉雅、荔枝FM、蜻蜓FM等。

1. 喜马拉雅

喜马拉雅是非常受欢迎的一款音频分享平台，同时支持手机、平板电脑、车载终端、台式计算机、笔记本电脑等各类终端，拥有大量活跃用户。通过喜马拉雅，用户可以随时随地收听各种类型的音频节目，如有声书、相声评书、音乐、历史、人文、感情生活、脱口秀、娱乐、教育培训、商业财经、电台、影视、时尚生活等。喜马拉雅鼓励用户原创，是目前国内音频创作中较集中、活跃的平台。除传统媒体外，自媒体和个人用户也可以申请成为主播，将自己的原创内容发布到喜马拉雅平台中，通过主播任务来累积声誉，并赚取广告收益，打造个人音频自媒体品牌。

2. 荔枝FM

荔枝FM是一款致力于打造全球化的声音处理平台，该平台可以收录、存储和分享声音，用户也可录制并上传声音，对声音进行后期编辑。除此之外，用户也可以在荔枝FM中聆听音乐、英语、睡前故事、儿童故事、有声小说、相声段子、历史人文等内容，还可以一键直播，成为音频主播。

3. 蜻蜓FM

蜻蜓FM是一款功能强大的广播收听应用，通过它可以收听销售、音乐、相声小品、情感、健康、历史、娱乐、教育、文化、评书、脱口秀等多种类别的音频内容。同时蜻蜓

FM还支持内容的点播和回听，不受直播的限制；用户也可以使用手机App免流量收听本地电台，其音频收听方式多种多样。

以上音频平台都支持移动端使用，操作方便，内容丰富，平台内聚集了很多的音频用户，使用率很高，对新闻媒体来说，它们都是很好的新闻运营与传播平台。此外，我国备受年轻人喜爱的音乐平台网易云音乐，其"播客"板块也聚集了不少新闻播客，如图7-2所示。实际上，新闻媒体可以考虑入驻知名度较高、用户量大的多家影响力大的音频平台，用心运营，打造自己的产品品牌。

图7-2 | 网易云音乐的新闻播客

7.1.3 音频录制与编辑

在发布音频新闻之前，还需录制与编辑音频。现在市面上有许多可供录制编辑音频的设备和应用，包括录音笔、智能手机自带的录音机App、音频平台（自带录音与编辑功能）等，当然，如Audition等专业的音频制作剪辑软件也获得许多新闻媒体的青睐。而随着人工智能技术的发展，目前还有许多AI配音工具，包括讯飞智作、魔音工坊等，为音频新闻的制作提供了许多便利。下面以Audition CC 2019为例介绍音频的录制与编辑操作。

小提示

讯飞智作是一款集 AI 配音、虚拟人视频生成、PPT 视频生成等多功能于一体的 AI 音视频生成工具，集成了包括语音合成、语音识别、语音翻译、语音转写和声纹识别等多项高级技术，它可以将文字转换成可供播放的自然语音，并提供多种语音合成方案和发音人。魔音工坊是一款集文案写作、配音和剪辑于一体的 AI 软件，图 7-3 所示为其配音页面。魔音工坊的声音商店拥有千款 AI 音色，其中的"捏声音"功能，可以用于编辑声音。

图7-3 | 魔音工坊配音页面

1. 音频录制

Audition CC 2019是一款功能强大的音频处理软件，支持多种音频格式，音频录制后可存储为高质量的音频格式，避免音质下降。使用它录制音频的具体操作如下。

微课视频：音频
录制

步骤 01 双击桌面上的Audition CC 2019快捷图标，打开软件，如图7-4所示。

步骤 02 在"编辑器"窗格中单击下方的"录制"按钮■（见图7-4），打开"新建音频文件"对话框，在"文件名"文本框中输入"12.19新闻"，其他保持默认设置，单击 **确定** 按钮，如图7-5所示。

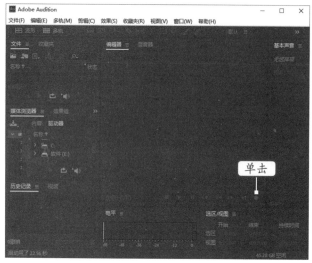

图7-4｜打开软件

图7-5｜新建音频文件

步骤 03 此时将开始录制声音，打开"新闻稿.docx"文件（配套资源：\素材文件\第7章\新闻稿.docx）朗读，对准音频输入设备录入声音，"编辑器"窗格中显示正在录音，如图7-6所示。

步骤 04 音频录制完成后，在"编辑器"窗格中单击下方的"停止"按钮■，即可停止声音的录制，如图7-7所示。

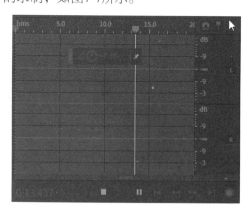

图7-6｜开始录音

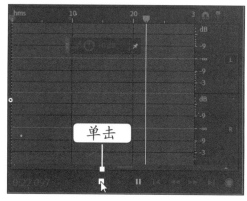

图7-7｜停止录音

 小提示 在录制音频过程中，可在"编辑器"窗格中单击下方的"暂停"按钮▮▮暂停音频的录制，再次单击"暂停"按钮▮▮可继续录音。需要注意的是，暂停录音容易使音频出现数秒的卡顿，在处理音频时需要将卡顿的内容删除。

步骤 05 选择【文件】/【另存为】命令，在打开的"另存为"对话框中设置音频文件的保存位置和格式，如图7-8所示，单击 确定 按钮保存音频文件。

步骤 06 打开保存的位置，即可看到存储的音频文件，如图7-9所示（配套资源：\效果文件\第7章\12.19新闻.pkf、12.19新闻.wav）。

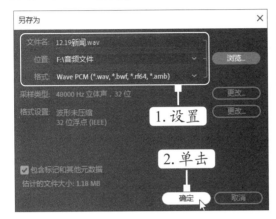

图7-8 | 存储音频文件

图7-9 | 查看存储音频文件的位置

2. 音频编辑

要将录制的音频文件应用于商业领域中，就要先处理录制的音频。因为录制音频时，可能受环境干扰，出现嗡嗡声、爆破声和电流声等杂音，所以需要利用Audition CC 2019处理音频，减少噪声，或将多余的、不清楚的部分裁剪掉，同时还可添加特效美化音频，如淡入、淡出等音效，使音频过渡柔和。

微课视频：音频编辑

小提示

需要注意的是，编辑音频的本质就是对一部分波纹进行改变，在处理一段音频时，难免会将该段音频中其他正常音频一同处理，导致失真的情况，因此，需要控制处理音频的力度。同时，波纹的改变往往是无法完全还原的，在对音频做特效处理前，需保留原始文件。

（1）打开需编辑的音频文件

在编辑音频文件前，需要执行打开操作，以在Audition CC 2019中打开音频文件为例，其具体操作如下。

步骤 01 选择【文件】/【打开】命令或按【Ctrl+O】组合键，如图7-10所示，打开"打开文件"对话框。

步骤 02 选择"BGM1.mp3"文件（配套资源：\素材文件\第7章\BGM1.mp3），单击 打开(O) 按钮，即可打开音频文件，如图7-11所示。

图7-10 | 选择"打开"命令　　　　图7-11 | 打开音频文件

（2）剪辑音频文件

剪辑音频文件就是按照需要适当剪裁音频，删除不需要的部分，其具体操作如下。

步骤 01 打开"12.19新闻.wav"文件（配套资源：\素材文件\第7章\12.19新闻.wav），对照新闻稿核对音频文件，在"编辑器"窗格中拖曳指针选择要删除的部分，选择的部分呈白色，如图7-12所示，按【Delete】键删除选中的部分。

步骤 02 拖曳指针选择要覆盖替换为其他片段的部分，如图7-13所示，按【Ctrl+C】组合键将选中的部分复制到剪贴板中。

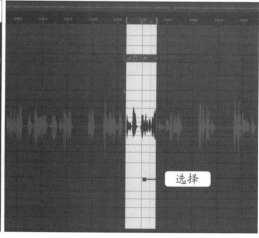

图7-12 | 选择需删除的音频片段　　　　图7-13 | 选择需复制的音频片段

步骤 03 在要粘贴的位置单击，然后按【Ctrl+V】组合键将剪贴板中的音频片段粘贴到当前位置，如图7-14所示。在其他同样需要覆盖的部分执行一样的操作。

步骤 04 选择【文件】/【保存】命令或按【Ctrl+S】组合键，保存已修改的音频文件，如图7-15所示。

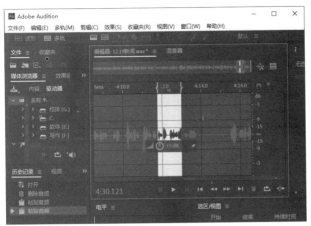

图7-14｜粘贴音频片段

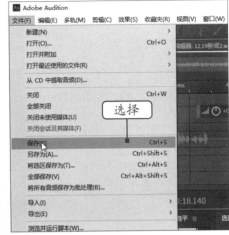

图7-15｜保存音频文件

（3）编辑音频文件

如果录音环境较差，录制的音频文件通常会存在音量过小、爆破音等情况。同时根据使用场合，部分音频文件还需要添加淡入、淡出等效果，此时需要编辑音频文件，使音频达到理想的效果。其具体操作如下。

步骤 01 ▶ 打开"12.19新闻.wav"文件，将指针移动到"编辑器"窗格的"调整振幅"按钮 ■ 上，向上拖曳指针放大音量，如图7-16所示。

步骤 02 ▶ 拖曳指针选择有爆破音的部分，选择【效果】/【自动修复选区】命令，即可自动修复爆破音，如图7-17所示。

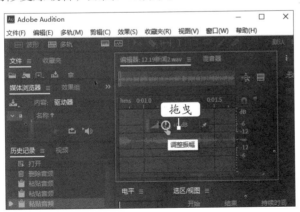

图7-16｜调整音量大小

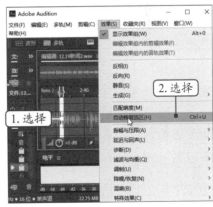

图7-17｜修复爆破音

步骤 03 ▶ 打开"BGM1.mp3"文件，拖曳指针选择需要淡入的部分，选择【收藏夹】/【淡入】命令，设置淡入效果，如图7-18所示。

步骤 04 ▶ 拖曳指针选择需要淡出的部分，选择【收藏夹】/【淡出】命令，设置淡出效果，如图7-19所示。

图7-18｜设置淡入

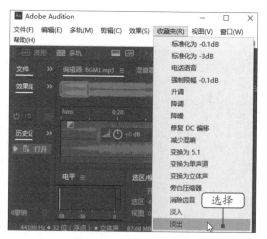

图7-19｜设置淡出

小提示

Audition的收藏夹中提供了多种预设好的效果。选择一段音频，再单击收藏夹中的效果，即可快速处理音频。但是，收藏夹中的效果可能无法完全满足音频处理的需求，此时需要在效果栏中选择合适的音频处理工具。

（4）创建多轨合成项目

录音和音频处理仅仅是对单一音频文件的操作，Audition CC 2019提供了多轨合成的功能，用于将多个音频文件合成为一个音频文件。在合成音频文件的过程中，仍能调整音频的音量、效果和音频的进出点。其具体操作如下。

步骤 01 选择【文件】/【新建】/【多轨会话】命令（见图7-20）或按【Ctrl+N】组合键，或单击 多轨 按钮，打开"新建多轨会话"对话框。

步骤 02 在"会话名称"文本框中输入"混音效果1"，其余选项保持不变，单击 确定 按钮，如图7-21所示，创建一个多轨合成项目。

步骤 03 在轨道1右侧空白处单击鼠标右键，在弹出的快捷菜单中选择【插入】/【12.19新闻.wav】命令，如图7-22所示，即可在该轨道中插入已打开的"12.19新闻.wav"文件。

步骤 04 同理，在轨道2中插入"BGM1.mp3"文件。

步骤 05 将指针移动到轨道1上方，拖曳指针，调整轨道1中的音频位置，让轨道2的音频先于轨道1中的音频播放，如图7-23所示。

步骤 06 播放音频，发现人声过小，此时将指针移动到轨道1的"调整振幅"按钮 上方，拖曳指针，将音量调整至"+15"，将轨道2的音量调整至"-4.5"，如图7-24所示。

小提示

用户不仅能够拖动音轨上的音频，调整不同音频的进入时间，还能拖动音频移动至不同的音轨，将多个音频组合在同一条音轨中。

步骤 07 选择【多轨】/【将会话混音为新文件】/【整个会话】命令，即可将混音项目混缩为一个音频文件，如图7-25所示。

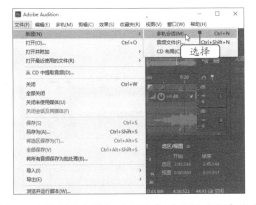

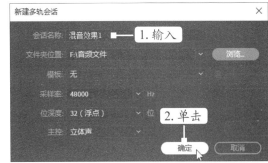

图7-20 │ 选择【文件】/【新建】/【多轨会话】命令　　　　图7-21 │ 新建多轨会话

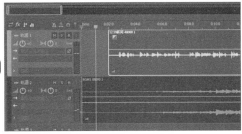

图7-22 │ 插入音频文件　　　　　　　　　　图7-23 │ 调整音频位置

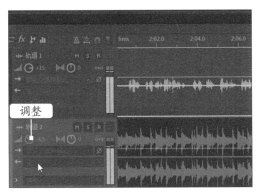

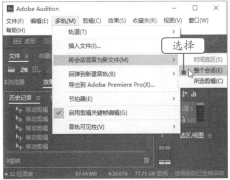

图7-24 │ 调整音量　　　　　　　　　　图7-25 │ 完整混音

步骤 08 按【Ctrl+Shift+S】组合键，打开"另存为"对话框，存储文件并完成制作（配套资源：\效果文件\第7章\混音效果1.pkf、混音效果1.wav）。

新闻编辑利用软件录制音频并完成音频的编辑之后，就可根据需要选择适合发布的平台，然后按平台要求上传发布音频。

7.1.4　音频专辑制作与发布

音频专辑的制作比较简单，根据平台指示即可完成相关操作。下面以在网易云音乐官网上传新闻音频为例，讲解制作与发布音频专辑的方法。

微课视频：音频专辑制作与发布

步骤 01 进入网易云音乐官网，单击首页的 创作者中心 按钮，如图7-26所示，进入"创作者中心"页面。

图7-26 | 单击"创作者中心"按钮

步骤 02 在"创作者中心"页面选择"云音乐达人"选项，进入"达人创作中心"页面，移动指针至页面左侧列表中的"发布作品"选项上，在弹出的子列表中选择"发布声音"选项，如图7-27所示。

 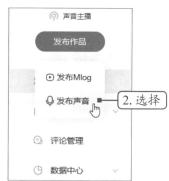

图7-27 | 拟发布声音

步骤 03 在打开的"发布声音"选项卡下方页面中选择"新建播客"选项，如图7-28所示。打开"新建播客"页面，在其中设置播客类型、播客名称、分类、封面、播客介绍、默认排序等信息，如图7-29所示，完成后点击页面下方的 提交 按钮。

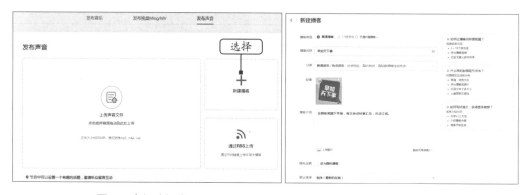

图7-28 | 新建播客　　　　　图7-29 | 设置播客信息

步骤 04 进入"播客管理"页面，单击创建好的播客右侧的"上传声音"超链接，如图7-30所示。进入"发布声音"页面，选择"上传声音文件"选项，打开"打开"对话框，选择之前保存的"混合音效1.wav"文件后单击 打开(O) 按钮，如图7-31所示。

图7-30 | 单击"上传声音"超链接

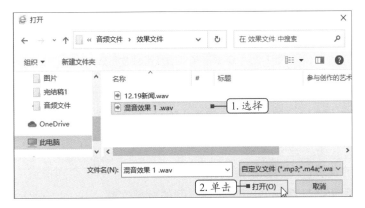

图7-31 | 选择声音文件

步骤 05 打开"发布声音"选项卡，在其中设置封面、名称等基本信息，如图7-32所示，完成后单击 提交 按钮。

图7-32 | 设置声音信息

步骤 06 打开"管理声音"页面，此时将看到上传好的音频专辑及发布的第一条音频，如图 7-33 所示。

图7-33｜查看音频专辑及音频发布效果

 ## 7.2 新媒体视频新闻制作与传播

移动互联网的发展，使视频新闻得到了广泛的普及。除了新闻报道中插入的新闻视频外，短视频的盛行更是让视频新闻获得了广阔的发展空间。4G网络的大众化和5G网络的使用为受众使用移动设备查看视频新闻提供了足够的网络保障。目前，视频新闻，尤其是短视频新闻的编辑制作成了新媒体新闻编辑制作的一大重点。

7.2.1 短视频新闻的现状

短视频新闻是在新技术应用和智能终端下衍生出的一种新闻形态，其时长为几秒至几分钟不等。它是集图像、文字、声音等于一体的动态影像，具备新闻要素，可以让受众快速了解新闻事件的要点，节省时间和精力，而其丰富的表现形式，可以使新闻得到多维度、立体化的展示，适合移动互联网传播。

自媒体融合以来，各级新闻媒体便开始入驻抖音、快手、微视频等高度社交化的短视频平台，快速完成了短视频新闻的网络传播战略布局。第53次《中国互联网络发展状况统计报告》显示，截至2023年12月，我国短视频用户规模达10.92亿人，用户规模巨大。短视频已经成为我国互联网市场上流量增长最快的产品。其中，中央级、省级主流媒体更是凭借其影响力和权威性，位列短视频新闻媒体第一梯队。截至2023年12月20日，央视新闻官方抖音账号已经拥有1.6亿粉丝，累计获赞83.2亿，发布作品8630个；人民日报官方抖音账号已经拥有1.7亿粉丝，累计获赞121.4亿，发布作品5987个。

有研究指出，在短视频平台影响下，新闻信息呈现出"短、平、快"的发展趋势。目前短视频新闻主要有4个方面的特征：一是短视频新闻借助专业新闻媒体的优势，能够为受众提供具有时效性和权威性的新闻资讯；二是迎合受众碎片化的阅读需求，追求轻量化叙事，内容高度精练，没有过多的空镜头，主打化繁为简、重点突出、内核直现，而轻量化叙事使其在内容表达上做到以小见大，通过小切口反映重大主题；三是结合多种视听元素，新闻报道有了更大的表意空间，如AR新闻、VR新闻、游戏新闻、全景新闻等，都成为短视频新闻叙事可以借鉴的形式；四是短视频新闻还具有叙事去电视化的特征，Vlog日志形式的新闻表达融入报道中，这种聚焦主持人个人特质的新闻以主持人自己的视角观察并讲述新闻信息，自拍特写与近景镜头的运用缩短了与受众的心理距离，促进了新闻的传播与受众互动。

小提示：传统电视新闻一般是全知视角，记者是"显在叙事者"，以往整篇电视新闻采用第一人称叙事表现人物题材的尚不多见。而短视频新闻则是从微观视角展开，有限聚焦叙事，许多视角是从特定人物展开的。短视频新闻获奖作品中，第一人称叙事成为常态表现方式，不少主人公通过"自叙"推动情节，记者成为"隐蔽的叙事者"。这种第一人称叙事不但真实生动，而且能够拉近与受众的心理距离，增强受众的代入感。

短视频新闻也存在一些问题，例如："新黄色新闻"泛滥，不少短新闻缺少价值；部分短视频新闻的制作者盲目跟随网络热点，导致同质化现象严重；有些短视频新闻制作者为了抢占发布先机，忽略求证新闻真实性，导致反转新闻、虚假新闻出现；短视频的碎片化输出导致新闻大多数只是"信息输出"，而非"思想输出"；等等。

7.2.2　短视频新闻运营平台

新闻编辑在制作短视频新闻前需要选择合适的短视频运营平台，以根据不同短视频平台和短视频目标受众的需求来制作短视频内容。抖音、视频号、哔哩哔哩等都是比较主流的短视频平台，其功能类似。想要制作视频新闻资讯的新闻媒体，可根据输出内容与目标受众的定位来选择需要的平台，制作各种不同类型的短视频。

◆**抖音：**抖音是目前短视频、直播领域的主流平台，日活跃用户数过亿，支持用户通过短视频分享互动、形成话题效应等。同类型的平台还有快手、西瓜视频、微视、秒拍等。抖音支持用户使用"时刻""快拍""分段拍""AI制作"功能制作短视频，或通过提供的模板一键成片，并提供多种特效、滤镜和场景来编辑短视频内容，打造精致的短视频大片。图7-34所示为抖音首页及短视频编辑页面。

图7-34｜抖音首页及短视频编辑页面

◆ **视频号：** 视频号是微信2020年上新的微信生态的战略级产品，入口在微信App"发现"页面的"朋友圈"入口下方，点击即可进入视频号主页。视频号目前汇聚了许多垂直领域的内容创作者，覆盖了许多行业的品牌、媒体和企事业单位机构，并逐渐成为政府以及企业的重要官方发声平台。其汇集了"短视频""中长视频""视频直播"等功能，提供了与视频相关的各种服务。其依托于我国具有代表性的个人即时通信应用程序——微信，有庞大的流量基础。微信用户可以在微信生态内的不同场景下触达视频号内容，如会话聊天框、朋友圈、公众号、搜一搜等，微信的强社交性使得视频号新闻的传播效果较好，例如，只要有好友点赞了某篇视频号新闻，该新闻就会被推送到其所有微信好友视频号的点赞列表中。

◆ **哔哩哔哩：** 哔哩哔哩网站于2009年建立，早期是一个ACG（动画、漫画、游戏）内容创作与分享的视频网站，目前已成长为一个涵盖多元文化社区的优质内容生产与分享平台，其聚集了大量的年轻人。随着许多主流新闻媒体和政务机构选择将网络平台作为重要的宣传阵地，具有"年轻化"属性的哔哩哔哩成为这些媒体选择的对象。哔哩哔哩兼具很强的"学习"和"娱乐"属性，许多用户是即将迈入社会或已经迈入社会的年轻人，他们对关系自身利益的时政、经济新闻、国际事务的了解意愿在增强，有高质量严肃新闻的需求，新闻媒体的入驻为这些用户了解世界、参与公共事务提供了重要途径。而不管是短视频新闻，还是长视频新闻（15分钟左右），只要其题材是受众感兴趣的，在哔哩哔哩都很受用户欢迎，且能获得大量的评论，甚至会被用户进行二次加工，推动新闻内核的传播。图7-35所示为哔哩哔哩短视频新闻作品。

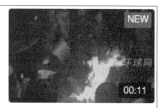 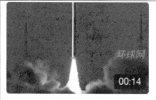 

图7-35 | 哔哩哔哩短视频新闻作品

◆微博：微博是一个通过关注机制分享简短实时信息的社交媒体平台，能够以文字、
图片、话题、视频等媒体形式，实现信息的即时分享和传播互动。微博注重信息的
时效性和多样性，且视频新闻的发布操作简单，发布短视频新闻（尤其是报道突发
事件）后，通过形成话题讨论，其报道信息可以在短时间内传播给众多受众，甚至
形成病毒式的传播效果。

7.2.3 短视频新闻的编辑要点

短视频新闻长短不一、网络上的短视频新闻质量也参差不齐，想要做出精品，无疑需
要新闻编辑用心制作，在思想倾向、内容呈现上符合大众的审美与新闻的特性。通常意义
上，短视频新闻的编辑需满足以下3点。

1. "大方向"不出错

新闻对国家稳定、社会舆论环境都有较大的影响。虽然短视频新闻属于小微新闻产
品，但作品中传递出来的价值观念必须是正面的，符合党心党性的，服务党和国家、服务
大局的，是客观公正的，能严守政治关，能够为社会的稳定作出应有贡献。此外，新闻报
道中的每一个具体事件，必须合乎客观实际，不能以想象替代真实，也不能过度渲染、夸
张，要是真实的、经得起核对的，这也是新闻必备的特性。

2. 视频具有可看性

短视频新闻在拍摄和制作时要注意选取画面的色彩、光源，并根据视频制作要求选择
符合的景别（如全景、近景、中景等）和画面，同时要选择合适的镜头语言，如从近景到
远景的切换、从视觉整体到部分的切换、从动态到静态的切换等，利用光线、色彩、景
别、构图、剪辑叙事等相关技巧增强画面的冲击感和表现力。另外，还要选取合适的视频
时长，如30秒、60秒、5分钟，以更好地表现新闻主题，这样的作品才能吸引受众的目光。

3. 善用同期声

编辑短视频新闻时，可以加入同期声，融入画面中，从而提升新闻的真实感、画面
感，让新闻更有说服力；还可以为新闻配上合适的背景音，如温情主题的新闻配舒缓柔情

的音乐，配合不同画面氛围和人物情感的变化选用合适的音乐等，烘托气氛、传递情感，从而增强短视频新闻的叙事能力和表现力。

7.2.4 视频拍摄与编辑

当前，人工智能技术的风潮已经席卷到视频制作领域，对新闻编辑而言，既可以使用传统视频新闻的制作手法，先使用相机、手机等拍摄素材，再利用剪映等专业编辑软件或AI视频剪辑软件完成短视频新闻的编辑，也可以直接通过AI视频剪辑软件智能采集视频素材（从包括网络渠道在内的已有素材中采集）、生成内容，再通过剪映来精剪。但由于新闻求真务实的特质，因此短视频新闻的拍摄可以直接使用相机、手机等设备拍摄，再使用AI视频剪辑软件或专业视频剪辑软件完成视频编辑。

▦ ✐ 素养小课堂 ▦

在制作一些简单的短视频新闻时，使用AI视频剪辑软件可以省略自己拍摄视频的步骤，同时让视频编辑过程更加精简高效。尤其是现在不少AI软件背后有丰富的素材，热点事件可半小时入库，可以让新媒体新闻从业者紧跟热点，因此新闻编辑有必要进行这方面的实践探索。不过目前AI短视频新闻的发展尚不够成熟完善，因此在内容把关上还需要新闻编辑多加注意。

1. 视频的拍摄

视频拍摄主要分为使用相机拍摄和使用手机拍摄，相机拍摄主要注重对相机的设置和拍摄尺寸的掌握，而手机拍摄则主要注重拍摄的手法和对手机的设置。

（1）使用相机拍摄视频

在使用相机拍摄视频前，需了解镜头上的标识、时间码的设置和短片记录尺寸等知识。

① 镜头上的标识。

在使用不同的相机镜头时，会发现镜头上有很多不同的英文字母，这些字母是对镜头的标识。下面以佳能相机为例，对常见的标识进行讲解。

- **◆EF：** 电子对焦，佳能EOS相机的卡口名字，是佳能原装镜头的系列名称。
- **◆EF-S：** APS-C画幅数码相机专用电子卡口，是佳能为其APS-C画幅数码相机设计的电子镜头，只能在APS-C画幅的佳能数码相机上使用，其明显的特点是在接口处有一个白色方形，用于对准机身的卡位。
- **◆L：** 镜头前端的红色标线，是佳能高档专业镜头的标识。
- **◆IS：** 镜头防抖系统。
- **◆USM：** 超声波电动机，将超声波振动转换为旋转动力从而驱动对焦，以此来实现高精度、高速对焦。
- **◆AF-S：** 单次自动对焦，即半按快门开始对焦。AF为自动对焦。

② 设置时间码。

时间码是相机在记录图像信号时，针对每一幅图像进行记录的具体时间编码。用时间码能将多台相机拍摄的多个视频数据同步编辑到短片中，以此提高编辑效率。时间码的记录方式有记录时运行和自由运行两种，记录时运行指只在拍摄时计时，自由运行指无论是否拍摄，时间码都在计时。

③ 短片记录尺寸。

短片记录尺寸一般包括3种画质，即全高清（分辨率1920像素×1080像素）、高清（分辨率1280像素×720像素）和标清（分辨率640像素×480像素），可以根据视频的用途进行选择。全高清具有高画质、高分辨率的特点；标清画质具有数据容量小、使用便携的特点；高清介于两者之间。

（2）使用手机拍摄视频

对相对笨重的相机而言，手机拍摄则更简便。除了需要准备必要的设备外，如三脚架、灯光设备等，平时只需打开手机相机，将其切换为录像状态，在屏幕上方点击拍摄的人、事物进行对焦后，即可拍摄视频。

2. 视频剪辑流程

视频新闻的录制一般不会太复杂，使用具有录制功能的设备或软件即可。剪辑视频则需要根据一定的流程操作，主要包括捕获、剪辑和共享3个步骤。

（1）捕获

捕获包括素材导入与捕获，制作视频的前提是导入素材，即从相机或其他视频源中捕获媒体素材，将其导入视频编辑软件中。视频、图片和音频都是常见的媒体素材。

（2）剪辑

剪辑包括素材修剪与拼接、添加转场与特效、添加字幕和添加配乐等操作。

◆**素材修剪与拼接：**素材修剪与拼接即对素材进行修剪、排列和拼接等操作，根据制作要求将素材添加到不同的视频轨道中。

◆**添加转场与特效：**添加覆叠素材、转场（或动画效果）和滤镜等，可以使视频效果精彩纷呈。

◆**添加字幕：**添加适当的字幕，可以方便受众观看，避免同音造成的误解等。

◆**添加配乐：**可根据需要为视频添加背景音乐或旁白等，增强视频的表现效果。

（3）共享

共享即视频输出，是指将视频项目创建为独立完整的视频文件，发送到自己想要输出的平台上，达到内容生产制作的目的，实现共享。

3. 使用度加创作工具制作短视频新闻

度加创作工具是百度旗下的一款全流程AI创作工具，其功能包括AI文案、AI改写、智能提词、智能字幕、快速剪辑、一键包装、素材推荐等，能智能生成新闻内容。它还具有实时追踪热点的功能，用户选择热点后，

微课视频：使用
度加创作工具制
作短视频新闻

AI会自动根据热点搜集和内容匹配的视频素材，一键生成视频。当然，用户可以根据需要更换和调整视频素材。下面以度加为例，介绍利用AI视频剪辑软件生成短视频新闻的操作。

步骤 01 在浏览器中搜索"度加"，进入度加创作工具首页，单击 立即AI成片 按钮，如图7-36所示。

图7-36 | 单击"立即AI成片"按钮

步骤 02 打开"AI成片"页面，在其中输入图7-37所示的内容，然后单击 一键成片 按钮。

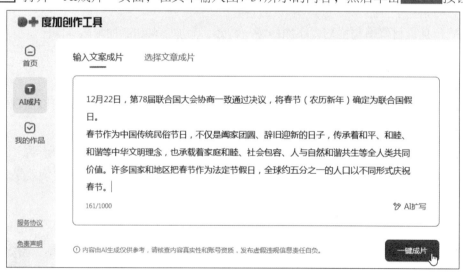

图7-37 | 输入新闻内容并单击"一键成片"按钮

步骤 03 在打开的页面中可以看到已经自动生成的短视频，如图7-38所示。单击页面左侧"标题"文本框后的 按钮，可智能生成推荐的新标题，此处不使用系统新生成的标题，将标题修改为"春节被联合国列为法定假日"。

步骤 04 在页面底部的第4个素材上方单击，拖曳指针至第1个视频素材上方，此时第4个视频素材将移动至原第1个视频素材所在位置。在第1个素材上方单击鼠标右键，在弹出的快捷菜单中选择"添加动画"命令，打开"动画效果"窗格，选择"放大"选项，如图7-39所示。

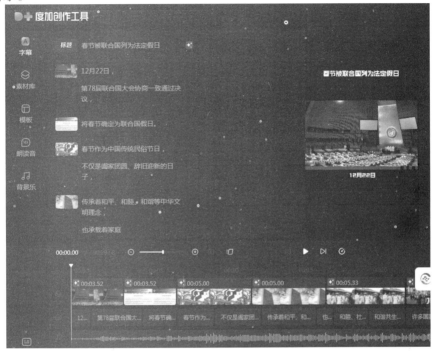

图7-38 | 短视频生成效果

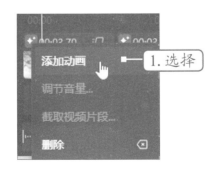
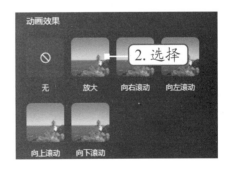

图7-39 | 设置动画效果

步骤 05 选中页面下面的视频素材，选择页面左侧列表中的"素材库"选项，在打开的选项卡的文本框中输入与春节有关的关键词，如"春节""烟花""年夜饭""放鞭炮""春节街景"等，单击"搜索"按钮，如图7-40所示，在搜索结果中选择你认为合适的视频素材，替换原有视频素材。

步骤 06 选择页面左侧列表中的"模板"选项，在打开的面板中选择"国际"选项卡中的第4个选项。

步骤 07 选择页面左侧列表中的"朗读音"选项，在打开的面板中选择"推荐朗读音"栏中的"新闻女声"选项，设置新闻女声的语速是"1.0×"，音量是"70%"，如图7-41所示。

步骤 08 选择页面左侧列表中的"背景乐"选项，在打开的面板中选择"Solstice"选项，更换视频原有的背景音乐，如图7-42所示。

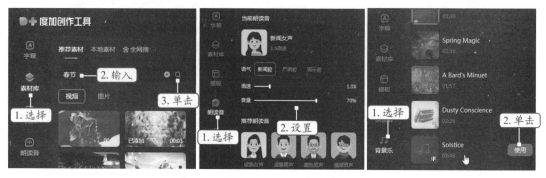

图7-40｜搜索并选择视频素材　　　图7-41｜设置朗读音　　　图7-42｜设置背景乐

步骤 09 单击视频预览窗格中的▶按钮播放视频，查看视频效果。核实无误后单击页面右上方的 发布视频 按钮，打开"发布视频"对话框，在其中设置标题为"春节正式成为联合国假日"，然后单击 生成预览 按钮，如图7-43所示，将生成短视频。

步骤 10 回到网站首页，选择页面左侧列表中的"我的作品"选项，在打开页面的"成片"栏中将看到制作完成的视频，如图7-44所示。

步骤 11 选择软件首页左侧的"我的成品"选项，在打开页面的"成片"栏中将看到制作完成的短视频，移动指针至短视频上方，在出现的按钮栏中单击↓按钮，如图7-45所示。

图7-43｜设置短视频的发布信息　　　图7-44｜查看成片　　　图7-45｜下载短视频

步骤 12 打开"新建下载任务"对话框，设置视频名称为"春节正式成为联合国假日"，在"下载到"栏中设置好短视频的保存位置，然后单击 下载 按钮，如图7-46所示（配套资源：\效果文件\第7章\春节正式成为联合国假日.mp4）。

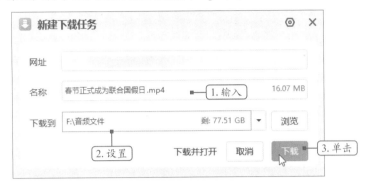

图7-46｜设置下载信息

4. 使用剪映优化短视频新闻

剪映是字节跳动推出的一款视频剪辑工具，拥有音频、表情包、贴纸、花字、特效、滤镜等多种素材，支持AI识别字幕或歌词、智能抠图、绿幕抠图、AI文本朗读、同步抖音收藏音乐、多视频轨和音频轨编辑等功能，简单易用。有些AI剪辑软件在细节处理方面不够到位，且制作者难以添加更多想要的效果，这时便可以通过剪映等专业视频制作软件进行优化。下面以剪映专业版为例，介绍优化短视频的标题展现效果。

微课视频：使用剪映优化短视频新闻

步骤 01 双击桌面上的剪映专业版快捷图标，启动剪映专业版，如图7-47所示。

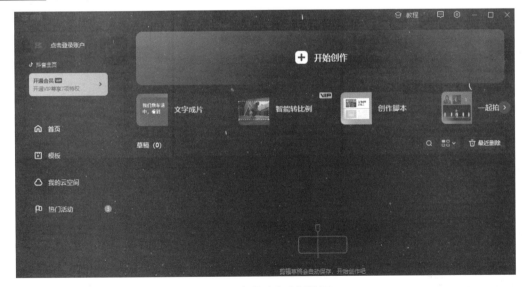

图7-47｜剪映专业版首页

步骤 02 单击"开始创作"按钮➕，打开编辑页面，如图7-48所示。单击"导入"按钮➕，打开"请选择媒体资源"对话框，选择素材文件（配套资源：\素材文件\第7章\春节正式成为联合国假日.mp4），单击 打开(O) 按钮，如图7-49所示，导入视频素材。

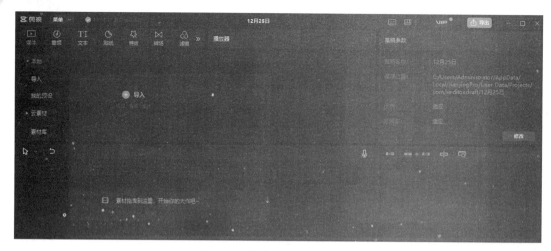

图7-48 | 剪映专业版编辑页面

步骤 03 ◆ 移动指针至视频素材右下角，单击弹出的 ⊕ 按钮，视频素材将被添加至视频轨道中，如图 7-50 所示。

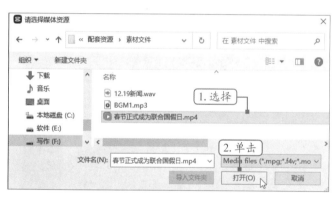

图7-49 | 导入视频素材

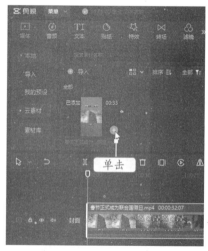

图7-50 | 将视频素材添加至视频轨道

步骤 04 ◆ 单击"播放器"窗格中的 按钮，在打开的列表中选择"9：16（抖音）"选项，如图7-51所示。

步骤 05 ◆ 单击"文本"选项卡，进入"新建文本"页面，移动指针至"默认文本"右下角，单击弹出的 ⊕ 按钮，将其添加至视频轨道中。

步骤 06 ◆ 在右侧编辑区"基础"选项卡中将"默认文本"修改为"联合国通过决议"，在"样式"栏中单击 B 按钮，设置加粗效果，在"预设样式"栏中选择第二排的第一个选项，如图7-52所示。单击"气泡"选项卡，选择第一个样式，如图7-53所示。

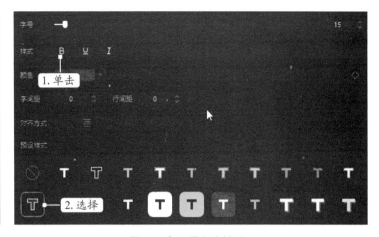

图7-51 │ 设置视频比例   图7-52 │ 设置文本效果

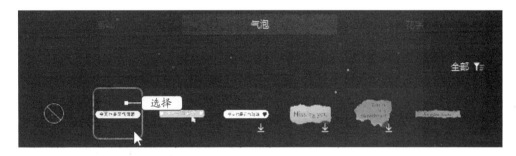

图7-53 │ 为文本设置气泡样式

步骤 07 ◊ 移动指针至视频画面中文本框的右下角，当指针变为 形状时，拖曳指针调整文本大小，效果如图7-54所示。

步骤 08 ◊ 使用同样的方法新建内容为"全球约五分之一的人口以不同形式庆祝春节"的文本，在"基础"选项卡中勾选"描边"复选框，设置描边颜色为第一行的第二个，调整文本大小和位置，效果如图7-55所示。

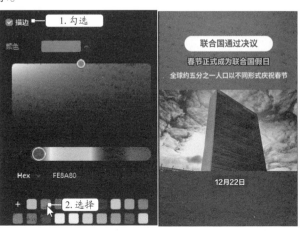

图7-54 │ 调整文本大小   图7-55 │ 设置第二个文本的效果

步骤 09 在视频轨道中依次选中两个文本字幕，当指针变为 形状时向右拖曳，使字幕时长、短视频时长均等， 效果如图7-56所示。

图7-56 | 调整时长

步骤 10 依次单击视频下方的 按钮和 按钮查看短视频效果。单击 导出 按钮，打开"导出"对话框，设置好标题名称、导出位置后，保持默认设置不变，如图7-57所示，然后单击 导出 按钮。提示导出完成后，单击 打开文件夹 按钮，查看效果文件（配套资源：\效果文件\第7章\春节正式成为联合国假日1.mp4）。

图7-57 | 导出设置

 思考与练习

1. 通过网络搜索（或自写）一篇新闻稿，使用Audition CC 2019录制成音频新闻。

2. 根据最近发生的实事制作一则短视频新闻。

（提示：可将身边任何可利用的资源作为素材，内容形式可参考人民网、人民日报、央视新闻制作的短视频新闻，剪辑工具不限）